北京注协中小会计师事务所发展促进委员会系列丛书

会计师事务所执业行政处罚案例
（非上市业务卷）

戴琼　主编

中国财经出版传媒集团
中国财政经济出版社

图书在版编目（CIP）数据

会计师事务所执业行政处罚案例．非上市业务卷／戴琼主编．－－北京：中国财政经济出版社，2023.5

（北京注协中小会计师事务所发展促进委员会系列丛书）

ISBN 978－7－5223－2170－7

Ⅰ．①会…　Ⅱ．①戴…　Ⅲ．①会计师事务所－行政处罚法－案例－中国　Ⅳ．①D922.265

中国国家版本馆 CIP 数据核字（2023）第 068731 号

责任编辑：温彦君　　　　责任校对：张　凡
封面设计：智点创意　　　　责任印制：党　辉

会计师事务所执业行政处罚案例（非上市业务卷）

KUAIJISHI SHIWUSUO ZHIYE XINGZHENG CHUFA ANLI

（FEI SHANGSHI YEWU JUAN）

中国财政经济出版社 出版

URL：http：//www.cfeph.cn

E－mail：cfeph@cfeph.cn

社址：北京市海淀区阜成路甲 28 号　邮政编码：100142

营销中心电话：010－88191522

天猫网店：中国财政经济出版社旗舰店

网址：https：//zgczjjcbs.tmall.com

北京富生印刷厂印刷　各地新华书店经销

成品尺寸：170mm×240mm　16 开　17.25 印张　239 000 字

2023 年 5 月第 1 版　2023 年 5 月北京第 1 次印刷

定价：68.00 元

ISBN 978－7－5223－2170－7

（图书出现印装问题，本社负责调换，电话：010－88190548）

本社质量投诉电话：010－88190744

打击盗版举报热线：010－88191661　QQ：2242791300

编 委 会

前 言

现阶段，会计师事务所是链接政府与企业的重要桥梁，是所有者与经营者之间的重要纽带，是独立于企业和政府之外的专业机构。会计师事务所一方面是国家对社会经济进行调控的具体执行者，国家通过制定相关法律法规、财政货币政策、金融税收制度等来实现对社会经济的调控，而会计师事务所的基本职能就是依据这些法律法规和政策制度对市场微观主体的经济行为和经营成果进行规范和调整，从而使国家意志在社会经济活动中得以实现，并最终实现资源的合理有效配置和“依法治国”；另一方面，会计师事务所也担负着塑造市场经济微观主体，规范企业经营管理活动的重要任务。注册会计师作为社会经济活动的监督者、企业经营管理活动的评价者、企业财务状况和经营成果的鉴证者，被形象地誉为“经济警察”和“经济裁判”，会计师事务所和注册会计师在评价市场经济中微观主体经营活动的效果和效率方面发挥着越来越重要的作用。

自 1997 年国家将国有企业的年终财务决算全部交由注册会计师审计后，在微观经济领域，会计师事务所的发展空间得以拓展，其社会监督职能得以加强；在宏观经济领域，国家也逐步扩大了会计师事务所对特定领域的专项活动审计监督，如加强了对科研课题经费的专项审计、财政资金绩效评价审计等，从而为注册会计师和会计师事务所参与宏观经济管理，促进国家宏观调控政策的具体落实创造了条件。

高质量的财务信息不仅对提高决策效率、增强市场信任度、促进经济繁荣发展至关重要，而且会直接影响宏观经济政策的制定和社会诚信体系的建设。随着会计师事务所和注册会计师在社会经济监督中作用的不断凸显，财政部和注册会计师行业协会也在不断加强和规范对会计师事务所和注册会计师的执业管理，在完善执业准则体系、规范执业底稿要求、压实职业道德准则、加大违规惩处力度等方面做了许多卓有成效的工作，出台了大量的规范性文件，力求提高审计质量，防范审计风险，减少审计失败给经济社会带来的负面影响。国际会计师联合会（International Federation of Accountants）在2021年发布的《实现高质量的审计》一文中指出，“数据表明，审计总体上是成功的。从全球范围来看，重大审计失败的数量和比例极低，不能因为个别事件，而放大审计存在的问题”；同时强调，“审计行业也应当高度重视审计失败带来的负面影响，严肃对待自身的公众利益角色，持续提高审计质量。”

当下正面临国外地缘政治冲突升级、国际环境更趋复杂严峻和不确定；国内经济发展面临需求收缩、供给冲击、预期转弱三重压力，社会经济发展形势尤其严峻。会计师事务所和注册会计师作为财务会计信息质量的重要“看门人”，一旦失责，将会使这些有瑕疵甚至是失实的财务会计信息流向市场和社会，给依赖这些信息做出决策的有关各方带来巨大风险，同时也不可避免地会给行业本身带来不可估量的信誉损失。2022年12月，北京注册会计师协会中小会计师事务所发展促进委员会（以下简称“中小所专委会”）发布的《北京地区中小会计师事务所发展状况与信息化建设调研报告》表明，占被调查对象64.24%的中小会计师事务所最期望中小所专委会为其发展提供执业风险防范，在各项预期中高居首位。这充分表明会计师事务所已经充分意识到执业风险防范对事务所长期持续稳定发展，以及注册会计师自身社会地位和社会声誉的重要作用。

《关于进一步规范财务审计秩序　促进注册会计师行业健康发展的意见》（国办发〔2021〕30号）要求注册会计师行业紧抓质量提升主线，守住诚信操守底线，筑牢法律法规红线。监管不是以惩罚为目的，但监管一定能为会计师事务所和注册会计师的执业风险防范提供保障并引发深刻反思。他山之石，可以攻玉。为此，笔者收集了近年来各地监管部门对事务所进行处罚的经典案例，分别按照上市业务和非上市业务进行分类，并将其按照“事务所内部管理存在的问题”“违反职业道德的情形”“初步业务活动中存在的问题”“未履行必要审计程序和获取充分审计证据”“发表审计意见类型不当或披露不当”“审计档案保管存在问题”六大专题进行了整理。为更好地呈现案例原貌，让读者更容易从中获得第一手资料，笔者最大程度地保留了案例原有内容及案情分析，并将案例来源链接置于文后，便于读者检索查阅。

北京注册会计师协会中小会计师事务所发展促进委员会致力于研判中小会计师事务所发展中亟待解决的重点、难点和堵点问题，提出改革创新建议，促进中小会计师事务所高质量发展。2023年3月14日，财政部印发《注册会计师行业诚信建设纲要》明确指出，要“抓好诚信警示教育，健全警示教育制度，创新警示教育方式，适时编发违法失信案例和审计失败典型案例集，持续开展诚信教育现场教学、反面案例—继续教育课堂活动，建立健全以案说德、以案说规、以案说法、以案说责机制。”本书作为行业监管经验和会计师事务所完善内部管理的重要借鉴，旨在贯彻《注册会计师行业诚信建设纲要》精神，落实“以案说德、以案说规、以案说法、以案说责”，帮助注册会计师明底线、受警醒、知敬畏，提高风险防范能力，降低执业风险。希望本书的出版能对中小会计师事务所加强审计质量管理，完善内部控制制度起到重要的促进和推动作用。

在此，对各地监管部门的广泛支持和帮助，以及原案例来源表示感谢！

感谢财政部会计司和中国注册会计师协会领导们的关怀和鼓励，感谢北京注册会计师协会领导们的直接关心和支持，感谢各位编委的通力合作和无私奉献，感谢中国财政经济出版社领导和编辑的大力支持！

编委会

2023 年 4 月 10 日

目　录

第一章

事务所内部管理存在的问题

【案例 01】会计师事务所无证经营的问题

案例简介：

2021 年 12 月 30 日，HN 省财政厅发布行政处罚决定书，对 SJ 会计师事务所有限公司（以下简称“SJ 所”）无证经营问题予以责令停止违法活动，没收违法所得 2 000 元并处罚 1 万元。

案例分析：

SJ 所成立于 2015 年 8 月 19 日，系有限责任公司，未按规定办理执业许可，运营期间取得年报审计收入 18 485. 06 元，主要是对 A 行业协会、B 学会、C 协会等单位进行的年报审计，合计 9 份审计报告，报告除没有注册会计师签字外，与年报审计样式一样。其中，2020 年 3 月 20 日为 A 行业协会出具的 SJ 审字〔2020〕第 003 号年审报告。在行政处罚两年追溯期内，收费金额 2 000. 00 元。

上述行为违反了《会计师事务所执业许可和监督管理办法》（财政部

令第97号）第七条“会计师事务所应当自领取营业执照之日起60日内，向所在地的省级财政部门申请执业许可。未取得会计师事务所执业许可的，不得以会计师事务所的名义开展业务活动，不得从事《中华人民共和国注册会计师法》第十四条规定的业务。”的规定。

根据《会计师事务所执业许可和监督管理办法》（财政部令第97号）第七十二条“法人或者其他组织未获得执业许可，或者被撤销、注销执业许可后继续承办注册会计师法定业务的，由省级以上财政部门责令其停止违法活动，没收违法所得，可以并处违法所得1倍以上5倍以下的罚款。”的规定，HN省财政厅责令SJ所停止违法活动，对SJ所做出没收违法所得2 000元，并处罚款1万元的行政处罚。

案例来源：

http：//czt. hunan. gov. cn/czt/xxgk/xzcf/xzcfjdwsgk/202112/t20211230_21328048. html。

【案例 02】鉴证报告仅由一名注册会计师签章等问题

案例简介：

2022 年 7 月 6 日，GX 财政厅发布行政处罚决定书，对 QH 会计师事务所（普通合伙）（以下简称“QH 所”）因大部分鉴证报告由一名注册会计师签章、审计意见类型不恰当等问题予以警告。

案例分析：

一、大部分鉴证业务项目仅由一名注册会计师签署报告

截至检查日，QH 所出具的 20 份鉴证报告中，有 15 份鉴证报告仅由注册会计师杨某一人签章。

以上行为违反了《中国注册会计师审计准则第 1501 号——对财务报表形成审计意见和出具审计报告》第三十九条“审计报告应当由项目合伙人和另一名负责该项目的注册会计师签名和盖章。”和《财政部关于注册会计师在审计报告上签名盖章有关问题的通知》（财会〔2001〕1035 号）“……二、审计报告应当由两名具备相关业务资格的注册会计师签名盖章并经会计师事务所盖章方为有效：（一）合伙会计师事务所出具的审计报告，应当由一名对审计项目负最终复核责任的合伙人和一名负责该项目的注册会计师签名盖章。”的规定。

二、在未履行必要的审计程序，未获取充分适当的审计证据的情况下出具审计报告

QH 所出具的 QH 审字〔2021〕第 001 号、第 008 号—第 015 号 9 份审计报告，未实施必要的审计程序，获取的审计证据不足以支持审计意见（审计结论）。

（一）年报审计报告

QH 审字〔2021〕第 001 号审计报告，银行存款已实施函证程序但未对函证过程保持有效的控制，缺少独立的函证证据，未获取开户清单等审计证据；存货未实施监盘程序；在建工程现场勘察程序记录不完整；营业收入、成本、费用未实施截止测试程序；无形资产摊销未实施测算程序，本期摊销存在重大错报但未与治理层沟通；增值税进项税、土地使用税未实施测算程序；实收资本未获取相关的股东会决议、增资事项工商变更登记等审计证据；在未实施必要审计程序的情况下，将“被审计单位存在非油库存商品未入账”和“被审计单位未提供项目的工程建设进度和竣工财务决算等资料，无法实施替代程序获取充分适当的审计证据”作为保留意见事项，形成保留意见事项的依据不足。

（二）专项审计报告

QH 审字〔2021〕第 008 号—第 015 号 8 份审计报告，底稿全部为获取的被审计单位提供的合同协议书、验收材料、工程结算资料、政府批复文件等，未根据获取的相关材料对每个项目的核算科目编制检查表等相关底稿，无法反映已实施的审计程序；对资金来源与资金支出未能实施必要的审计程序进行确认；未见对工程项目进行现场勘察的底稿记录；未见形成保留意见事项的相关审计工作底稿及依据，也未见与被审计单位就保留意见事项沟通的有关工作底稿，形成保留意见事项的依据不足。

三、审计意见类型不恰当

QH 所出具的 QH 审字〔2020〕第 003 号审计报告发表了保留意见，审计意见类型不恰当。

报告正文的保留事项段描述“截至 2020 年 6 月 23 日，2019 年度 A 市 B 镇 C 村等五个村农村建设用地拆旧复垦项目（第二批）编制竣工财务决算前，由于 B 镇财政所未编制 2020 年度的财务会计核算工作记录，项目建设单位未提供上述收付款财务处理的会计凭证及账簿记录资料”，该事项影响重大且广泛，注册会计师因此而无法获取充分恰当的审计证据，应出具无法表示意见审计报告。

上述一至三点违反了《中华人民共和国注册会计师法》第二十一条“注册会计师执行审计业务，必须按照执业准则、规则确定的工作程序出具报告。……”、第三十一条“本法第十八条至第二十一条的规定，适用于会计师事务所。”和《会计师事务所执业许可和监督管理办法》（财政部令第97号）第六十条“会计师事务所和注册会计师必须按照执业准则、规则的要求，在实施必要的审计程序后，以经过核实的审计证据为依据，形成审计意见，出具审计报告，不得有下列行为：（一）在未履行必要的审计程序，未获取充分适当的审计证据的情况下出具审计报告；……（三）隐瞒审计中发现的问题，发表不恰当的审计意见；……”的规定。

根据《中华人民共和国注册会计师法》第三十九条“会计师事务所违反本法第二十条、第二十一条规定的，由省级以上人民政府财政部门给予警告，没收违法所得，可以并处违法所得1倍以上5倍以下的罚款；情节严重的，并可以由省级以上人民政府财政部门暂停其经营业务或者予以撤销。……”、《会计师事务所执业许可和监督管理办法》（财政部令第97号）第六十七条“会计师事务所违反本办法第六十条第一项至第四项规定的，由省级以上财政部门给予警告，没收违法所得，可以并处违法所得1倍以上5倍以下的罚款；情节严重的，并可以由省级以上财政部门暂停其执行业务1个月至1年或者吊销执业许可。……”的规定，GX财政厅决定给予QH所警告的行政处罚。

案例来源：

http：//czt. gxzf. gov. cn/zfxxgkzl/fdzdgknr/xzzfxx/t12871593. shtml。

【案例03】事务所未办理执业许可及未依法设置会计账簿等问题

案例简介：

2021年12月30日，HN省财政厅发布行政处罚决定书，对ZF会计师事务所有限公司（以下简称“ZF所”）未依法设置账簿等问题予以罚款3 000元，并责令整改。

案例分析：

一、未办理执业许可

ZF所成立于2015年3月19日，未办理执业许可。

上述行为违反了《会计师事务所执业许可和监督管理办法》（财政部令第97号）第六条“会计师事务所可以采用普通合伙、特殊普通合伙或者有限责任公司形式。……”、第七条“会计师事务所应当自领取营业执照之日起60日内，向所在地的省级财政部门申请执业许可。未取得会计师事务所执业许可的，不得以会计师事务所的名义开展业务活动……”的规定。

二、未依法设置会计账簿

截至2021年8月31日，ZF所在2019、2020、2021三个会计年度未依法登记会计凭证和设置会计账簿，于HN省财政厅检查期间进行了补登记。

上述行为违反了《中华人民共和国会计法》第一章总则第三条“各单位必须依法设置会计账簿，并保证其真实、完整。”、第二章会计核算第九条“各单位必须根据实际发生的经济业务事项进行会计核算，填制会计凭证，登记会计账簿，编制财务会计报告。”的规定。

针对上述问题一，根据《会计师事务所执业许可和监督管理办法》（财政部令第97号）第六十五条“会计师事务所及其分所已办理完工商登记手续但未在规定时间内申请执业许可的，以及违反本办法第二十二条第三款、第三十二条第三款、第四十二条规定的，由省级财政部门责令限期改正，逾期不改正的，通知工商行政管理部门依法进行处理，并予以公告，对其执行合伙事务合伙人、法定代表人或者分所负责人给予警告，不予办理变更、转所手续。”的规定，HN省财政厅责令ZF所立即整改，在收到通知书之日起60日内申请执业许可或更改名称和经营范围。如逾期未改正，HN省财政厅将通知市场监督管理部门依法进行处理，并予以公告，对ZF所执行合伙事务合伙人、法定代表人或者分所负责人给予警告，不予办理变更、转所手续。

针对上述问题二，根据《中华人民共和国会计法》第四十二条“违反本法规定，有下列行为之一的，由县级以上人民政府财政部门责令限期改正，可以对单位并处3 000元以上5万元以下的罚款；……（一）不依法设置会计账簿的；……”的规定，HN省财政厅对ZF所罚款3 000元，同时责令ZF所进行整改。

案例来源：

http：//czt. hunan. gov. cn/czt/xxgk/xzcf/xzcfjdwsgk/202112/t20211230_21328049. html。

【案例 04】允许其他事务所借用其资质承揽业务并出具报告的问题

案例简介：

2022 年 8 月 24 日，ZJ 省财政厅发布行政处罚决定书，对 HX 会计师事务所有限公司（以下简称“HX 所”）允许其他事务所借用其资质承揽业务并出具报告等问题，责令进行整改。

案例分析：

HX 所允许 ZD 税务师事务所、TM 会计师事务所（徐某伟）、XW 会计师事务所（饶某源）、JX 会计师事务所 4 家事务所在 2020 年度及 2021 年 1—6 月借用本所资质出具报告并收取 30% ~35% 的费用。其中，ZD 税务师事务所借用 HX 所资质出具的报告系财务报表审计报告，另外 3 家所借用 HX 所资质出具的报告均系高新技术企业认定的专项审计报告。

4 家事务所 2020 年度及 2021 年 1—6 月借用 HX 所资质出具的审计报告具体情况如表 1 和表 2 所示：

表 1　2020 年度 4 家事务所借用 HX 所资质出具审计报告情况

对方单位	报告数量	结算单位	结算比例	备　注
ZD 税务师事务所	81	ZD 税务师事务所	65%	76 份审计报告及 5 份验资报告
TM 会计师事务所（徐某伟）	4	CM 财务信息咨询有限公司	65%	高新认定专项
XW 会计师事务所（饶某源）	1	XW 会计师事务所	65%	高新认定专项
JX 会计师事务所	1	JX 会计师事务所	70%	高新认定专项
合计	87	—	—	—

注：表中除 ZD 税务师事务所尚未全部结清外，其他均已结清并开具相应的发票；徐某伟系 TM 会计师事务所和 TM 税务师事务所合伙企业（普通合伙）的首席合伙人及 CM 财务信息咨询有限公司的法定代表人；饶某源系 XW 会计师事务所的首席合伙人。

表 2　　2021 年 1—6 月 4 家事务所借用 HX 所资质出具审计报告情况

对方单位	报告数量	结算单位	结算比例	备　注
ZD 税务师事务所	72	未结算	65%	71 份审计报告及 1 份验资报告
XW 会计师事务所（饶某源）	1	未结算	65%	高新认定专项
合计	73	—	—	—

ZJ 省财政厅认为 HX 所的上述行为违反了《中华人民共和国注册会计师法》第二十二条第四款、第三十二条、《会计师事务所执业许可和监督管理办法》（财政部令第 97 号）第六十二条第七项的规定。

根据《会计师事务所执业许可和监督管理办法》（财政部令第 97 号）第六十八条的规定，责令 HX 所 15 个工作日内（自收到本决定书之日起计算）完成整改，并书面反馈 ZJ 省财政厅。未按规定期限整改的，ZJ 省财政厅将依法进行行政处罚。

案例来源：

http：//czt. zj. gov. cn/art/2022/8/24/art_1229135603_2421730. html。

【案例05】冒名签署审计报告等问题

案例简介：

2022年8月25日，ZJ省财政厅发布行政处罚决定书，对TH会计师事务所有限公司（以下简称“TH所”）冒名签署审计报告等问题予以暂停执业3个月并没收违法所得。

案例分析：

一、冒用注册会计师名字签署审计报告

2021年1—8月，TH所在徐某宇不知情的情况下冒用其名字签署了1 064份审计报告。

上述行为违反了《会计师事务所执业许可和监督管理办法》（财政部令第97号）第六十二条第五项的规定。

二、金某诗同时在两个会计师事务所执行业务，并为TH所实际控制人

检查中发现2021年6月16日之前，YT会计师事务所（以下简称“YT所”）的注册会计师金某诗同时在YT所和TH所执业；2021年6月16日之后，金某诗由YT所转入ZXD会计师事务所（以下简称“ZXD所”），此后在ZXD所和TH所同时执业，且其为TH所实际控制人。金某诗股份由TH所主任会计师李某珍代持，实际持有TH所股权43.80万元，持股比例73%。

TH所系在金某诗控制下成立，业务承接、业务委派以及人事、财务均由金某诗负责，TH所除股东彭某兰、贺某、赵某智、王某蓉及注册会计师于某外的其他人员与金某诗在ZXD所的团队人员高度重合。

由TH所出具的《某房地产开发有限公司2020年度财务报表审计报告》（TH审字〔2021〕第0815号，签字注册会计师为李某珍、徐某宇），其底稿上的复核人为金某诗，银行询证函、其他应收款、应付账款、其他应付款回函地址均为YT所；由TH所出具的《某车辆配件有限公司2020年度财务报表审计报告》（TH审字〔2021〕第0044号，签字注册会计师为李某珍、王某蓉），银行询证函回函联系人为金某诗，联系电话为金某诗手机；《某车辆配件有限公司高新专项审计报告》（ZXD专审字〔2021〕第064号）由ZXD所出具，签字注册会计师为金某诗、陈某珊。

上述行为违反了《会计师事务所执业许可和监督管理办法》（财政部令第97号）第六十二条第四项的规定。

三、注册会计师李某珍、彭某兰签字出具标准无保留意见的《某小额贷款股份有限公司2020年度财务报表审计报告》（TH审字〔2021〕第0007号，审计收费2.00万元）存在质量问题

（一）该公司是金融性质企业，却采用《小企业会计准则》，财务报表的编制基础及采用的会计政策均有误。TH所未检查该公司财务报表是否按照适用的财务报告编制基础编制。

上述行为违反了《中国注册会计师审计准则第1501号——对财务报表形成审计意见和出具审计报告》第十三条的规定。

（二）该公司目前涉及法律诉讼41件，历史法律诉讼127件，TH所在审计时，未对诉讼事项执行审计程序，也未见披露任何诉讼事项。

上述行为违反了《中国注册会计师审计准则第1311号——对存货、诉讼和索赔、分部信息等特定项目获取审计证据的具体考虑》第九条的规定。

（三）该公司2020年度营业收入18.19万元，净利润-6 163.34万元，2020年12月31日净资产-56.50万元，资不抵债，管理层以持续经营为基础编制了2020年度财务报表。TH所未评价该公司管理层对该公司持续经营能力做出的评估的合理性；未实施追加审计程序获取充分、适当的审计证据以确定可能导致对被审计单位持续经营能力产生重大疑虑的事

项或情况是否存在重大不确定性；未就管理层编制财务报表时运用持续经营假设的适当性获取充分、适当的审计证据。

上述行为违反了《中国注册会计师审计准则第 1324 号——持续经营》第九条和第十一条的规定。

（四）该公司贷款及垫款的余额 14 942.19 万元。TH 所仅取得台账及 5 份借款合同（合计 160.00 万元），未取得本年新增的贷款合同，且未见合同核对分析过程。抵押贷款 1 465.32 万元，未见核对抵押情况。已发放贷款及垫款 14 942.19 万元，计提减值准备 14 792.19 万元，未取得企业贷款五级分类制度并进行复核，未见贷款及垫款损失准备计提复核过程。

上述行为违反了《中国注册会计师审计准则第 1301 号——审计证据》第十条的规定。

四、注册会计师李某珍、徐某宇（被冒名）签字出具标准无保留意见的《某建设有限公司 2020 年度财务报表审计报告》（TH 审字〔2021〕第 0436 号，审计收费 1.30 万元）存在质量问题

（一）该公司应收账款期末余额 13 316.35 万元，占资产总额的 38.07%；预付账款期末余额 9 569.98 万元，占资产总额的 27.36%；应付账款期末余额 6 442.59 万元，占资产总额的 18.42%。TH 所未对上述往来款执行函证程序，也未说明不予函证的理由。

上述行为违反了《中国注册会计师审计准则第 1301 号——审计证据》第十条和《中国注册会计师审计准则第 1312 号——函证》第十三条的规定。

（二）该公司存货期末余额 2 369.23 万元，占资产总额的 6.77%，均为工程施工。TH 所未检查工程项目经营模式，识别自营、分包、挂靠项目的处理；未获取工程项目清单和相关合同，未检查施工合同的履行情况，未复核工程项目完工程度，未对发生的施工成本费用进行检查测试，未执行现场勘验程序，未就存货的存在、权利和义务、准确性、计价和分摊、截止认定获取充分适当的审计证据。

上述行为违反了《中国注册会计师审计准则第 1301 号——审计证据》

第十条和《中国注册会计师审计准则第 1311 号——对存货、诉讼和索赔、分部信息等特定项目获取审计证据的具体考虑》第四条的规定。

（三）该公司 2020 年度营业收入发生额 60 065.73 万元。TH 所未获取项目的主要合同，未按主要合同检查建造项目的合同价格、合同预算成本和合同毛利；未取得各个工程项目收入总额、成本总额和完工进度等数据；未检查合同进度，对跨年度的合同未按照完工百分比法确认合同收入、成本和毛利；未取得以前会计年度累计已确认收入和成本，未对营业收入和营业成本实施截止测试。

上述行为违反了《中国注册会计师审计准则第 1301 号——审计证据》第十条和《中国注册会计师审计准则第 1313 号——分析程序》第五条的规定。

（四）该公司持有 2019 年 4 月 30 日成立的 A 建设工程有限公司（注册资本 2 000 万元）100%股权、持有 2021 年 4 月 16 日成立的甲建设有限公司（注册资本 2 000 万元）100%的股权。TH 所未关注上述对外投资事项，也未提请被审计单位在财务报表附注和期后事项中进行披露。

上述行为违反了《中国注册会计师审计准则第 1501 号——对财务报表形成审计意见和出具审计报告》第十五条、《中国注册会计师审计准则第 1301 号——审计证据》第十条以及《中国注册会计师审计准则第 1332 号——期后事项》第九条、第十一条的规定。

五、注册会计师李某珍、徐某宇（被冒名）签字出具标准无保留意见的《A 汽车零部件有限公司 2020 年度财务报表审计报告》（TH 审字〔2021〕第 0141 号，审计收费 1.50 万元）存在质量问题

（一）该公司期末现金 6.23 万元，固定资产 1 821.02 万元，TH 所未执行监盘程序，未就现金和股东资产的存在认定获取充分、适当的审计证据。

上述行为违反了《中国注册会计师审计准则第 1301 号——审计证据》第十条的规定。

（二）该公司 2020 年度营业收入 8 467.10 万元，TH 所未执行检查合

同、分析性复核等审计程序，未就收入的发生、准确性、截止认定获取充分适当的审计证据。

上述行为违反了《中国注册会计师审计准则第 1301 号——审计证据》第十条和《中国注册会计师审计准则第 1313 号——分析程序》第五条的规定。

（三）该公司其他应收款——陆某义期末余额 300 万元。陆某义系该公司股东 B 汽车零部件有限公司的董事，属于关联方。TH 所未识别该关联方，未提请公司在财务报表附注中披露该关联交易事项。

上述行为违反了《中国注册会计师审计准则第 1323 号——关联方》第十二条和第十五条的规定。

六、注册会计师李某珍、徐某宇（被冒名）签字出具标准无保留意见的《某房地产开发有限公司 2020 年度财务报表审计报告》（TH 审字〔2021〕第 0815 号，审计收费 5.00 万元）存在质量问题

（一）底稿中所有询证函均以其他会计师事务所的名义发出并收回，TH 所未对函证过程保持控制。

1. 银行存款余额 137.16 万元，共 4 个账户，均以 YT 所的名义函证并取得询证函回函。

2. 其他应收款余额 41 367.16 万元，占资产总额的 96.35%，底稿中以 YT 所的名义发出并收回关联方询证函 1 份，金额 40 700 万元，占比 98.39%。

3. 应付账款余额 22 728.98 万元，占资产总额的 52.25%，底稿中以 YT 所的名义发出并收回询证函 8 份，金额 3 044.16 万元，占比 13.39%。

4. 其他应付款余额 1 445.13 万元，占资产总额的 3.32%，底稿中以 YT 所的名义发出并收回询证函 1 份，金额 390.61 万元，占比 27.03%。

上述行为违反了《中国注册会计师审计准则第 1312 号——函证》第十四条的规定。

（二）该公司期初开发成本 201 206.87 万元，期末结算后余额 1 351.05万元，占资产总额的 3.11%。TH 所未对项目整体开发情况、证照取得情况、项目本期结算情况进行审计，也未取得任何项目证照，如项

目投资备案、土地出让合同、土地使用权证、用地规划许可证、建设工程规划许可证、建筑工程施工许可证、项目竣工备案、项目实测面积报告等。未按开发成本分类对本期成本增减情况结合工程合同进行查证分析；未对资本化利息的情况进行查证说明。未对完工开发产品目标成本测算和期末成本暂估情况进行查验。未对“开发成本”实施有效审计程序，未获取充分适当的审计证据。

该公司开发的房产项目本期结算销售收入 296 391.79 万元。TH 所未取得收入结算明细表，未执行收入检查程序，未抽取销售合同、交付通知书、物业交房清单进行核对。

上述行为违反了《中国注册会计师审计准则第 1301 号——审计证据》第十条和《中国注册会计师审计准则第 1313 号——分析程序》第五条的规定。

ZJ 省财政厅认为 TH 所的上述行为违反了《中华人民共和国注册会计师法》第二十一条第一款、第三十一条、《会计师事务所执业许可和监督管理办法》（财政部令第 97 号）第六十条第一项、第六十二条第四项、第五项的规定，情节严重。

根据《中华人民共和国注册会计师法》第三十一条、第三十九条第一款以及《会计师事务所执业许可和监督管理办法》（财政部令第 97 号）第六十七条第一款、第六十八条的规定，决定给予 TH 所暂停执业 3 个月，没收违法所得 9.8 万元的行政处罚。

案例来源：

http：//czt.zj.gov.cn/art/2022/8/25/art_1164164_58924913.html。

【案例 06】网络售卖审计报告等问题

案例简介：

2022 年 1 月 25 日，HN 省财政厅发布行政处罚决定书，对 RN 会计师事务所有限责任公司（以下简称“RN 所”）网络售卖审计报告予以罚款并暂停执业 6 个月。

案例分析：

一、网络售卖审计报告

经查，RN 所出具的以下 10 份审计报告（详见表 1），均通过 ABC 会计服务有限公司的网络店铺承接业务，存在网络售卖审计报告行为。

表 1 RN 所网络售卖审计报告情况

序号	网店订单编号	单位	报告号（RN 会字）	报告出具日期	业务来源
1	864485921003670836/853594560464670836	×××智能科技有限公司	〔2020〕SJ－A0054	2020－2－19	ABC 公司网络订单报告
2	1009232578954365853	×××击剑协会	S－A293	2020－4－24	ABC 公司网络订单报告
3	1559369379364355013	×××保安科技有限公司	S－21A019	2021－2－3	ABC 公司网络订单报告
4	1665310932301332085	×××研学实践教育服务有限公司	S－21A126	2021－2－16	ABC 公司网络订单报告
5	934508320335302324	×××安防科技有限公司 2019	S－21A114	2021－3－18	ABC 公司网络订单报告

续表

序号	网店订单编号	单位	报告号（RN 会字）	报告出具日期	业务来源
6	1629941437886302324	×××安防科技有限公司 2020	S－21A055	2021－3－8	ABC 公司网络订单报告
7	1285717116333101391	×××安全技术防范协会	S－21A209	2021－4－20	ABC 公司网络订单报告
8	870507618265302324	×××系统集成有限公司 2019	S－A050	2020－2－27	ABC 公司网络订单报告
9	1652614598844302324	×××系统集成有限公司 2020	S－21A146	2021－3－28	ABC 公司网络订单报告
10	1689488856728302324	×××科贸有限公司	S－A220	2020－4－6	ABC 公司网络订单报告
合计					

上述行为违反了《会计师事务所执业许可和监督管理办法》（财政部令第 97 号）第六十二条“会计师事务所不得有下列行为：……（八）采取强迫、欺诈、贿赂等不正当方式招揽业务，或者通过网络平台或者其他媒介售卖注册会计师业务报告”的规定。

二、未履行必要的审计程序，未获取充分适当的审计证据

检查组对 RN 所 10 份通过网络售卖的审计报告以及表 2 中 3 份审计报告进行了核查。其中，在两年追溯期内的审计报告收费合计 6 800.00 元。

表 2　　RN 所被核查的 3 份审计报告情况

序号	单位	报告号（RN 会字）	报告出具日期	业务来源
1	××××农牧有限公司	〔2019〕SJ－A0306	2019－4－18	RN 所审计三部负责人李某明
2	××××电源实业有限公司	〔2019〕SJ－A0346	2019－4－18	RN 所审计三部负责人李某明

续表

序号	单位	报告号（RN 会字）	报告出具日期	业务来源
3	××××信息技术有限公司	〔2020〕SJ－A0040	2020－2－11	RN 所审计三部负责人李某明
合计				

上述13份审计报告，均未履行必要的审计程序，未获取充分适当的审计证据，主要包括：

1. 未签订业务约定书、无管理层声明书。

2. 未编制总体审计策略，无审计计划，未执行风险评估程序。

3. 无财务报表整体重要性水平及实际执行的重要性水平审计底稿。

4. 银行存款的审定均未实施函证程序，且未说明未函证的理由；对应收账款、其他应收款、预付账款往来均未实施函证程序，且未说明未函证的理由，也未履行替代程序；应收账款负值未重分类。

5. 固定资产的审定均未履行监盘程序。

6. 无长期股权投资审计工作底稿。

7. 对营业收入、营业成本、销售费用、管理费用、财务费用等报表项目的审定，仅有审计程序表和审定表，均无分析性复核及截止测试工作底稿。

8. 审定的财务报表上均没有由被审计单位法定代表人、主管会计工作负责人、会计机构负责人签名并盖章。

9. 未编制试算平衡表审计底稿、无现金流量表相关审计工作底稿。

上述行为违反了《中华人民共和国注册会计师法》第二十一条“注册会计师执行审计业务，必须按照执业准则、规则确定的工作程序出具报告。”以及《会计师事务所执业许可和监督管理办法》（财政部令第97号）第六十条“会计师事务所和注册会计师必须按照执业准则、规则的要求，在实施必要的审计程序后，以经过核实的审计证据为依据，形成审计意见，出具审计报告，不得有下列行为：（一）在未履行必要的审计程序，未获取充分适当的审计证据的情况下出具审计报告；……”的规定。

三、审计报告存在错报

（一）虚增资产负债、存在重大错报

经查，RN 所会字〔2020〕第 SJ－A0054 号审计报告，预付账款——×××投资有限公司 2 980.00 万元、预付账款——×××智能科技有限责任公司 500.00 万元，合计 3 480.00 万元，同时挂账预付账款和预收账款，未作审计调整。

审计报告中审定资产总额 4 683.47 万元，审定负债总额 4 616.94 万元，如剔除以上错报，资产总额和负债总额分别为 1 203.47 万元和 1 136.94万元。

（二）同时出具两个年度审计报告，本年年初和上年年末数据差异较大，存在错报

RN 所对×××系统集成有限公司出具了 2019 年、2020 年两个年度审计报告，报告号分别为 RN 会字 S－A050、RN 会字 S－21A146。2020 年审计报告年初数与 2019 年审计报告年末数差异较大，且无期初审计调整，无法确认两个年度审计报告数据真实性。具体为：（1）资产总额差异较大。2020 年审计报告年初资产总额 3 974.68 万元，2019 年期末资产总额 4 069.33万元，差异 94.65 万元。（2）固定资产原值差异很大。2020 年年审报告固定资产原值年初数 529.63 万元，累计折旧年初数 439.68 万元，净值年初数 89.95 万元，但 2019 年年审报告，固定资产原值期末数 147.98 万元，累计折旧期末数 58.04 万元，净值期末数 89.95 万元。固定资产原值差异 381.65 万元，且无期初审计调整。（3）应付账款差异较大。2020 年年审报告应付账款年初数 1 197.01 万元，2019 年年审报告年末数 1 649.06万元，差异 452.05 万元。（4）未分配利润差异较大。2020 年年审报告未分配利润年初数 462.02 万元，2019 年年审报告未分配利润年末数 106.40 万元，差异 355.62 万元。

（三）审定表出现明显错误

如 RN 会字 S－21A146 号审计报告，应付账款审定表未审数合计

1 649.06万元，无审计调整，审定合计数变为1 141.65万元。如RN会字S－A050审计报告，其他应付款审定表未审数合计数应为245.45万元，错误表述为661.48万元。

上述行为违反了《中华人民共和国注册会计师法》第二十一条“注册会计师执行审计业务，必须按照执业准则、规则确定的工作程序出具报告。注册会计师执行审计业务出具报告时，不得有下列行为：……（三）明知委托人的财务会计处理会导致报告使用人或者其他利害关系人产生重大误解，而不予指明；（四）明知委托人的会计报表的重要事项有其他不实的内容，而不予指明；……”、《会计师事务所质量控制准则第5101号——业务质量控制》第五十一条“会计师事务所的政策和程序应当要求在出具报告前完成项目质量控制复核。”的规定。

针对以上问题一，根据《会计师事务所执业许可和监督管理办法》（财政部令第97号）第六十八条“会计师事务所违反本办法第二十四条、第六十二条第二项至第十项规定的，由省级以上财政部门责令限期整改……”的规定，责令RN所立即停止网络售卖审计报告行为。

针对以上问题二和问题三，根据《中华人民共和国注册会计师法》第三十九条第一款“会计师事务所违反本法第二十条、第二十一条规定的，由省级以上人民政府财政部门给予警告，没收违法所得，可以并处违法所得1倍以上5倍以下的罚款；情节严重的，并可以由省级以上人民政府财政部门暂停其经营业务或者予以撤销。……”和《会计师事务所执业许可和监督管理办法》（财政部令第97号）第六十七条“会计师事务所违反本办法第六十条第一项至第四项规定的，由省级以上财政部门给予警告，没收违法所得，可以并处违法所得1倍以上5倍以下的罚款；情节严重的，并可以由省级以上财政部门暂停其执业1个月到1年或者吊销执业许可。……”的规定；同时，鉴于RN所采取了比较积极的整改及补救措施，尽力消除不良影响，根据《中华人民共和国行政处罚法》第三十二条第（一）项“当事人有下列情形之一，应当从轻或者减轻行政处罚：（一）主动消除或者减轻违法行为危害后果的；……”的规定，责令RN

所立即整改，没收 RN 所违法所得 6 800 元，并处违法所得 5 倍罚款 34 000 元，暂停执业 6 个月。

案例来源：

http：//czt. hunan. gov. cn/czt/xxgk/xzcf/xzcfjdwsgk/202201/t20220125 _ 22470835. html。

【案例07】接受检查期间为签字注册会计师办理离职或转所手续等问题

案例简介：

2022年6月1日，NX财政厅发布行政处罚决定书，对XH会计师事务所（特殊普通合伙）NX分所（以下简称“XHNX所”）接受检查期间为一名签字注册会计师办理离职和转所手续等问题予以警告。

案例分析：

一、接受检查期间为一名签字注册会计师办理离职和转所手续

2020年10月23日，NX财政厅向XHNX所送达检查通知书；10月28日召开财政监督行政执法检查集中进点会；自10月29日起检查人员在XHNX所住所地实施实地检查；XHNX所于2020年11月13日为签字注册会计师毛某荣办理了离职手续。经查，自2018年11月1日至2020年10月31日，毛某荣作为XHNX所的项目负责人在52份审计业务报告上签名盖章。其中，审计报告44份，咨询业务报告8份。

二、部分审计报告存在“在未履行必要的审计程序，未获取充分适当审计证据的情况下出具审计报告”和“未按规定编制和保存审计工作底稿”的情形

（一）《某产业扶贫开发投融资集团有限责任公司2018年度财务报表审计报告》（XHNX审字〔2019〕第76000010号，签字注册会计师：黎某蓉、梁某朝）。

1. 附注——现金流量表补充资料“现金及现金等价物净变动情况”上期金额中现金的期末余额65 539 965.81元、现金的期初余额

21 927 972. 02元、现金及现金等价物净增加额 43 611 993. 79 元与现金流量表上期金额中期末现金及现金等价物余额 371 099 844. 31 元、期初现金及现金等价物余额 693 686 935. 18 元、现金及现金等价物净增加额 -322 587 090. 87元不一致。审计报告及审计工作底稿中未对不一致的金额及形成原因进行审计说明。

2. 应收利息期末余额 147. 27 万元，未实施函证程序。

3. 可供出售金融资产期末余额 5 100. 00 万元。审计工作底稿未见确认为可供出售金融资产的依据且未实施函证程序。

4. 审计工作底稿“长期股权投资审定表”中记录期初调整分录减少长期股权投资 811 389 700. 00 元，减少实收资本 800 000 000. 00 元，减少资本公积 79 670 632. 90 元。审计工作底稿未记录调整的依据和原因。

5. “业务档案归档记录”中“档案签收确认”“直属领导归档确认”和“再次复核签字”处均未签字。

6. 合并报告后附财务报表的标题未列明“合并”和“母公司”字样；同时，合并报表与母公司报表未进行区分。

（二）《A 交通投资开发有限公司 2019 年度财务报表审计报告》（XH-NX 审字〔2020〕第 76000008 号，签字注册会计师：梁某朝、毛某荣）。

1. 其他应收款——A 市财政局期末余额为 7 136. 88 万元，占其他应收款期末余额 8 646. 19 万元的 82. 54%。未实施函证程序，也未实施替代程序。

2. 固定资产期末账面价值 5 711. 57 万元。固定资产监盘小结中说明抽盘比例为 100%，但固定资产抽盘表中抽盘数量大部分未填写。

3. 长期借款期末余额 3 850. 00 万元，其中某银行 A 分行营业部 850. 00 万元借款到期日为 2020 年 3 月 18 日，没有重新分类至“一年内到期的非流动负债”科目列报，未按复核意见修改。

4. 专项应付款期末余额 12 247. 33 万元，期初余额 9 917. 33 万元，本次审计为初次审计，对部分期初专项应付款项目未能取得相关文件。例如：“专项应付款——A 市城乡建设投资开发有限公司（基金）”期初期末余额均为4 498.15万元，未获取相关文件资料；“专项应付款——30辆新能源公家车项目”期初余额为-511.6万元，未实施程序追溯余额形成原因，审计工作底稿也未见相关文件资料，审计调整至“其他应收款——A市财政局”无充分依据。

5. 审计报告保留意见第6条“固定资产——房屋及建筑物中的某客运枢纽场站综合大楼及相关附属设施，净值57 115 661.48元（原值61 998 898.84元、累计折旧4 883 237.36元），已交付使用，未办理产权登记手续”。固定资产披露对象为某客运枢纽场站综合大楼及相关附属设施，但列示金额为资产负债表固定资产科目总金额，披露金额不正确。

（三）《关于某县教育体育局2016—2018年政府购买服务支持学前教育发展专项资金的审计报告》（XHNX专字〔2020〕第76000019号，签字注册会计师：梁某朝、刘某美）。

1. 对各幼儿园收到的专项资金拨入只取得银行对账单与收据，未填列审定表及明细表，未填列会计凭证检查明细表，未取得银行专项资金拨入的原始单据，也未取得记账凭证，只对审计中有问题的事项填列审计取证单。

2. 对各幼儿园用专项资金支付给学生的资助支出只取得了服务合同及补助明细表，未填列审定表及明细表，未填列会计凭证检查明细表，也未取得原始凭证与记账凭证，只对审计中有问题的事项填列审计取证单。

三、在实施A市国有资本运营有限公司及其5家子公司相关审计业务时未保持形式上的独立

GS基金管理有限公司的股东分别是A市国有资本运营有限公司（持股49%）、KS实业有限公司（持股39%）和SY实业有限公司（持股12%）。2019年5月1日，XHNX所的注册会计师毛某荣经KS实业有限公司、SY实业有限公司提名，被两公司和GS基金管理有限公司共同确认聘任为GS基金管理有限公司独立董事，任期自2019年5月1日至2022年4月30日，GS基金管理有限公司每月支付毛某荣薪金肆仟元整（4 000.00元/月）。2019年12月，XHNX所接受A市国有资产监督管理委员会的委

托，对A市国有资本运营有限公司及其5家子公司A市国资经营有限公司（100%控股）、A市保安服务总公司（100%控股）、A市燃气公司（100%控股）、A市机动车辆检测有限责任公司（100%控股）、A市某物业服务有限公司（100%控股）2019年度财务报表进行审计，并于2020年4月出具了上述6家企业2019年度财务报表审计报告和财务决算专项说明专项审核报告，以及2019年度A市国有资本运营有限公司合并财务报表审计报告和合并财务决算专项说明审核报告，共14份报告，项目负责人为毛某荣且签字注册会计师为梁某朝和毛某荣的10份、项目负责人为张某卫且签字注册会计师为梁某朝和张某卫的4份。

四、在核算部分“管理费用——房租”支出时，没有取得原始凭证（发票）

（一）XHNX所2019年3月第2号会计凭证支付赵某红、段某华、某凰城、某原房租89 967.00元。后附原始凭证中，赵某红房屋租赁合同2张，支付赵某红房租银行回单1张，金额10 240.00元；段某华房租合同2张，支付段某华房租银行回单1张，金额15 327.00元；支付某凰城房租银行回单1张，金额30 000.00元。

（二）XHNX所2019年4月第22号会计凭证支付A地、B地房租金额26 400.00元。后附原始凭证中，费用报销（A地房租）单1张，金额12 000.00元；李某房屋租赁合同2张，支付李某房租银行回单1张，金额12 000.00元；费用报销（B地房租）单1张，金额14 400.00元；丁某红房屋租赁合同2张，支付丁某红房租银行回单1张，金额14 400.00元。

五、在核算部分支出时，未按规定对原始凭证进行审核，或者以未经审核的记账凭证为依据登记账簿

（一）部分支出核算，记账凭证记载金额与后附原始凭证对应合计金额不一致，且不同原始凭证之间相对应的合计金额也不一致。2019年2月第9号会计凭证，支付本单位负责人梁某朝借款，金额61 000.00元。后附原始凭证中，6张借款借据，合计金额81 000.00元；5张银行回单和3张相关说明，合计金额61 000.00元。

（二）部分支出核算，原始凭证没有经办业务部门和财务部门审核记录。

（1）XHNX所2019年7月第17号会计凭证报销员工活动费、招待费、福利费、办公费等，金额202 737.26元。后附原始凭证中，各种费用发票65张，合计202 737.26元；支出说明1张，涉及金额3 734.00元，夏季福利领取表3张。原始凭证没有经办业务部门和财务部门审核的记录。

（2）XHNX所2019年12月第6号会计凭证，支付审计软件及办公用品款，金额24 215.00元。后附原始凭证中，支付CZ科技有限公司审计软件采购款银行回单1张，金额12 000.00元；支付PY五金日杂经销部办公用品银行回单1张，金额4 355.00元；支付JY科贸有限公司办公用品银行回单1张，金额7 860.00元。原始凭证没有经办业务部门和财务部门审核的记录。

（三）XHNX所2019年的会计凭证中，部分记账凭证上“复核人员”栏次没有相关人员的签名或者盖章。

上述行为违反了《中华人民共和国注册会计师法》第二十一条，《中华人民共和国会计法》第十四条、第十五条和《会计师事务所执业许可和监督管理办法》（财政部令第97号）第四十四条、第六十条的规定。

依据《中华人民共和国注册会计师法》第三十九条，《中华人民共和国会计法》第四十二条，《中华人民共和国行政处罚法》第二十八条、第三十二条、第三十三条和《会计师事务所执业许可和监督管理办法》（财政部令第97号）第六十三条、第六十七条、第六十九条的规定，NX财政厅决定对XHNX所予以警告的行政处罚。

案例来源：

https：//czt.nx.gov.cn/zwgk/zfxxgkml/xzcf/202206/t20220601_3544312.html。

【案例08】事务所会计核算不规范且不配合检查等问题

案例简介：

2022年6月15日，GD省财政厅发布行政处罚决定书，对HT会计师事务所有限公司（以下简称“HT所”）财务核算不规范等问题予以吊销执业许可、没收违法所得4.79万元，并罚款1.3万元。

案例分析：

一、财务核算不规范

一是成本费用报销无审批程序。二是记账凭证与原始单据不相符，如2020年9月第9号凭证和12月第8号凭证以现金支付培训费均为0.40万元，后附发票金额4万元。三是账务处理不规范，2020年度和2021年1—6月从银行存款转入个人合计72.32万元，账务处理为提现（借记“现金”，贷记“银行存款”）。

二、列支成本费用无凭证或凭证依据不足

2020年度列支差旅费合计119.74万元，无差旅费单据。2020年度和2021年1—6月份咨询费、服务费和培训费合计113.03万元，均无合同、工作成果、咨询报告、结算书等支持性证据。

三、未配合检查

检查期间，HT所未提供必要检查办公场所等工作条件；未按检查要求及时、完整提供审计工作底稿，且未提供底稿共1 570份，占报告总数的85.33%。其中胡某国、李某芝、张某、赵某雨、黄某、胡某新和陈某春7名注册会计师未提供审计工作底稿，商某新和陈某两名注册会计师未提供大部分审计工作底稿。除唐某骆外，其余13名注册会计师未按检查组要求到现场配合检查，其中仅5名注册会计师接受了微信视频访谈。存在逃避检查、延误检查行为。

四、出具错报以及未获取充分适当的审计证据出具无保留意见报告

HT所未建立质量控制体系，管理存在重大缺陷。无底稿出具审计报告问题情况严重，现场检查中未能提供审计工作底稿的数量达1 570份。

（一）JY广告有限公司2018年度财务报表存在重大错报，HT所未履行必要的审计程序，未获取充分适当的审计证据，出具了无保留意见审计报告（HT审字〔2020〕第020008号）。

1. 被审计单位现金期末余额168.18万元，存放于私人银行账户。经审计的现金168.18万元非被审单位的库存现金，经审计的资产负债表和现金流量表存在重大错报，HT所出具了无保留意见审计报告。

2. 库存现金明细表的期末、期初余额与报表不符，未关注库存现金期末余额为负（-10.90万元）是否合理；银行存款未取得全部银行对账单，未实施函证程序，也未说明不函证的理由；未抽查大额现金、银行存款及其他货币资金的原始凭证，未实施截止测试。

3. 应收账款、应付账款未实施函证程序，也未说明不函证的理由；未实施有效的替代程序，无抽查凭证记录；未检查应收账款坏账准备的计提和处理是否正确。

4. 未实施固定资产监盘或抽盘程序，未检查折旧的政策和方法是否符合规定，未验算本期折旧费用的计提。

5. 未实施主营业务收入、主营业务成本、管理费用分析性复核程序，未实施截止测试或测试不充分，无抽查凭证记录；未核实研发设备、研发人员薪金的真实性。

6. 未获取被审计单位的关联方关系清单及关联方交易声明书；未获取证实关联方交易的支持性文件；未关注附注披露信息是否完整。

（二）《××××机械有限公司2020年度财务报表审计报告》（HT审字〔2021〕第Y038号）。

1. 固定资产期末净值239.71万元，占资产总额的1.66%，固定资产

清理本期新增 778.36 万元。未检查固定资产所有权转移手续是否齐全，是否经授权批准；未检查固定资产清理的依据是否充分合理，固定资产清理存在重大错报风险。

2. 货币资金期末余额 3 644.28 万元，占资产总额的 25.3%。货币资金大额银行活期委托存款 3 605 万元未予以充分关注，仅获取网上银行电子回单，未获取银行对账单，未对银行存款实施函证程序，亦未说明不函证的理由。

3. 应收账款、应付账款、其他应付款未实施函证程序，亦未说明不函证的理由，且未实施有效的替代程序；应收账款未关注账龄划分是否准确、坏账准备计提是否充足；其他应付款未关注关联方款项，未检查关联交易的支持文件。

4. 主营业务收入、主营业务成本未实施分析性复核程序；未抽取一定数量的销售发票与会计凭证、发运凭证、销售合同核对以验证营业收入的真实性；未结合存货期末计价测试，抽查销售成本结转数额的正确性，未检查其是否与销售收入配比。

5. 管理费用未实施分析性复核程序，研发费用占管理费用的 36.14%，未予以重点关注；未获取研发项目清单、研发人员工资发放记录、公共支出在各研发项目之间分配依据等原始凭证资料，以核实研发费用的真实性、合理性和正确性。

6. 未获取被审计单位的关联方关系清单及关联方交易声明书，未实施关联交易审计程序，未关注附注披露信息是否完整。

7. 期后重要事项未予以关注和采取进一步审计程序，也未进行披露。

（三）《××××科技有限公司 2019 年度财务报表审计报告》（HT 审字〔2020〕第 020017 号）。

1. 未对银行存款实施函证程序，亦未说明不函证的理由。

2. 除编制审定表以外，应付职工薪酬未实施其他任何实质性审计程序；应付职工薪酬——研发部期末余额为 -21.42 万元，未予以关注。

3. 未编制主营业务收入、成本审定表和明细表，也未实施任何实质性审计程序。

（四）《某会计师事务所（特殊普通合伙）GD 分所 2019 年度财务报表审计报告》（HT 审字〔2020〕第 020009 号）。

货币资金、预付账款、预收账款、盈余公积、未分配利润、主营业务收入、主营业务成本、税金及附加、管理费用、财务费用、营业外收入、营业外支出等科目，除编制审定表及个别科目抽查少量凭证以外，未实施其他任何重要审计程序，如函证、监盘、分析性复核、截止测试、抽查凭证记录等，也无审计人员的其他工作记录轨迹或痕迹。

（五）《××××环境科技有限公司 2018 年度财务报表审计报告》（HT 审字〔2020〕第 020079 号）。

1. 其他流动负债期末余额 367.93 万元，未实施任何审计程序。

2. 未实施库存现金监盘；未实施银行存款函证程序，亦未说明不函证的理由。

3. 存货全部为工程开发成本和间接费用，未按工程项目名称编制明细表，未获取工程建设合同等原始资料，未实施现场勘察等程序来验证工程开发成本的存在性、合理性和正确性。

4. 未获取固定资产清单，未实施固定资产监盘或抽盘程序。

5. 本年实收资本减少 1 500 万元，未检查实收资本减少的决议、章程等文件。

6. 未实施主营业务收入分析性复核程序，未检查工程合同、项目预决算书等原始资料以验证工程完工收入结转的正确性、合理性和真实性；截止测试无期后样本。

7. 未检查主营业务成本的工程建设合同、工程施工进度表、现场查验记录等以验证工程成本结转的合理性和正确性。

8. 未实施管理费用分析性复核程序；对研发费用未予以重点关注，未获取研发材料收发单据、研发项目及研发人员工资发放记录、公共支出在各研发项目之间分配依据等原始凭证资料，未能核实研发费用的真实性、合理性和正确性。

（六）《××××实业有限公司 2019 年度财务报表审计报告》（HT 审字〔2020〕第 W156 号）。

1. 未实施现金监盘程序；未获取银行对账单，未实施银行存款函证程序，也未说明未函证理由；未抽查大额现金、银行存款的原始凭证；截止测试无期后样本。

2. 应收账款、其他应收款、应付账款、其他应付款未实施函证程序或函证未收到回函，亦未实施有效的替代测试；审计底稿中无函证轨迹记录，也无抽查凭证记录；未实施账龄分析。

3. 未获取固定资产清单，未实施监盘程序；未检查资产的租赁、抵押、担保及保险情况。

4. 除编制审定表外，存货、应付工资、应交税费、主营业务成本、所得税未实施其他任何审计程序。

5. 未获取被审计单位的关联方关系清单及关联方交易声明书，未关注附注披露信息是否完整。

6. 审计项目未遵照《GD 省注册会计师行业业务报告防伪报备管理暂行办法》的相关规定进行报备。

HT 所的上述行为违反了《会计师事务所执业许可和监督管理办法》（财政部令第 97 号）第五十四条、第六十条第（一）（三）（七）项，以及《中华人民共和国会计法》第九条、第二十五条有关规定。按照《财政部门行使行政处罚裁量权指导规范》第八条第（一）项的规定，结合违法行为的事实、性质、情节和社会危害程度以及主客观因素等，HT 所的违法行为违法程度属严重。

根据《会计师事务所执业许可和监督管理办法》（财政部令第 97 号）第六十七条第一款、六十九条以及《中华人民共和国会计法》第四十二条等规定，GD 省财政厅决定对 HT 所处以行政处罚：（一）吊销执业许可；（二）没收违法所得 47 893 元；（三）罚款 13 000 元。

案例来源：

http：//czt. gd. gov. cn/tzgg/content/post_3950649. html。

【案例 09】注册会计师已去世，仍使用其预留签章等问题

案例简介：

2021 年 4 月 20 日，FJ 省财政厅发布行政处罚决定书，对 GL 会计师事务所有限公司（以下简称“GL 所”）注册会计师去世仍使用其预留签章等问题予以暂停执业 6 个月。

案例分析：

一、GL 所原主任会计师陈某斌于 2019 年 3 月 7 日病逝，2019 年 3 月 8 日至 7 月 2 日期间 GL 所仍以其名义出具各类审计报告共计 805 份（年度审计报告 796 份、验资报告 5 份、专项报告 4 份）。

GL 所出具报告的各第二签字注册会计师分别负责一块区域的审计业务，完成审计程序后，将审计报告交到 GL 所办公室，由 GL 所办公室人员负责后续工作，陈某斌预签大量的签章页存于办公室，办公室人员直接在完成的审计报告上套上签章页。除股东林某雄表示在当时听说陈某斌去世外，其他第二签字注册会计师均表示当时对陈某斌去世的事实不清楚，在后期才知晓陈某斌去世。各注册会计师均表示在完成自己手头工作后，便将审计报告交给 GL 所办公室处理，未参与后续程序。GL 所疏于对执业质量的控制，未健全并实施合伙人（股东）、签字注册会计师和其他从业人员在执业质量控制中的权责体系，逐级复核制度流于形式。在主任会计师已经去世，无法担负起会计师事务所主体责任，无法保持对审计报告质量控制的情况下，未及时变更主任会计师，仍使用原主任会计师陈某斌的名义，出具了 805 份审计报告。

二、审计工作底稿档案情况

检查组对 GL 所提供的审计工作底稿档案进行了现场盘点，2019 年 1—6月出具的970 份各类审计报告中，964 份有审计工作底稿档案，6 份未见审计工作底稿纸质归档档案。

三、抽查审计报告情况

检查组根据现场各类审计报告数量，抽取了共 28 份审计工作底稿档案，发现的问题如下：

（一）审计工作底稿管理不规范。27 份报告工作底稿档案页面未打码，未编索引号；27 份报告工作底稿签名不规范，底稿的编制人及复核人均为电脑打印，均未见手写签名；1 份报告无工作底稿。

（二）审计报告注册会计师未签字或盖章。22 份审计报告存在注册会计师未签字或盖章情况，1 份验资报告存在注册会计师未签字或盖章情况；1 份报告无工作底稿。

（三）初步业务活动阶段的审计程序执行不到位。16 份报告未编制初步业务活动程序表、业务承接评价表、业务保持评价表等；8 份报告未编制初步风险评估问卷、专业胜任能力评价表、独立性问卷及评价表等；1 份报告未编制总体或具体审计计划，未编制被审验单位基本情况表；1 份报告未了解被审验单位基本情况；1 份报告未执行初步业务活动程序；1 份报告无工作底稿。

（四）风险评估阶段的审计程序执行不到位。16 份报告只填写了内部控制调查表，未取得相关资料，未在被审计单位业务流程层面上了解和评价内部控制并编制底稿；16 份报告未进行控制测试并编制底稿，未编制风险评估结果汇总表，未评估认定层次的重大错报风险并制定相应的审计策略；8 份报告对被审计单位业务流程层面上了解和评价内部控制的底稿过于简略，无法反映被审计单位实际内控情况，未见具体审计计划底稿；1 份报告未编制总体或具体审计计划；1 份报告未评估验资风险；1 份报告未执行风险评估程序；1 份报告无工作底稿。

（五）其他审计程序工作底稿未取得相关资料，未执行审计程序。16

份报告未见对舞弊风险评估与应对、对法律法规的考虑、会计估计、期后事项、或有事项、持续经营、关联方交易事项、诉讼和索赔等执行相关审计程序等；9 份报告未见其他项目工作底稿；1 份报告无工作底稿。

（六）业务完成阶段的审计程序执行不到位。15 份报告未见项目经理复核声明书、项目合伙人复核声明书、质量控制复核人复核声明书等；4 份报告未执行三级复核制度，未见审计工作完成情况核对表等；1 份报告无工作底稿。

（七）财务报表附注披露信息不充分。17 份报告大部分科目仅披露期末数，未披露期初数，损益类科目仅披露本年数，未披露上年同期数，未披露应收款坏账准备计提政策、存货跌价准备计提政策、固定资产减值准备计提政策等，未披露关联方关系及其交易；1 份报告未披露企业集团的构成及重要的全资/非全资子公司等；7 份报告未见所得税费用附注披露；1 份报告无工作底稿。

（八）审计证据获取不充分、不恰当。9 份报告未获取被审计单位征信报告、已开立银行结算账户清单和经银行确认盖章的银行对账单等证据材料；15 份报告未获取往来款、存货的大额购货合同及相关协议，且未获取应交税费、税金及附加、所得税费用科目相关的纳税申报表等资料；1 份报告无工作底稿。

（九）实质性测试程序实施不完整，部分程序未执行。26 份年度审计报告中：1 份报告无工作底稿，1 份报告未执行实质性程序，其余 24 份报告中存在包括实质性测试底稿一般仅编制各科目的审定表或明细表、未按审计准则执行相应的实质性测试程序、审计底稿中均未列示上期末审定数（或上期审定数）、未进行抽凭测试、未进行截止测试、支持性资料获取不足、未按新准则出具审计报告、审计底稿部分科目只有审定表而无其他审计过程和证据资料、审计底稿审定金额与审计报告后附报表不一致等问题，同时部分科目未执行监盘、函证、观察、检查、询问等程序。其他典型实质性程序问题如下：《某救援服务中心审计报告》中无附注；《某文化传媒有限公司审计报告》与《某商贸市场管理有限公司审计报告》的审计底稿中所有科目实质性程序底稿内容大幅度雷同且审计工作底稿与审计报告金额完全无相关性；《某实业有限公司审计报告》（GL 审字〔2019〕第 0142 号）与《×实业有限公司审计报告》（GL 审字〔2019〕第 0141 号）的审计底稿除会计期间、编制日期外其余内容完全雷同，且实质性程序底稿与报告披露数字不一致。

《某科技有限公司审计报告》与《某鞋业有限公司审计报告》实质性底稿内容基本相同，且科目金额与报表不符。

（十）抽查的 1 份验资报告，存在未记录审验过程且审验程序执行不到位问题，如验资函证未记录是邮寄函证还是现场函证和现场函证情况记录、未获取公司实收资本的记账凭证等。

（十一）抽查的 1 份专项审计报告，存在未执行实质性审计程序问题。

GL 所的上述行为违反了《会计师事务所执业许可和监督管理办法》（财政部令第 97 号）第六十条第（一）（五）（七）项的规定。

根据《会计师事务所执业许可和监督管理办法》（财政部令第 97 号）第六十七条的规定，决定对 GL 所作出暂停执业 6 个月的行政处罚，暂停执业时间为 GL 所收到该处罚决定书之日起计算。

案例来源：

http：//czt. fujian. gov. cn/ztzl/xzxkxzcfgs/sjxzcfjd/202104/t20210429_5587455. htm。

【案例10】事务所伪造、变造会计凭证，以虚假的经济业务事项或资料进行会计核算等问题

案例简介：

2022年6月1日，NX财政厅发布行政处罚决定书，对HX会计师事务所有限公司（以下简称“HX所”）虚构经济业务等问题予以警告、没收违法所得10.775万元、罚款30.55万元、吊销会计师事务所执业许可、罚款和没收违法所得41.325万元。

案例分析：

一、伪造、变造会计凭证，以虚假的经济业务事项或者资料进行会计核算

（一）计提职工采暖费的人数和标准与实际发放职工采暖费的人数和标准不一致。

HX所2019年12月第314号会计凭证，预提2019年度职工采暖费补贴款，金额219 000.00元，77名职工每人3 000.00元（其中包括石某芳、薛某理、谢某、李某、卢某）；2020年5月第86号会计凭证，支付2019年预提采暖费，金额94 000.00元，其中支付石某芳18 000.00元、薛某晖20 000.00元、谢某18 000.00元、李某20 000.00元、卢某18 000.00元，与2019年12月第314号凭证中预提的采暖补贴不一致，且大部分人员采暖费未发放。

（二）部分审计业务项目差旅费支出超出项目业务收入。

HX所2019年全年发生差旅费1 708 122.08元，12月发生额为991 968.40元，占全年的58.07%。其中：

1. 2019 年 12 月第 86 号会计凭证报销某市中医医院 2017 年度财务收支审计项目差旅费 60 060. 00 元，该项目收费 28 000. 00 元。该项目差旅费支出超出收入 114. 50%；

2. 2019 年 12 月第 87 号、第 105 号会计凭证报销某区各行政村财务收支审计项目差旅费共计 121 400. 00 元，该项目收费共计 50 000. 00 元。该项目差旅费支出超出收入 142. 80%；

3. 2019 年 12 月第 107 号会计凭证报销某区 A 乡 B 村股份经济合作社财务状况审计项目差旅费 22 135. 00 元，该项目收费 1 000. 00 元。该项目差旅费支出超出收入 2 113. 50%。

（三）虚构交易、填制虚假会计凭证，并进行会计核算。

1. HX 所 2019 年 7 月第 141 号会计凭证记载，出售位于 GY 市 YZ 区 WH 西街一处房产（房产证号 001261，户名：某会计师事务所），金额为 2 729 435. 00元，实际收款 541 663. 77 元，挂何某某其他应收款2 187 771. 20 元。HX 所 2017 年 7 月 4 日出具给 GY 市不动产事务中心的《声明》载明，第 141 号会计凭证记载的出售房产的“权属与 HX 所无关”。马某某、何某某证实，其支付给 HX 所的 541 663. 77 元实际为 HX 所要求马某某、何某某承担的房屋过户需缴纳的税款。

2. HX 所 2019 年 11 月第 100 号会计凭证登记核算办公楼装修挂账，金额 694 800. 00 元，借：管理费用——其他，贷：其他应付款——戴某某。后附原始凭证包括：费用报销单、GY 市税务局代开劳务费发票（发票备注标明工程名称为：HX 所 GY 市 YZ 区 WH 西街办公楼装修工程，工程地点：GY 市 YZ 区 WH 西街）、税收完税证明。

上述行为违反了《中华人民共和国会计法》第九条“各单位必须根据实际发生的经济业务事项进行会计核算，填制会计凭证，登记会计账簿，编制财务会计报告。任何单位不得以虚假的经济业务事项或者资料进行会计核算。”的规定。

二、未能持续符合有限责任会计师事务所执业许可条件

（一）具有注册会计师执业资格的股东不足 5 名。

2019年12月6日之后，HX所在市场监管部门、财政部门登记的股东为5名自然人股东，分别为薛某邦（持股比例30%）、鲁某（持股比例41.6981%）、冯某（持股比例13.6981%）、邢某华（持股比例1.6038%）、陈某（非注册会计师，持股比例13%）。其中，非注册会计师陈某于2005年3月1日通过受让原股东行某宁（非注册会计师）的股份成为HX所的股东，并于2005年4月28日完成股东工商变更登记手续。

（二）HX所登记的股东中存在为非注册会计师代持股份的情形。

2019年12月6日之后，HX所在市场监管部门、财政部门登记的自然人股东及其所持股份中，登记在鲁某名下21.7019%的股份、冯某名下13.6981%的股份、陈某名下10%的股份，均为替非注册会计师裴某刚代持，代持股份比例合计45.40%。

上述行为违反了《会计师事务所执业许可和监督管理办法》（财政部令第89号公布，根据财政部令第97号修改）[①] 第十条“有限责任会计师事务所申请执业许可，应当具备下列条件：（一）5名以上股东，且股东均符合本办法第十一条规定条件；……”、第十一条“除本办法第十二条规定外，会计师事务所的合伙人（股东），应当具备下列条件：（一）具有注册会计师执业资格；……”的规定。上述行为违反了《会计师事务所审批和监督暂行办法》（财政部令第24号）第七十四条“本办法施行前批准设立的会计师事务所及其分所发生变更事项，其变更后的情况应当符合本办法的规定。”的规定。

三、允许注册会计师在本所挂名而不在本所执行业务

根据HX所向NX注册会计师协会提交的2018年度、2019年度、2020年度注册会计师任职资格检查资料，在该所执业的注册会计师有鲁某（2018年度、2019年度、2020年度）、冯某（2020年度）、郭某（2018年

① 2017年8月20日，财政部颁布第89号令，对《会计师事务所审批和监督暂行办法》（财政部令第24号）进行了修订，修订后的《会计师事务所执业许可和监督管理办法》自2017年10月1日起施行；2019年1月2日，财政部颁布第97号令，对《会计师事务所执业许可和监督管理办法》和《资产评估行业财政监督管理办法》作出了修改；但修改内容不涉及该案例适用条款。

度、2020 年度)、杜某梅 (2018 年度、2019 年度、2020 年度)、薛某邦 (2018 年度、2019 年度、2020 年度)、邢某华 (2018 年度、2019 年度、2020 年度)、李某君 (2018 年度、2019 年度、2020 年度)、高某辉 (2018 年度、2019 年度、2020 年度)、刘某义 (2018 年度、2019 年度、2020 年度)、黄某双 (2020 年度)、马某辉 (2020 年度)、武某敬 (2020 年度)、魏某峰 (2018 年度、2019 年度)、王某霞 (2018 年度、2019 年度)、闫某岳 (2018 年度、2019 年度)、王某姝 (2018 年度、2019 年度)、冯某 (2018 年度)、程某 (2018 年度)、齐某东 (2018 年度)。经核实,薛某邦、邢某华、李某君、高某辉、黄某双、魏某峰、王某霞、王某姝、冯某 9 人在相应年度并未在 HX 所执行业务。

上述行为违反了《会计师事务所执业许可和监督管理办法》(财政部令第 97 号) 第六十二条"会计师事务所不得有下列行为:……(五) 允许注册会计师在本所挂名而不在本所执行业务,或者明知本所注册会计师在其他单位从事获取工资性收入的工作而不予制止;……"的规定。

四、没有按照规定进行审计业务基本信息和年度财务报表审计报告报备

根据 HX 所在 NX 注册会计师行业公共服务平台进行审计业务报告防伪报备的信息和 HX 所审计业务清单等资料,2018 年 11 月 1 日至 2021 年 11 月 30 日,HX 所共向外出具审计业务报告 1 262 份。其中:审计报告 1 242份,咨询服务业务报告 17 份,其他鉴证业务报告 3 份。HX 所没有在财政部财政会计行业管理系统报备以上业务报告的签字注册会计师、审计意见、审计收费等基本信息,也没有在该系统报备其出具的年度财务报表审计报告。

上述行为违反了《会计师事务所执业许可和监督管理办法》(财政部令第 97 号) 第五十一条"会计师事务所应当在出具审计报告及其他鉴证报告后 30 日内,通过财政会计行业管理系统报备签字注册会计师、审计意见、审计收费等基本信息。会计师事务所应当在出具审计报告后 60 日内,通过财政会计行业管理系统报备其出具的年度财务报表审计报

告……”的规定。

五、未按照执业准则确定的工作程序出具报告

（一）对外出具注册会计师签名和盖章不符合规定的审计业务报告。

HX所2018年11月1日至2021年11月30日对外出具的1 262份审计业务报告中，以在本所挂名而不在本所执行业务的注册会计师的名义在对外出具的审计业务报告上签名和盖章的报告876份，占所有报告数的69.41%。其中：高某辉394份次，邢某华277份次，李某君196份次，王某霞159份次，薛某邦78份次，王某姝57份次，冯某23份次，黄某双4份次。

（二）对外出具司法鉴定性质的审计业务报告时，未实施严格的逐级复核制度且未按规定在报告上签名和盖章。

2021年4月21日，HX所根据某县人民法院司法鉴定委托书［（2021）N0122法鉴字007号］，对某房地产有限公司自成立至2020年10月31日期间公司的财务状况进行鉴定。HX所在未通过终级复核的情况下，出具了《某房地产有限公司财务状况鉴定报告书》（HX专审字〔2021〕第023号），签字注册会计师为陈某、邢某华。

（三）对外出具执行商定程序的审计业务报告时，未执行《中国注册会计师相关服务准则第4101号——对财务信息执行商定程序》的规定。

《某农产品有限公司财务专项分析报告》（HX咨询字〔2019〕第018号，签字注册会计师：冯某、马某辉）正文中明确写明“我们的检查依据是《中国注册会计师相关服务准则第4101号——对财务信息执行商定程序》”，但报告中没有“执行的商定程序是与特定主体协商确定的”“所执行的商定程序并不构成审计或审阅，注册会计师不提出鉴证结论”和“如果执行商定程序以外的程序，或执行审计或审阅，注册会计师可能得出其他应报告的结果”的说明。

上述行为（一）（二）不符合《中国注册会计师审计准则第1501号——对财务报表形成审计意见和出具审计报告》第三十九条“审计报告应当由项目合伙人和另一名负责该项目的注册会计师签名和盖章。”和

《财政部关于注册会计师在审计报告上签名盖章有关问题的通知》（财会〔2001〕1035号）“二、审计报告应当由两名具备相关业务资格的注册会计师签名和盖章并经会计师事务所盖章方为有效：……（二）有限责任会计师事务所出具的审计报告，应当由会计师事务所主任会计师或其授权的副主任会计师和一名负责该项目的注册会计师签名和盖章。三、会计师事务所出具验资报告、盈利预测审核报告等具有法定证明效力的报告，应当遵照本通知执行。”的规定。

上述行为（三）不符合《中国注册会计师相关服务准则第4101号——对财务信息执行商定程序》第十五条“商定程序业务报告应当详细说明业务的目的和商定的程序，以便使用者了解所执行工作的性质和范围。”和第十六条“商定程序业务报告应当包括下列内容：……（四）说明执行的商定程序是与特定主体协商确定的；……（十）说明所执行的商定程序并不构成审计或审阅，注册会计师不提出鉴证结论；（十一）说明如果执行商定程序以外的程序，或执行审计或审阅，注册会计师可能得出其他应报告的结果；……”的规定。

上述行为（一）（二）（三）违反了《中华人民共和国注册会计师法》第二十一条“注册会计师执行审计业务，必须按照执业准则、规则确定的工作程序出具报告。……”的规定。

上述行为（二）违反了《会计师事务所执业许可和监督管理办法》（财政部令第97号）第六十条“会计师事务所和注册会计师必须按照执业准则、规则的要求，在实施必要的审计程序后，以经过核实的审计证据为依据，形成审计意见，出具审计报告，不得有下列行为：……（五）未实施严格的逐级复核制度……”的规定。

六、在未履行必要的审计程序、未获取充分适当的审计证据的情况下出具审计报告

（一）关于YL农业开发有限公司重要产品追溯体系建设项目资金补助申请审核报告（HX专审字〔2019〕第059号，签字注册会计师：鲁某、刘某义。业务收费3 000.00元）。报告正文载明，“我们的责任是在实施审

核的基础上，对 YL 农业开发有限公司重要产品追溯体系建设项目专项资金补助财务情况的真实性发表审核意见”，结论为“经审核，截至 2018 年 11 月 24 日，YL 农业开发有限公司申报的 YL 质量追溯体系新建项目，项目实际投资 3 027 000.00 元，其中：软件运营管理系统及运维服务投资金额 2 235 000.00 元，硬件采购及安装投资金额 792 000.00 元，已付款 2 230 000.00元，未付款 797 000.00 元，已开发票 330 000.00 元。”审计工作底稿和证据中，由 ZHW 实业有限公司（以下简称“ZHW”）开具的发票复印件 2 张，均为票号 06729911 发票的复印件，票面金额 11 万元，报告结论“已开票金额 33 万元”与取得的审计证据证实的开票金额 11 万元不一致；由被审计单位 YL 农业开发有限公司（以下简称“YL 农业”）2018 年 11 月 24 日向 ZHW 发出询证函，询证事项为“已开票金额 22.00 万元”“已付款金额 223.00 万元”“未付款金额 100.70 万元”，ZHW 在该询证函下部“结论：1. 数据证明无误”处盖章，但未填写签收或盖章日期，报告结论与询证函对应事项金额不一致；由 ZHW 项目部向 YL 农业开具的自制收据 7 张，载明收到 YL 农业现金和微信支付款项合计 223 万元，通过现金或者微信支付款项占已付款的 100%，报告对该事项未披露。延伸检查 YL 农业查实，前述使用现金和微信支付的款项 223 万元实际并未支付。执行业务的注册会计师未对项目支出的真实性保持应有的职业怀疑，未执行进一步核实确认的审计程序，未取得充分的审计证据且未对已取得审计证据真实性进行核验，审计结论与事实不符。

（二）关于 SH 综贸有限公司重要产品追溯体系建设项目资金补助申请审核报告（HX 专审字〔2019〕第 057 号，签字注册会计师：鲁某、刘某义。业务收费 3 000.00 元）。报告正文载明，“我们的责任是在实施审核的基础上，对 SH 综贸有限公司重要产品追溯体系建设项目专项资金补助财务情况的真实性发表审核意见”，结论为“经审核，截至 2018 年 12 月 29 日，SH 综贸有限公司申报的黄牛肉养殖基地和屠宰场质量追溯体系建设项目，项目实际投资 2 171 000.00 元。其中：软件运营管理系统及运维服务投资金额 1 365 000.00 元，硬件采购及安装投资金额 806 000.00 元，已开具发票 2 040 000.00，已付款 1 715 000.00 元，已收到补助资金 180 000.00元。”审计工作底稿和证据中，由 ZHW 向 SH 综贸有限公司（以下简称“SH 综贸”）开具的发票 1 张（开具日期：2018 年 8 月 10 日，票面金额 18.00 万元）、ZHW 项目部向 SH 综贸开具的自制收据 15 张（票面金额合计 171.50 万元），报告结论“已开票金额 2 040 000.00 元”与取得的审计证据证实的开票金额 18.00 万元不一致；ZHW 项目部自制收据（与 ZHW 开具给 YL 农业的自制票据票样不同）载明 SH 综贸转账支付 ZHW 项目部款项 1 次 18.00 万元、现金支付款项 14 次共 153.50 万元，现金支付款项占已付款的 89.50%，报告对该事项未披露。延伸检查 SH 综贸查实，该单位 2018 年 12 月 31 日记—14 号会计凭证借记固定资产 93.00 万元、无形资产 111.00 万元，贷记应付账款——ZHW 事业有限公司 204.00 万元，摘要为“NX 重要产品追溯体系建设购买设备软件开发费”，后附原始凭证为 ZHW 向 SH 综贸开具的发票 4 张（其中：2018 年 8 月 10 日开具 1 张，票面金额 18.00 万元，同审计工作底稿和证据中的发票；2018 年 12 月 28 日开具 1 张，票面金额 93.00 万元；2018 年 12 月 29 日开具 2 张，票面金额分别为 41.00 万元、52.00 万元。均为某市国税局代开的增值税专用发票）；前述应付账款 204.00 万元，使用 2018 年 4 月 26 日已付货款（银行汇款）冲抵 18.00 万元、2018 年 12 月 28 日从 SH 综贸工作人员张某个人账户汇款支付 7.44 万元、2019 年 5 月 21 日使用 40 头育成牛抵顶 72.00 万元、2019 年 6 月 15 日使用 34 头育成牛抵顶 61.20 万元、2019 年 6 月 21 日使用 16 头育成牛和 1 头犊牛抵顶 30.36 万元、2019 年 8 月 26 日银行汇款支付 15.00 万元。执行业务的注册会计师未对项目支出的真实性保持应有的职业怀疑，未执行进一步核实确认的审计程序，未取得充分的审计证据且未对已取得审计证据真实性进行核验，审计结论与事实不符。

（三）关于 YT 牧业有限公司重要产品追溯体系建设项目资金补助申请审核报告（HX 专审字〔2019〕第 062 号，签字注册会计师：鲁某、刘某义。业务收费 3 000.00 元）。报告正文载明，“我们的责任是在实施审核的基础上，对 YT 牧业有限公司重要产品追溯体系建设项目专项资金补助财务情况的真实性发表审核意见”，结论为“经审核，截至 2019 年 3 月 1 日，YT 牧业有限公司申报的 YT 牧业肉食品追溯系统建设示范项目，项目实际投资 2 500 100.00 元。其中：软件运营管理系统及运维服务投资金额 1 963 700.00 元，硬件采购及安装投资金额 536 400.00 元，已开具发票 2 500 100.00元，已付款 2 055 370.00 元，未付款 444 730.00 元。”报告正文“项目投资表中”载明，“应用软件开发及其他费用”合同金额 196.37 万元，占项目总投资的 78.55%，交易对方为 ZX 信息发展股份有限公司，已付款 196.37 万元，已开发票 196.37 万元。审计工作底稿和证据中，由 ZX 信息发展股份有限公司开具给 YT 牧业有限公司（以下简称“YT 牧业”）的增值税普通发票 1 张，票面金额 589 110.00 元；YT 牧业向 ZX 信息发展股份有限公司付款的网银交凭证 1 页，票面金额 589 110.00 元，以及与之相应的 2018 年 5 月第 120 号、第 145 号记账凭证。审计工作底稿和证据中有询证函 2 张。其中：2018 年 3 月 1 日出具的询证函为原件，函证事项中合同价、结算价、已开票金额和已付款金额均为 196.37 万元；2018 年 11 月 25 日出具的询证函为复印件，函证事项中合同价和结算价均为 196.37 万元、已开票金额和已付款金额均为 58.91 万元。ZX 信息发展股份有限公司在前述 2 张询证函下部“结论：1. 数据证明无误”均盖章，但均未填写签收或盖章日期。2018 年 3 月 1 日出具的询证函记录内容与审计报告结论一致，但与审计工作底稿和证据中的发票及付款证据金额不一致；2018 年 11 月 25 日出具的询证函记录内容与审计工作底稿和证据中取得的发票和付款证据金额一致，但与审计报告结论不一致。执行业务的注册会计师未对该差异执行必要的审计程序，未取得充分的审计证据。

（四）关于 DRM 农产品开发有限公司冷链物流发展项目资金补助申请审核报告（HX 专审字〔2018〕第 266 号，签字注册会计师：鲁某、薛某邦〈在 HX 所挂证但不实际执行审计业务〉。业务收费 3 000.00 元）。报告正文载明，“我们的责任是在实施审核的基础上，对贵公司（报告中“贵公司”指 DRM 农产品开发有限公司，审计业务委托单位为某市商务局）冷链物流发展项目专项资金支持情况发表审核意见”，结论为“经审核，

DRM 农产品开发有限公司申报的农产品冷藏库建设投资项目，实际完成的总投资额为 444. 94 万元，其中冷库土建工程 108. 52 万元，冷库制冷设备 129. 9 万元”，“根据项目实施等资料显示，我们发现 DRM 农产品开发有限公司完成的 444. 94 万元的投资中，项目款项已支付 411. 61 万元，其中已开具发票 180. 70 万元，未开具发票 264. 24 万元”。审计业务档案中，没有对支付货款 411. 61 万元执行必要审计程序的审计工作底稿，也没有相应的审计证据。

（五）关于某农垦集团有限公司的三大实业（子公司）产权划转账务处理的专项审计报告（HX 专审字〔2019〕第 239 号，签字注册会计师：鲁某、邢某华〈在 HX 所挂证但不实际执行审计业务〉。业务收费 55 000. 00 元）。报告正文载明，“我们的责任是对‘集团公司、三大实业公司、三大实业公司下属 13 个子公司的 2015 年 3 月—2019 年 8 月产权划转账务处理’发表审计意见”。《业务约定书》约定的审计业务范围及目标规定，“委托方（某农垦集团有限公司）委托受托方（HX 所），对‘2015 年 4 月，农垦集团将 SH 实业有限公司、HNS 实业有限公司、XXW 实业有限公司的部分产权划转给某农垦集团有限公司’的账务处理是否符合《企业会计准则》的规定提供审计服务，针对账务处理差错部分提出合理化建议，并出具审计报告。”审计报告正文中有“检查依据”段落，具体内容为“1. 《中华人民共和国会计法》”“2. 某农垦集团发〔2015〕18 号”“3. 其他相关法律法规”，没有审计依据的相关表述；审计结论为“经审计，2015 年 3 月—2019 年 8 月三大实业公司共划转资产总额 164 751 773. 81 元，负债总额 4 397 642. 97 元，所有者权益总额 160 354 130. 84 元；资产 = 负债 + 所有者权益 = 164 751 773. 81（元），三者勾稽关系相符。分别转给集团公司及各子公司资产、负债、所有者权益明细如下：（略）。”，未涉及账务处理是否符合《企业会计准则》的规定的表述。审计业务档案中的《审计工作总结》载明，“二、审核工作中发生的重大事项及处理意见。审核工作中发现的两个重大事项及处理意见：1. 某农垦集团对 HNS 实业有限公司的长期股权投资发生减值，应计提减值准备；2. 划转到某农垦集团的原三大实业公司下属子公司所有者权益为负数，长期股权投资初始成本为0，并建议做备查登记”，报告正文其他提醒关注事项中明确载明，“1. 本次审计不考虑各公司长期股权投资的减值及长期股权投资权益的确认。本次审计仅对三大实业公司划转给集团公司和三大实业公司下属子公司（孙公司）的账务处理是否一致发表意见。2.（略）。”，二者存在明显差异。执行业务的注册会计师未对该差异执行必要的审计程序，审计业务档案中也没有对“长期股权投资”（本次专项审计的关键项目）执行必要的审计程序（包括但不限于审定、审计测试程序）的审计工作底稿和证据。

（六）GY市水利勘测设计院2019年财务报表审计报告（HX审字〔2020〕第001号，签字注册会计师：杜某梅、高某辉〈在HX所挂证但不实际执行审计业务〉。业务收费29 700.00元）。该报告为有保留意见的年度财务报表审计报告，审计计划未确定重要性水平。该报告审计结论为“除‘形成保留意见的基础’部分所述事项产生的影响外，后附的财务报表在所有重大方面按照企业会计准则的规定编制，公允反映了贵公司（报告中指‘GY市水利勘测设计院’）2019年12月31日的财务状况以及2019年度的经营成果和现金流量”，形成保留意见的基础为“1.（略）。2. 贵公司以开具发票时间为基础确认收入和成本，未按照权责发生制确认”，财务报表附注载明被审计单位“财务报表以持续经营为基础，根据实际发生的交易和事项，按照财政部发布的《企业会计准则》及相关规定，并基于本附注‘三、重要会计政策及会计估计’所述会计政策和会计估计编制”，被审计单位“编制的财务报表符合企业会计准则及有关财务会计制度的要求，真实、完整地反映了报告期公司的财务状况、经营成果、现金流量等有关信息。”所有科目均未执行凭证抽查审计程序，审计业务档案中没有相应的审计工作底稿和证据；所有损益类科目均未执行截止测试审计程序，审计业务档案中没有相应的审计工作底稿和证据；未执行企业所得税测算程序，审计业务档案中没有相应的审计工作底稿和证据。

（七）某交通集团有限公司2018年财务报表审计报告（HX审字〔2019〕第001号，签字注册会计师：高某辉、王某霞〈2人均为在HX所挂证但不实际执行审计业务〉。业务收费5 050.00元）。该报告为有保留意见的年度财务报表审计报告，审计计划未确定重要性水平。该报告审计结论为“除‘形成保留意见的基础’部分所述事项产生的影响外，后附的财务报表在所有重大方面按照小企业会计准则的规定编制，公允反映了贵公司（报告中指‘某交通集团有限公司’）2018年12月31日的财务状况以及2018年度的经营成果和现金流量”，形成保留意见的基础为“贵公司收入采用收付实现制原则确认，公司无法根据权责发生制提供相关资料，致使我们无法确认二者对报表的影响程度。贵公司已于2018年12月14日拍卖汽车33辆，原值1 080 580.00元，未进行账务处理……”，财务报表附注载明被审计单位“财务报表以持续经营为基础，根据实际发生的交易和事项，按照财政部发布的《小企业会计准则》和具体会计准则等规定，并基于下述重要会计政策、会计估计进行编制”，被审计单位“编制的财务报表符合《小企业会计准则》的要求，真实、完整地反映了本公司2018年12月31日的财务状况、2018年度的经营成果和现金流量等有关信息。”财务报表附注披露的运输工具期末余额515.82万元，占固定资产期末余额555.56万元的92.85%，审计工作底稿和证据没有相关车辆的行驶证或者机动车登记证。对专项应付款、递延收益实施科目抽查程序时，审计工作底稿中没有相关的资金文件或者政策文件，审计证据不足以支持确认是否满足政府补助的条件或者判断相关科目核算的准确性。汽车租赁收入461.47万元，占营业收入总额的99.84%，审计业务档案中未见对该项收入进行测试的审计工作底稿和证据，审计报告保留意见未披露该事项对报表的影响金额。

（八）某担保有限公司2018年财务报表审计报告（HX审字〔2019〕第010号，签字注册会计师：高某辉、王某霞〈2人均为在HX所挂证但不实际执行审计业务〉。业务收费6 000.00元）。该报告为无保留意见的年度财务报表审计报告，审计业务档案中未见对该项目执行风险评估程序的记录。被审计单位存出担保保证金为7 404.71万元，占资产总额的比重为89.68%，但审计业务档案中未见与担保事项、担保金额相关的审计工作底稿和证据，未见对重大风险点实施审计程序的审计工作底稿和证据，审计报告正文及附注中均未对担保事项的风险点进行披露。被审计单位担保赔偿准备金期末余额为5 255 292.00元，审计业务档案中未见对担保赔偿准备金进行分析测试程序或者重新测算的审计工作底稿和证据。

上述行为（一）（二）（三）（四）（五）（六）（七）（八）违反了《中华人民共和国注册会计师法》第二十一条“注册会计师执行审计业务，必须按照执业准则、规则确定的工作程序出具报告。……”和《会计师事务所执业许可和监督管理办法》（财政部令第97号）第六十条“会计师事务所和注册会计师必须按照执业准则、规则的要求，在实施必要的审计程序后，以经过核实的审计证据为依据，形成审计意见，出具审计报告，不得有下列行为：（一）在未履行必要的审计程序，未获取充分适当的审计证据的情况下出具审计报告；……”的规定。

七、对同一委托单位的同一事项，依据相同的审计证据出具不同的审计报告

2018年12月5日，HX所受某市商务局委托，对某市16家“中小企业重要产品追溯体系建设项目资金补助情况”进行了审计，出具了HX专审字〔2018〕第330、331、332、333、334、335、336、337、338、339、340、341号审计报告，共12份。2019年3月8日，HX所根据某市商务局将被审计单位的重要产品追溯体系建设项目补助资金下浮5%～10%的要求，对其中的HX专审字〔2018〕第330、334、335、336、337、338、339、340、341号9份报告进行了修改并重新向委托方出具了HX专审字〔2019〕第055、056、057、058、059、060、061、062、063号审计报告，将审计结论中各被审计单位的实际投资金额（核定项目补助资金的基准）下调了4.59%～11.08%。

上述行为违反了《会计师事务所执业许可和监督管理办法》（财政部令第97号）第六十条“会计师事务所和注册会计师必须按照执业准则、

规则的要求，在实施必要的审计程序后，以经过核实的审计证据为依据，形成审计意见，出具审计报告，不得有下列行为：……（二）对同一委托单位的同一事项，依据相同的审计证据出具不同结论的审计报告；……”的规定。

八、未按照规定建立并实施单位内部会计监督制度

（一）HX 所未按照其《财务管理制度》中“（七）财务管理细则”“二、审批权限”“2. 借款和报销审批程序：报销人（借款人）—部门负责人审核—会计复核—所长审批—财务报销（付款）”的规定进行借款和报销审批。

1. HX 所 2019 年 2 月第 32 号会计凭证，支付薛某晖等人差旅费等，金额 10 449. 50 元。后附费用报销单中鲁某、卢某山、杜某梅签批，出纳薛某晖签批，报销人陆某签字。

2. HX 所 2019 年 3 月第 39 号会计凭证，支付业务咨询服务费，金额 16 000. 00 元。后附费用报销单中鲁某、卢某山签字，会计卢某签批，无报销人。

3. HX 所 2020 年 6 月第 14 号会计凭证，报销车辆租赁费，金额 14 000. 00元。后附费用报销单中鲁某、裴某刚签字，会计闫某玲签批，报销人余某空签字。

4. HX 所 2019 年 12 月第 271 号会计凭证，记载“支付薛某晖购办公用品款及差旅费款”，金额 100 000. 00 元。后附原始凭证 1 张，为薛某晖借款借据，裴某刚签批，借款人薛某晖签字。

5. HX 所 2019 年 12 月第 279 号会计凭证，支付审计一部薛某晖报销国庆活动奖品款，金额 9 460. 00 元。后附费用报销单中会计闫某玲签批，报销人薛某晖签字。

6. HX 所 2019 年 12 月第 281 号会计凭证，支付审计一部薛某晖报销餐费，金额 862. 00 元。后附费用报销单中出纳薛某晖签批，报销人薛某晖签字。

7. HX 所 2019 年 12 月第 282 号会计凭证，支付审计一部薛某晖报销电

脑耗材款，金额 8 945. 00 元。后附费用报销单中会计闫某玲签批，出纳薛某晖签批，报销人薛某晖签字。

8. HX 所 2019 年 12 月第 285 号会计凭证，支付审计一部薛某晖报销底稿装订费，金额 8 580. 00 元。后附费用报销单中会计闫某玲签批，出纳薛某晖签批，报销人薛某晖签字。

9. HX 所 2019 年 12 月第 286 号会计凭证，支付审计一部薛某晖报销办公费用款，金额 2 950. 00 元。后附费用报销单中会计闫某玲签批，报销人薛某晖签字。

10. HX 所 2019 年 12 月第 287 号会计凭证，支付审计一部薛某晖报销办公用品款，金额 2 950. 00 元。后附费用报销单中会计闫某玲签批，报销人薛某晖签字。

（二）会计人员未执行不相容岗位相分离的规定。

HX 所 2019 年会计凭证记账人员、制单人员及审核人员均为闫某玲，记账人员、制单人员及审核人员为同一人。

上述行为（一）（二）违反了《中华人民共和国会计法》第二十七条“各单位应当建立、健全本单位内部会计监督制度。单位内部会计监督制度应当符合下列要求：（一）记账人员与经济业务事项和会计事项的审批人员、经办人员、财物保管人员的职责权限应当明确，并相互分离、相互制约；……”的规定。

上述行为（一）违反了《会计基础工作规范》第七十八条“会计机构、会计人员应当对财务收支进行监督。（一）对审批手续不全的财务收支，应当退回，要求补充、更正。……”的规定。

九、未按照规定填制、取得原始凭证或者填制、取得的原始凭证不符合规定

（一）原始凭证中没有经济业务合同，也未在记账凭证中注明合同存放地点。

HX 所 12 月第 43 号会计凭证登记核算办公室维修费挂账，金额 906 500. 00，借：管理费用——其他，贷：其他应付款——戴某科。后附

原始凭证：费用报销单、某市税务局代开维修费发票，发票备注栏次标明工程名称为：HX 所维修工程，工程地址：某市 A 区 B 路 C 座 1 号综合写字楼 1901 室、1902 室。未附相关合同及工程结算单，也未在记账凭证中注明合同存放地点。

（二）编制记账凭证无原始凭证作为依据。

HX 所 12 月第 317 号会计凭证登记核算预提装修费，金额1 150 000. 00 元，借：管理费用——装修费，贷：其他应付款——其他。没有附原始凭证，无记账依据。

（三）原始凭证不能证明记账凭证记载事项的真实性。

HX 所 2019 年 1 月第 35 号会计凭证记载，支付 HY 建设集团有限公司往来款 10 万元整（截至 2020 年 9 月，HY 建设集团有限公司欠 HX 所往来款项 6 665 324. 45 元），借记其他应收款，后附 HX 所付款申请单 1 张、转账申请表 1 张、银行客户回单 2 张。HX 所未向 NX 财政厅派出的检查组补充提供相应的会计核算依据。

上述行为（一）（二）（三）违反了《中华人民共和国会计法》第十四条“会计凭证包括原始凭证和记账凭证。办理本法第十条所列的经济业务事项，必须填制或者取得原始凭证并及时送交会计机构。……记账凭证应当根据经过审核的原始凭证及有关资料编制。”的规定。

上述行为（一）违反了《会计基础工作规范》第五十五条“会计机构、会计人员要妥善保管会计凭证。……（三）……各种经济合同、存出保证金收据以及涉外文件等重要原始凭证，应当另编目录，单独登记保管，并在有关的记账凭证和原始凭证上相互注明日期和编号。……”的规定。

上述行为（二）（三）违反了《会计基础工作规范》第五十条第一款“会计机构、会计人员要根据审核无误的原始凭证填制记账凭证。”的规定。

上述行为（二）违反了《会计基础工作规范》第五十一条“记账凭证的基本要求是：……（四）除结账和更正错误的记账凭证可以不附原始

凭证外，其他记账凭证必须附有原始凭证……”的规定。

根据《中华人民共和国注册会计师法》第三十九条第一款“会计师事务所违反本法第二十条、第二十一条规定的，由省级以上人民政府财政部门给予警告，没收违法所得，可以并处违法所得1倍以上5倍以下的罚款；情节严重的，并可以由省级以上人民政府财政部门暂停其经营业务或者予以撤销。”《会计师事务所审批和监督暂行办法》（财政部令第24号）第四十八条“会计师事务所及其分所未保持设立条件的，应在20日内向所在地的省级财政部门备案，由所在地的省级财政部门责令其在60日内整改。未在规定期限内备案或者整改期满仍未达到设立条件的，由所在地的省级财政部门撤回设立许可”①、第五十九条第二款“省级财政部门在日常管理、监督检查中发现会计师事务所及其分所未持续符合执业许可条件的，应当责令其在60日内整改。”和第三款“整改期满，会计师事务所及其分所仍未达到执业许可条件的，由所在地的省级财政部门撤销执业许可并予以公告。”、第六十七条“会计师事务所违反本办法第六十条第一项至第四项规定的，由省级以上财政部门给予警告，没收违法所得，可以并处违法所得1倍以上5倍以下的罚款；情节严重的，并可以由省级以上财政部门暂停其执业1个月到1年或者吊销执业许可。会计师事务所违反本办法第六十条第五项至第七项规定，情节轻微，没有造成危害后果的，按照本办法第六十三条第二款的规定进行处理；情节严重的，由省级以上财政部门给予警告，没收违法所得。”的规定，对HX所“未能持续符合有限责任会计师事务所执业许可条件”“未按照执业准则、规则确定的工作程序出具报告”“在未履行必要的审计程序、未获取充分适当的审计证据的情况下出具审计报告”“对同一委托单位的同一事项，依据相同的审计证据出具不同的审计报告”的违法违规行为予以行政处罚。

根据《中华人民共和国会计法》第四十三条“伪造、变造会计凭证、

① 本案例此处采用《会计师事务所审批和监督暂行办法》（财政部令第24号），即修订前的文件；本案例后续其他条款采用的是《会计师事务所执业许可和监督管理办法》（财政部令第97号），即修订后的文件。

会计账簿，编制虚假财务会计报告，构成犯罪的，依法追究刑事责任。有前款行为，尚不构成犯罪的，由县级以上人民政府财政部门予以通报，可以对单位并处5000元以上10万元以下的罚款；……”的规定，对HX所“伪造、变造会计凭证，以虚假的经济业务事项或者资料进行会计核算”的违法违规行为予以行政处罚。

根据《中华人民共和国会计法》第四十二条第一款“违反本法规定，有下列行为之一的，由县级以上人民政府财政部门责令限期改正，可以对单位并处3000元以上5万元以下的罚款；对其直接负责的主管人员和其他直接责任人员，可以处2000元以上2万元以下的罚款；属于国家工作人员的，还应当由其所在单位或者有关单位依法给予行政处分：……（三）未按照规定填制、取得原始凭证或者填制、取得的原始凭证不符合规定的；……（九）未按照规定建立并实施单位内部会计监督制度或者拒绝依法实施的监督或者不如实提供有关会计资料及有关情况的；……”的规定，对HX所“未按照规定填制、取得原始凭证或者填制、取得的原始凭证不符合规定”“未按照规定建立并实施单位内部会计监督制度”的违法违规行为予以行政处罚。

根据《会计师事务所执业许可和监督管理办法》（财政部令第97号）第六十八条“会计师事务所违反本办法第二十四条、第六十二条第二项至第十项规定的，由省级以上财政部门责令限期整改……”的规定，对HX所“允许注册会计师在本所挂名而不在本所执行业务”的违法违规行为予以行政处罚。

根据《会计师事务所执业许可和监督管理办法》（财政部令第97号）第五十八条“会计师事务所未按照本办法第五十一条、第五十六条规定报备的，省级以上财政部门应当责令限期补交报备材料、约谈首席合伙人（主任会计师），并视补交报备材料和约谈情况组织核查。”的规定，对HX所“没有按照规定进行审计业务基本信息和年度财务报表审计报告报备”的违法违规行为予以警告、通报批评；没收违法所得107 750元；罚款305 500元；吊销会计师事务所执业许可；罚款和没收违法所得金额

413 250 元。

案例来源：

https：//czt. nx. gov. cn/zwgk/zfxxgkml/xzcf/202206/t20220601_3544324. html。

【案例 11】无审计底稿签发报告的问题

案例简介：

2021 年 12 月 23 日，BJ 市财政局发布《BJ 市财政局关于 HQ 会计师事务所（普通合伙）行政处罚决定书》，对 HQ 会计师事务所（普通合伙）（以下简称“HQ 所”）无审计底稿签发报告问题予以吊销会计师事务所执业许可的行政处罚。

案例分析：

经查，HQ 所出具的 2 632 份审计业务报告（其中审计报告 2 629 份，验资报告 3 份）中，1 532 份审计业务报告仅有被审计单位提供的资产负债表、利润表、所有者权益变动表和营业执照，1 100 份审计业务报告无任何形式的审计工作底稿，在未履行必要的审计程序，未获取充分适当的审计证据的情况下出具审计报告且情节严重。

HQ 所的上述行为违反了《中华人民共和国注册会计师法》第二十一条第一款及第三十一条、《会计师事务所执业许可和监督管理办法》（财政部令第 97 号）第六十条第一项、《中国注册会计师审计准则第 1231 号——针对评估的重大错报风险采取的应对措施》第十八条、《中国注册会计师审计准则第 1301 号——审计证据》第十条等有关规定。

根据《中华人民共和国注册会计师法》第三十九条第一款及《会计师事务所执业许可和监督管理办法》（财政部令第 97 号）第六十七条第一款的规定，BJ 市财政局给予 HQ 所吊销会计师事务所执业许可的行政处罚。

案例来源：

http：//czj. beijing. gov. cn/ztlm/xzzfxxzt/xzzfdtxx/xzzfjg/xzcfjdxx/202112/t20211223_2571290. html。

【案例 12】仅有复核意见无审计底稿出具报告的问题

案例简介：

2022 年 9 月 13 日，BJ 市财政局发布行政处罚决定书，对 KY 会计师事务所（普通合伙）（以下简称“KY 所”）无审计工作底稿问题予以吊销执业许可的行政处罚。

案例分析：

经查，KY 所 2019 年 1 月—2020 年 6 月出具的 17 份审计报告中仅有复核意见单，无其他任何形式的审计工作底稿。在未履行必要的审计程序，未获取充分适当的审计证据的情况下出具审计报告且情节严重。上述违法事实，有检查报告、检查工作底稿、询问笔录等相关证据予以证实。

KY 所的上述行为违反了《中华人民共和国注册会计师法》第二十一条第一款及第三十一条、《会计师事务所执业许可和监督管理办法》（财政部令第 97 号）第六十条第一项、《中国注册会计师审计准则第 1231 号——针对评估的重大错报风险采取的应对措施》第十八条、《中国注册会计师审计准则第 1301 号——审计证据》第十条等有关规定。

根据《中华人民共和国注册会计师法》第三十九条第一款及《会计师事务所执业许可和监督管理办法》（财政部令第 97 号）第六十七条第一款的规定，BJ 市财政局对 KY 所予以吊销会计师事务所执业许可的行政处罚。

案例来源：

http：//czj. beijing. gov. cn/ztlm/xzzfxxzt/xzzfdtxx/xzzfjg/xzcfjdxx/202209/t20220902_2807942. html。

第二章

违反职业道德的情形

【案例 13】注册会计师挂名出具审计报告的问题

案例简介：

2022 年 12 月 5 日，ZJ 省财政厅发布行政处罚决定书，对 JD 会计师事务所（普通合伙）（以下简称“JD 所”）注册会计师挂名出具审计报告等问题予以警告。

案例分析：

JD 所为普通合伙会计师事务所，从 ZJ 省财政厅准予执业许可至 2021 年底仅有两名注册会计师，董某系其中之一并为该所合伙人，按月从该所领取报酬，却从未在该所执业，长期将本人注册会计师证书及签字名章放在 JD 所。同时，董某与支某约定，该所接受财政部门检查时董某有义务从外地到 JD 所配合检查。2019 年 11 月—2022 年 2 月，JD 所以董某的名义出具审计报告 1 158 份，其中年报 319 份、验资 723 份、其他 116 份。

JD 所违反了《会计师事务所执业许可和监督管理办法》（财政部令第

97 号）第六十二条第五项的规定，董某作为合伙人和责任人员，应承担相应责任。

根据《会计师事务所执业许可和监督管理办法》（财政部令第 97 号）第六十八条的规定，决定给予董某警告的行政处罚。

案例来源：

http：//czt. zj. gov. cn/art/2022/12/5/art_1164164_58925557. html。

【案例14】虚假编造审计证据及对编造证据不予指明等问题

案例简介：

2022年4月28日，GD省财政厅发布行政处罚决定书，对HJ会计师事务所有限公司（以下简称“HJ所”）虚假编造审计证据等问题予以吊销执业许可、没收违法所得人民币23.6277万元。

案例分析：

一、未获取充分适当的审计证据，报告披露情况与实际不符

（一）HJ所对某市A医药有限公司的高新技术企业认定专项审计项目出具的无保留意见审计报告（HJ专字〔2017〕第ZX0964号、HJ专字〔2017〕第ZX0965号），在审计证据缺失情况下通过调整被审单位人员结构改变研发人员人数和人工费用情况，虚假编造被审单位研发人员人数和人工费用情况，与实际情况严重不符。

研发费用专项审计报告中，3年人工费用合计1 029.16万元，占研发费用总额的90.82%。审计底稿中抽查的11笔与工资有关凭证仅勾选会计处理；编制的《主要情况表》披露职工总人数158人，研发人员151人，研发人员比例为95.57%；编制的《研究开发部人员清册及项目分工表》151人全部为系统分析师、架构师等，与延伸检查获取的资料不符。

经向被审单位延伸取证，核实：（1）参与访谈的原计入研发人员的1名行政部门和1名财务部门人员，两人确认均未参加2016—2018年研发项目；（2）某市A医药有限公司提供的研发人员名单共23人，科研人员的比例为14.56%（按总人数158人计算）远低于报告底稿确认的95.57%；工资表证明多数人员的岗位为行政、财务、采购、销售、客服以及大量的

试用岗位等，非科研人员。

（二）HJ所对B职业安全技术检测有限公司的高新技术企业认定研发费用和高新技术产品（服务）收入专项审计报告项目出具的无保留意见审计报告（HJ专字〔2017〕第ZX0995、ZX0996号），披露信息显示被审单位有关知识产权取得时间与实际不符、相关验收报告存在事后编造情况，HJ所未予指明。

1. 披露信息显示被审单位有关知识产权取得时间与实际不符。

被审单位相关知识产权（8项计算机软件著作权）的取得时间为2017年6月30日，但审计报告后附《高新技术产品（服务）收入明细表编制说明》披露“2016年度高新技术产品（技术）中，拥有在技术上发挥核心支持作用的知识产权的所有权对应的主要产品（技术）收入总额为765.58万元……主要产品（收入）总额占2016年高新技术产品（技术）收入比100%”，即披露相关产品（技术）在2016年已取得知识产权，与事实不符。HJ所未予指明，在审计报告中发表了无保留意见。

2. 相关验收报告存在事后编造情况，HJ所未予指明。

未获取申报企业按单一项目填报的企业研究开发项目情况表，有关8项软件著作权均在2017年6月30日取得，但2014年至2016年该8个研发项目验收报告均注明在2017年取得的项目成果（上述软件著作权）及登记号。

二、未获取充分适当的审计证据，出具无保留意见报告

1. C广告有限公司高新技术企业认定专项审计项目（HJ专字〔2019〕第ZX0140－1号、HJ专字〔2019〕第ZX0140－2号）。

（1）被审单位三年人工费用合计276.1万元，占研发费用的98.4%，除获取人员名单、劳动合同和抽查3笔凭证外，未实施其他审计程序。

（2）除编制高新技术产品收入审定表、明细表外，未实施其他任何审计程序。

2. D巴士有限公司2018年度财务报表审计项目（HJ审字〔2019〕第SJ0220号）。

（1）货币资金余额 6 102.00 万元，占资产总额的 5.63%，其他货币资金余额 3 834.00 万元，未对其他货币资金实施函证，也未说明理由。对银行存款以前年度发生的未达账项未提请被审单位调整，也未作审计调整。

（2）其他应收款余额 46 012.32 万元，占资产总额的 42.45%。未选择重要项目进行函证，替代程序测试表无资产负债表日后检查内容。

（3）长期股权投资余额 300.00 万元，占资产总额的 0.28%。本期发生股权转让 6 990.00 万元，确认投资收益 2 078.33 万元，仅复印了股权转让记账凭证和部分收款、银行收款单凭证，未获取股权转让的其他审计证据。

（4）短期借款余额 24 917.00 万元，占负债总额的 10.78%；长期借款余额 30 061.93 万元，占负债总额的 28.19%。未复核借款利息，未实施函证程序。

（5）未编制关联方关系及交易工作底稿；未关注到审计报告附注中未披露关联方内容。

3. E 塑料制品有限公司验资项目（HJ 验字〔2020〕第 YZ0007 号）。

（1）个人股东用来作价 350 万元增资的机器设备于 2017 年 5 月和 2018 年 7 月购入，发票抬头为被审验单位，HJ 所未取得该机器设备属于股东个人的审计证据，出具了验资报告。

（2）HJ 所未到现场观察、检查出资实物；未检查有关本次实收资本的会计账务处理情况。

HJ 所的上述行为违反了《会计师事务所执业许可和监督管理办法》（财政部令第 97 号）第六十条第（一）（七）项有关规定。根据 HJ 所违法行为的事实，按照《财政部门行使行政处罚裁量权指导规范》第八条第（一）项的规定，结合违法行为的事实、性质、情节和社会危害程度以及主客观因素等，认定 HJ 所违法行为的违法程度属严重。

根据《会计师事务所执业许可和监督管理办法》（财政部令第 97 号）第六十七条第一款的规定，GD 省财政厅决定对 HJ 所做出行政处罚：（一）

吊销执业许可；（二）没收违法所得人民币 236 277 元。

案例来源：

http：//czt. gd. gov. cn/gkmlpt/content/3/3921/post_3921345. html#3574。

【案例 15】人为改变审计业务类型等问题

案例简介：

2021 年 12 月 24 日，LN 省财政厅发布行政处罚决定书，对 HC 会计师事务所有限公司（以下简称“HC 所”）人为改变审计业务类型等问题予以警告。

案例分析：

一、人为改变审计业务类型，将民政部门登记注册单位的年度财务报表审计业务改变为专项审计业务

HC 所 2020 年对幼儿园、培训中心、协会等民办非企业单位 773 户进行年度财务报表审计，却出具了专项审计业务报告。在注册会计师协会的业务报备系统填报“其他审计”业务类型，同时未按规定在“财政会计行业管理网”上进行年度财务报表审计业务报备。

上述行为未遵循《会计师事务所执业许可和监督管理办法》（财政部令第 97 号）第五十一条“会计师事务所应当在出具审计报告后 60 日内，通过财政会计行业管理系统报备其出具的年度财务报表审计报告……”的规定。

HC 所 2020 年度出具报告 1 698 份，其中出具 100 份以上报告涉及 4 名注册会计师：姜某梅、牛某、边某、胡某颖。姜某梅作为主任会计师、第一责任人在报告上签字总计 1 698 份，含年报审计 443 份、民办非企业单位年报审计改变为专项审计 773 份；牛某 770 份，含年报审计 92 份、民办非企业单位年报审计改变为专项审计 529 份；边某 326 份，含年报审计 135 份、民办非企业单位年报审计改变为专项审计 76 份；胡某颖 320 份，

含年报审计 103 份、民办非企业单位年报审计改变为专项审计 109 份。有的注册会计师一天出具报告达十几份，如胡某颖 5 月 29 日出具 22 份、边某 6 月 8 日出具 14 份、牛某 6 月 29 日出具 12 份，执业质量不能合理保证。

上述行为违反了《会计师事务所执业许可和监督管理办法》（财政部令第 97 号）第六十二条“会计师事务所不得有下列行为：……（九）承办与自身规模、执业能力、风险承担能力不匹配的业务；……”的规定。

二、审计程序实施不到位，获取的审计证据不充分，不足以支持标准无保留意见的审计报告结论

（一）HC 内审〔2020〕第×××号审计报告。2020 年 3 月 17 日，HC 所对某有限公司 2019 年度财务报表出具标准无保留意见审计报告，签字注册会计师姜某梅、毕某红。

1. 未说明重要性水平选择资产总额为基准的理由。

未遵循《中国注册会计师审计准则第 1221 号——计划和执行审计工作时的重要性》第十条“在制定总体审计策略时，注册会计师应当确定财务报表整体的重要性。根据被审计单位的特定情况，如果存在一个或多个特定类别的交易、账户余额或披露，其发生的错报金额虽然低于财务报表整体的重要性，但合理预期可能影响财务报表使用者依据财务报表做出的经济决策，注册会计师还应当确定适用于这些交易、账户余额或披露的一个或多个重要性水平。”的规定。

2. 预付账款期末余额 827.17 万元、占已审报表期末资产总额的 1.14%；其他应收款期末余额 348.25 万元、占已审报表期末资产总额的 0.48%。未实施函证程序也未说明理由，替代测试未获取相关证明资料。

3. 其他流动资产期末余额 270.61 万元，占已审报表期末资产总额的 0.37%。除编制审定表、明细表外，未实施其他审计程序。

4. 长期股权投资期末余额 29 400 万元，占已审报表期末资产总额的 40.50%。除编制审定表、明细表外，未实施其他审计程序。

5. 固定资产期末净值 2 616.01 万元，占已审报表期末资产总额的

3.60%。2017年A实业投资有限公司房屋建筑物按评估值增加原值2 154.92万元并计提折旧，审计工作底稿中未说明增值的理由；审定表中办公家具期末净值为-1.14万元，未说明原因。

6. 在建工程期末余额3 198.85万元，占已审报表期末资产总额的4.41%。除编制审定表、明细表、检查表外，未实施其他审计程序。

7. 无形资产期末净值35 936.42万元，占已审报表期末资产总额的49.50%。2017年A实业投资有限公司将土地使用权按评估值增加原值30 399.08万元并计提摊销，审计工作底稿中未说明增值的理由。

8. 应付账款期末余额62.97万元，占已审报表期末负债总额的1.10%。除编制审定表、明细表、一笔替代测试外，未实施其他审计程序。

9. 应付职工薪酬期末余额1.66万元，占已审报表期末负债总额的0.03%。除编制审定表、明细表、检查表外，未实施其他审计程序。

10. 应交税费期末余额2 108.17万元，占已审报表期末负债总额的36.91%。除编制审定表、明细表、检查表外，未实施其他审计程序；其中城镇土地使用税期末余额2 058.99万元，本年计提260.15万元，无税款缴纳情况也未说明原因。

11. 其他应付款期末余额3 538.27万元，占已审报表期末负债总额的61.95%。未编制替代测试结果汇总表；替代测试未获取相关证明资料；明细表中"其他应付款——企业"无具体明细。

12. 资本公积期末余额32 688.99万元。除编制审定表、明细表外，未说明资本公积来源，资本公积的取得是否符合会计准则的核算要求。

13. 主营业务收入本期发生额228.57万元、主营业务成本本期发生额为0。明细表中主营业务收入为销售设备，但无主营业务成本，未获取合同、出库单、验收单等支持性证据。

14. 管理费用本期发生额1 077.91万元。上期发生额305.72万元，未说明本期大幅度增加的原因，将本期发生额全部列为办公费未说明原因。

15. 财务费用本期发生额40.22万元。A实业投资有限公司并无贷款，

8月利息支出40万元，审计未说明利息支出原因，未获取相关证明资料。

16. 营业外收入本期发生额39.48万元。为政府补助，未获取政府补助项目的相关资料。

17. 营业外支出本期发生额43.07万元。为支付利息，A实业投资有限公司并无贷款，审计未说明利息支出原因，未获取相关证明资料。

上述2至17项未遵循《中国注册会计师审计准则第1301号——审计证据》第十条的规定。

（二）HC内审〔2020〕第×××号审计报告。2020年4月20日，HC所对某有限公司2019年度财务报表出具标准无保留意见审计报告，签字注册会计师姜某梅、牛某。

1. 无审计业务约定书。未遵循《中国注册会计师审计准则第1111号——就审计业务约定条款达成一致意见》第十条“注册会计师应当将达成一致意见的审计业务约定条款记录于审计业务约定书或其他适当形式的书面协议中。……”的规定。

2. 未实施控制测试程序也未说明理由。未遵循《中国注册会计师审计准则第1231号——针对评估的重大错报风险采取的应对措施》第八条“当存在下列情形之一时，注册会计师应当设计和实施控制测试，针对相关控制运行的有效性，获取充分、适当的审计证据：……”的规定。

3. 货币资金期末余额17.02万元，占已审报表期末资产总额的0.22%。其中银行存款15.63万元，未对银行存款实施函证程序也未说明理由。未遵循《中国注册会计师审计准则第1312号——函证》第十二条“注册会计师应当对银行存款（包括零余额账户和在本期内注销的账户）、借款及与金融机构往来的其他重要信息实施函证程序，除非有充分证据表明某一银行存款、借款及与金融机构往来的其他重要信息对财务报表不重要且与之相关的重大错报风险很低。如果不对这些项目实施函证程序，注册会计师应当在审计工作底稿中说明理由。”的规定。

4. 应收账款期末余额943.81万元，占已审报表期末资产总额的12.08%。未实施函证程序也未说明理由，替代测试流于形式，仅列示凭证金额，无客户验收单、发票、银行进账单等支持性资料。

其他应收款期末余额 2 436.48 万元，占已审报表期末资产总额的 31.18%。未实施函证程序也未说明理由，替代测试流于形式。未遵循《中国注册会计师审计准则第 1312 号——函证》第十三条“注册会计师应当对应收账款实施函证程序，除非有充分证据表明应收账款对财务报表不重要，或函证很可能无效。如果认为函证很可能无效，注册会计师应当实施替代审计程序，获取相关、可靠的审计证据。如果不对应收账款函证，注册会计师应当在审计工作底稿中说明理由。”的规定。

5. 存货期末余额 3 224.74 万元，占已审报表期末资产总额的 41.26%。仅编制审定表、明细表，未对存货实施监盘、发出计价等其他审计程序。未遵循《中国注册会计师审计准则第 1311 号——对存货、诉讼和索赔、分部信息等特定项目获取审计证据的具体考虑》第四条“如果存货对财务报表是重要的，注册会计师应当实施下列审计程序，对存货的存在和状况获取充分、适当的审计证据：（一）在存货盘点现场实施监盘（除非不可行）；（二）对期末存货记录实施审计程序，以确定其是否准确反映实际的存货盘点结果。……”的规定。

6. 其他流动资产期末余额 782.34 万元，占已审报表期末资产总额的 10.01%。审计时未按照《财政部关于印发〈增值税会计处理规定〉的通知》（财会〔2016〕22 号）第三条“财务报表相关项目列示”的相关规定对应交税费进行重分类，仅将应交税费——应交增值税——进项税额 782.34 万元重分类至其他流动资产，未考虑销项税额和进项税额转出的情况，导致资产和负债虚增达 700 余万元。

7. 固定资产期末余额 391.40 万元，占已审报表期末资产总额的 5.01%。未实施折旧测试和监盘程序。

8. 长期待摊费用期末余额 12.44 万元，占已审报表期末资产总额的 0.16%。未实施长期待摊费用测试程序。

9. 短期借款期末余额 2 000 万元，占已审报表期末负债总额的 35.64%。未获取短期借款合同且未检查短期借款利息是否正确，未对短期借款实施函证程序。未遵循《中国注册会计师审计准则第 1312 号——函证》第十二条的规定。

10. 应付账款期末余额 359.30 万元，占已审报表期末负债总额的 6.40%。未实施函证程序也未说明理由；替代测试流于形式，仅列示凭证金额，无客户验收单、发票、银行进账单等支持性资料。

11. 未对应交税费实施测试程序。

12. 其他应付款期末余额 2 464.73 万元，占已审报表期末负债总额的 43.92%。未实施函证程序也未说明理由，替代测试流于形式。

13. 营业收入本期发生额 5 167.70 万元、营业成本本期发生额4 125.02 万元。风险评估底稿将收入成本作为重点关注科目，但除编制审定表、明细表、抽查凭证外，未实施毛利率变动分析、收入变动分析等其他审计程序；未检查合同、出库单、验收单等支持性证据。

14. 销售费用本期发生额 266.39 万元、管理费用本期发生额 411 万元，除编制审定表、明细表外，未实施截止测试等其他审计程序。

15. 所得税费用本期发生额 13.92 万元。除编制审定表、明细表外，未实施测试等其他审计程序。

上述 3 至 15 项未遵循《中国注册会计师审计准则第 1301 号——审计证据》第十条的规定。

（三）HC 内审〔2020〕第×××号审计报告。2020 年 2 月 19 日，HC 所对某有限公司 2019 年度财务报表出具标准无保留意见审计报告，签字注册会计师姜某梅、胡某颖。

1. 项目组成员未签署保密协议。未遵循《中国注册会计师职业道德守则第 1 号——职业道德基本原则》[①] 第五条“注册会计师应当履行保密义务，对职业活动中获知的涉密信息保密”的规定。

2. 业务保持评价表编制日期为 2020 年 2 月 16 日，晚于审计业务约定书的编制日期 2020 年 2 月 10 日，不符合业务程序。

---

① 指 2010 年 7 月 1 日起施行的《中国注册会计师职业道德守则第 1 号——职业道德基本原则》。

3. 未实施控制测试程序，也未说明理由。未遵循《中国注册会计师审计准则第 1231 号——针对评估的重大错报风险采取的应对措施》第八条的规定。

4. 货币资金期末余额 745.46 万元，占已审报表期末资产总额的 6.19%。未获取银行开户清单及银行征信报告，未对全部银行账户实施函证程序也未说明理由；货币资金账项明细表中广发银行存款期末余额 39.19 万元，而银行询证函回函确认银行存款期末余额为 71.88 万元，两者之间存在较大差异，其金额超过实际执行的重要性水平，审计对此差异未做出调整和说明；银行询证函回函日期晚于审计报告的出具日期。未遵循《中国注册会计师审计准则第 1312 号——函证》第十二条的规定。

5. 应收账款期末余额 136.10 万元，占已审报表期末资产总额的 1.13%。未实施函证程序也未说明理由，替代测试未获取支持性证据。未遵循《中国注册会计师审计准则第 1312 号——函证》第十三条的规定。

6. 其他应收款期末余额 6 105.92 万元，占已审报表期末资产总额的 50.73%。未对超过重要性水平的全部其他应收款账户实施函证程序也未说明理由；已取得的回函未获取支持性证据；对账龄较长金额较大存在减值风险的未予关注。

7. 存货期末余额 691.58 万元，占已审报表期末资产总额的 5.75%。未获取原材料、库存商品明细表；未对存货实施监盘程序；未检查存货的出入库情况、未对存货是否出现减值情形给予关注。未遵循《中国注册会计师审计准则第 1311 号——对存货、诉讼和索赔、分部信息等特定项目获取审计证据的具体考虑》第四条的规定。

8. 长期股权投资期末余额 1 115.30 万元，占已审报表期末资产总额的 9.27%。除审定表外，未实施其他审计程序。

9. 固定资产期末余额 1 330.66 万元，占已审报表期末资产总额的 11.06%。未对累计折旧进行测试；未获取房屋建筑物产权证明资料；未获取机动车行驶证。

10. 在建工程期末余额 222.36 万元，占已审报表期末资产总额的

1.85%。未对在建工程项目实施审计程序。

11. 无形资产期末余额 1 680.88 万元，占已审报表期末资产总额的 13.97%。未获取土地使用权相关产权证明资料。

12. 应付账款期末余额 312.14 万元，占已审报表期末负债总额的 7.90%。替代测试未获取关键性证据。

13. 应付职工薪酬期末余额为 0。本年度应付职工薪酬有发生额，未实施审计程序。

14. 营业收入本期发生额 1 030.31 万元，营业成本本期发生额 687.96 万元。未对各月毛利率进行分析，未对营业成本实施截止测试程序。

15. 销售费用本期发生额 62.31 万元，管理费用本期发生额 457.11 万元。未对本期、上期费用各主要明细项目作比较分析，判断其变动的合理性。

16. 所有科目审定表均无审计结论。

上述 4 至 16 项未遵循《中国注册会计师审计准则第 1301 号——审计证据》第十条的规定。

（四）HC 内审〔2020〕第×××号审计报告。2020 年 6 月 8 日，HC 所对某有限公司 2017 年度、2018 年度、2019 年度财务报表出具标准无保留意见审计报告，签字注册会计师姜某梅、边某。

1. 未说明重要性水平选择营业收入为基准的理由。未遵循《中国注册会计师审计准则第 1221 号——计划和执行审计工作时的重要性》第十条的规定。

2. 货币资金 2019 年期末余额 103.89 万元，占已审报表期末资产总额的 3.04%。2020 年 6 月 5 日审计 2017 年度、2018 年度、2019 年度财务报表，编制 2017 年 12 月 31 日、2018 年 12 月 31 日现金盘点表无意义且未实施倒轧程序，2019 年 12 月 31 日的现金盘点表未实施倒轧程序；未实施银行函证程序，也未说明理由；未说明 2019 年 12 月第 45 号凭证、第 46 号凭证大额现金 816.28 万元的收支情况。未遵循《中国注册会计师审计准则第 1312 号——函证》第十二条的规定。

3. 应收账款 2019 年期末余额 225.64 万元，占已审报表期末资产总额的 6.60%。未实施函证程序，也未说明理由；未编制替代测试结果汇总表；未实施截止测试程序。未遵循《中国注册会计师审计准则第 1312 号——函证》第十三条的规定。

4. 预付账款 2019 年期末余额 300.68 万元，占已审报表期末资产总额的 8.80%。除编制审定表、明细表外，未实施其他审计程序。

5. 其他应收款 2019 年期末余额 1 618.78 万元，占已审报表期末资产总额的 47.38%。函证一家企业 2019 年 12 月 31 日余额 1 593.70 万元，却填列为期初余额 1 320 万元。

6. 存货 2019 年期末余额 371.03 万元，占已审报表期末资产总额的 10.86%。未对生产成本、制造费用实施审计程序。

7. 无形资产 2019 年期末净值 302.37 万元，占已审报表期末资产总额的 8.85%。未对无形资产摊销实施测试程序。

8. 长期待摊费用 2019 年期末余额 19.97 万元，占已审报表期末资产总额的 0.58%。未说明长期待摊费用的具体内容，也未实施测算程序。

9. 短期借款 2019 年期末余额 950 万元，占已审报表期末负债总额的 30.57%。未实施函证程序，也未实施利息测算程序。未遵循《中国注册会计师审计准则第 1312 号——函证》第十二条的规定。

10. 应付账款 2019 年期末余额 288.41 万元，占已审报表期末负债总额的 9.28%。除编制审定表、明细表、检查表外，未实施其他审计程序。

11. 预收账款 2019 年期末余额 415.02 万元，占已审报表期末负债总额的 13.35%。除编制审定表、明细表外，未实施其他审计程序。

12. 应付职工薪酬 2019 年期末余额为 0。未实施审计程序，也未说明理由。

13. 应交税费 2019 年期末余额 1.32 万元。未实施税费测算程序。

14. 其他应付款 2019 年期末余额 1 427.56 万元，占已审报表期末负债总额的 45.93%。函证股东李某阳 1 427.55 万元，回函未获取身份证复印件等证明资料；未获取股东会决议等资料。

15. 长期应付款2019年期末余额25.73万元，占已审报表期末负债总额的0.83%。融资业务发生在2018年，未获取相关资料，也未测试利息。

上述2至15项未遵循《中国注册会计师审计准则第1301号——审计证据》第十条的规定。

上述行为违反了《中华人民共和国注册会计师法》第二十一条“注册会计师执行审计业务，必须按照执业准则、规则确定的工作程序出具报告。……”、第三十一条“本法第十八条至第二十一条的规定，适用于会计师事务所。”和《会计师事务所执业许可和监督管理办法》（财政部令第97号）第六十条“会计师事务所和注册会计师必须按照执业准则、规则的要求，在实施必要的审计程序后，以经过核实的审计证据为依据，形成审计意见，出具审计报告，不得有下列行为：（一）在未履行必要的审计程序，未获取充分适当的审计证据的情况下出具审计报告；……”、第六十二条“会计师事务所不得有下列行为：……（九）承办与自身规模、执业能力、风险承担能力不匹配的业务；……”的规定。

根据《中华人民共和国注册会计师法》第三十九条“会计师事务所违反本法第二十条、第二十一条规定的，由省级以上人民政府财政部门给予警告，没收违法所得，可以并处违法所得1倍以上5倍以下的罚款；情节严重的，并可以由省级以上人民政府财政部门暂停其经营业务或者予以撤销。……”、《会计师事务所执业许可和监督管理办法》（财政部令第97号）第六十七条“会计师事务所违反本办法第六十条第一项至第四项规定的，由省级以上财政部门给予警告，没收违法所得，可以并处违法所得1倍以上5倍以下的罚款；情节严重的，并可以由省级以上财政部门暂停其执业1个月到1年或者吊销执业许可。……”和第六十八条“会计师事务所违反本办法第二十四条、第六十二条第二项至第十项规定的，由省级以上财政部门责令限期整改，未按规定期限整改的，对会计师事务所给予警告，有违法所得的，可以并处违法所得1倍以上3倍以下罚款，最高不超过3万元；没有违法所得的，可以并处1万元以下的罚款。对会计师事务所首席合伙人（主任会计师）等相关管理人员和直接责任人员可以给予警告，情节严重的，可以并处 1 万元以下罚款；涉嫌犯罪的，移送司法机关，依法追究刑事责任。”的规定，LN 省财政厅决定给予 HC 所警告的行政处罚。

案例来源：

https：//czt. ln. gov. cn/czt/zfxxgk/fdzdgknr/cl_cf/xzcf/4D76CE6C4F97481489EAB0B38277A76C/index. shtml。

【案例16】为被审计单位编造或者伪造事由等问题

案例简介：

2021年10月14日，HN省财政厅发布行政处罚决定书，对PL联合会计师事务所（以下简称“PL所”）为被审计单位编造或伪造事由等问题予以警告，并没收违法所得4.65万元。

案例分析：

一、为被审计单位编造或者伪造事由，出具虚假或者不实的审计报告

（一）PL所于2019年5月9日对××××公司2018年度的财务报表出具了标准无保留意见审计报告（PL审字〔2019〕第84号，收费金额8 000.00元）。审计基准日2018年12月31日，被审计单位资产总额100 340 306.18元，重要性水平501 701.53元。经延伸检查，审计报告财务报表审定数据与企业财务报表数据严重不符：期末资产总额相差-221 580 413.18元，期末负债总额相差-262 945 414.41元，期末所有者权益总额相差41 365 001.23元，营业收入相差84 534 154.00元，营业成本相差69 318 006.28元，期间费用相差-2 907 392.89元，税金及附加相差127 067.45元，营业外支出相差-437 767.20元，净利润相差18 434 240.36元。

（二）PL所于2019年4月10日对××××公司2018年度的财务报表出具了标准无保留意见审计报告（PL审字〔2019〕第59号，收费金额20 000.00元）。审计基准日2018年12月31日，被审计单位资产总额356 475 419.75元，重要性水平1 782 377.10元。经延伸检查，审计报告财务报表审定数据与企业财务报表数据严重不符：期末资产总额相差

-96 009 433.81元，期末负债总额相差-108 357 243.50元，所有者权益总额相差12 347 809.69元，营业成本相差-12 273 915.13元，管理费用相差-4 189 831.12元，所得税费用相差4 115 936.56元，净利润相差12 347 809.69元。

二、在未履行必要的审计程序，未获取充分适当的审计证据的情况下出具审计报告

（一）PL所于2019年8月6日对××××公司2018年度的财务报表出具了标准无保留意见审计报告（PL审字〔2019〕第168号，收费金额2 500.00元）。审计基准日2018年12月31日，被审计单位资产总额28 888 692.27元，重要性水平144 443.46元。货币资金3 889 112.00元，占期末资产总额的13.46%，仅编制了程序表、审定表和会计凭证抽查表（仅抽查2笔凭证，合计金额2 408.52元）；其他应收款23 877 174.27元，占期末资产总额的82.65%，仅编制了程序表、审定表、明细表（仅有总额无明细）、函证结果汇总表（未收到回函）、替代测试表和坏账准备计算表，未实施其他必要审计程序；盈余公积1 326 500.00元、资本公积1 500 000.00元，以上两项合计2 826 500.00元，占期末负债和所有者权益总额的9.78%，未实施必要审计程序；税金及附加1 345 708.73元、营业外支出145 690.00元，未实施必要审计程序。

（二）PL所于2019年5月20日对××××公司2018年度的财务报表出具了标准无保留意见审计报告（PL审字〔2019〕第94号，收费金额10 000.00元）。审计基准日2018年12月31日，被审计单位资产总额189 256 755.96元，重要性水平946 283.78元。货币资金16 117 282.39元，占期末资产总额的8.52%，仅编制了程序表、审定表和会计凭证抽查表，未实施其他必要审计程序；应收票据1 140 967.35元、应收账款18 180 686.33元、预付账款16 173 894.86元、长期股权投资25 420 000.00元、无形资产6 091 113.06元，以上五项合计67 006 661.60元，占期末资产总额的35.41%，未实施必要审计程序；其他应收款12 095 329.48元，占期末资产总额的6.39%，仅编制了程序表、审定表、明细表（仅有总额

无明细)、函证结果汇总表（未收到回函)、替代测试表和坏账准备计算表，未实施其他必要审计程序；存货38 962 045.26元，占期末资产总额的20.59%，仅编制了程序表、审定表和存货抽盘核对表，未实施其他必要审计程序；固定资产55 075 437.23元，占期末资产总额的29.10%，仅编制了程序表、审定表、盘点检查情况表（仅有名称和金额，无数量)、固定资产增加检查表和折旧验算表，未实施其他必要审计程序；短期借款40 000 000.00元、长期借款15 000 000.00元、应付票据30 000 000.00元、应交税费207 947.93元、资本公积52 518 926.74元、盈余公积14 320 446.87元，以上六项合计152 047 321.54元，占期末负债和所有者权益总额的80.34%，未实施必要审计程序；实收资本26 000 000.00元，占期末负债和所有者权益总额的13.74%，仅编制了程序表、审定表和会计凭证抽查表，未实施其他必要审计程序；税金及附加155 631.36元、投资收益420 000.00元、所得税费用2 380 013.69元，未实施必要审计程序。

（三）PL所于2019年1月9日对××××公司2018年度的财务报表出具了标准无保留意见审计报告（PL审字〔2019〕第8号，收费金额7 000.00元)。审计基准日2018年12月31日，被审计单位资产总额122 789 440.40元，重要性水平613 947.20元。货币资金29 234 924.62元，占期末资产总额的23.81%，仅编制了程序表、审定表和会计凭证抽查表，未实施其他必要审计程序；应收账款28 651 510.37元、预付账款15 851 031.22元、无形资产14 698 500.00元，以上三项合计59 201 041.59元，占期末资产总额的48.21%，未实施必要审计程序；存货33 226 890.77元，占期末资产总额的27.06%，仅编制了程序表、审定表和存货抽盘核对表，未实施其他必要审计程序；短期借款18 900 000.00元、预收账款1 854 561.87元、应付职工薪酬206 219.92元、应交税费615 042.51元、资本公积876 300.00元、盈余公积430 063.90元，以上六项合计22 882 188.20元，占期末负债和所有者权益总额的18.64%，未实施必要审计程序；实收资本20 000 000.00元，占期末负债和所有者权益总额的16.29%，仅编制了程序表、审定表和会计凭证抽查表，未实施其他必要审计程序；未分配利润 77 890 735.00 元，占期末负债和所有者权益总额的 63.43%，仅编制了程序表、审定表，未实施其他必要审计程序；税金及附加 434 725.83 元、所得税费用 3 130 036.56 元，未实施必要审计程序。

上述行为违反了《会计师事务所执业许可和监督管理办法》（财政部令第 97 号）第六十条“会计师事务所和注册会计师必须按照执业准则、规则的要求，在实施必要的审计程序后，以经过核实的审计证据为依据，形成审计意见，不得有下列行为：（一）在未履行必要的审计程序，未获取充分适当的审计证据的情况下出具审计报告；……（四）为被审计单位编造或者伪造事由，出具虚假或者不实的审计报告；……”的规定，已构成违法。上述违法行为由检查档案中 PL 所出具的审计报告及审计工作底稿相关内容作为书面证据。根据 PL 所违法行为的事实、性质、情节、社会危害程度和相关证据，参照《HN 省财政行政处罚裁量权执行标准》，PL 所的违法行为“一”和“二”为轻微。

根据《会计师事务所执业许可和监督管理办法》（财政部令第 97 号）第六十七条“会计师事务所违反本办法第六十条第一项至第四项规定的，由省级以上财政部门给予警告，没收违法所得，可以并处违法所得 1 倍以上 5 倍以下的罚款；情节严重的，并可以由省级以上财政部门暂停其执业 1 个月到 1 年或者吊销执业许可。……”的规定，HN 省财政厅对 PL 所责令改正并给予警告，同时没收违法所得 46 500 元。

案例来源：

https：//czt.henan.gov.cn/2021/10－14/2326712.html。

第三章

初步业务活动中存在的问题

【案例 17】项目组成员未签署保密协议和审计人员未签署独立性承诺函等问题

案例简介：

2021 年 12 月 24 日，LN 省财政厅发布行政处罚决定书，对 XHX 会计师事务所有限责任公司（以下简称“XHX 所”）未签署保密协议等问题予以警告。

案例分析：

（一）XHX 审字〔2020〕第 × × 号审计报告。2020 年 2 月 18 日，XHX 所对某村镇银行 2019 年度财务报表出具标准无保留意见审计报告，签字注册会计师岳某年、白某晴。

1. 项目组成员未签署保密协议。未遵循《中国注册会计师职业道德守则第 1 号——职业道德基本原则》第五条的规定。

2. 相关审计人员未签署独立性承诺函。未遵循《中国注册会计师审计准则第 1101 号——注册会计师的总体目标和审计工作的基本要求》第二十七条的规定。

3. 审计业务约定书无授权代表人签章。

4. 未说明确定重要性水平的原因。未遵循《中国注册会计师审计准则第 1221 号——计划和执行审计工作时的重要性》第十条的规定。

5. 未制定总体审计策略。未遵循《中国注册会计师审计准则第 1201 号——计划审计工作》第七条的规定。

6. 了解被审计单位及其环境程序和了解内部控制程序流于形式，未取得相关支持性资料。

7. 未实施控制测试程序也未说明理由。未遵循《中国注册会计师审计准则第 1231 号——针对评估的重大错报风险采取的应对措施》第八条的规定。

8. 未实施对银行系统的 IT 审计。

9. 现金及存放中央银行款项期末余额 7 939.02 万元，占已审报表期末资产总额的 9.57%。库存现金盘点表为复印件且填列错误；银行函证金额 165.27 万元与明细表金额不一致；存放中央银行款项除抽查部分凭证外，未实施其他审计程序。未遵循《中国注册会计师审计准则第 1312 号——函证》第二十三条的规定。

10. 存放同业款项期末余额 34 954.39 万元，占已审报表期末资产总额的 42.11%。除审定表、明细表（只按定期、活期分类）外，未实施其他审计程序。

11. 其他应收款期末余额 49.36 万元，占已审报表期末资产总额的 0.06%。除审定表、明细表、抽查表、复印部分凭证外，未实施其他审计程序。

12. 应收利息期末余额 97.11 万元，占已审报表期末资产总额的 0.12%。除审定表、明细表外，未实施其他审计程序。

13. 发放贷款和垫款期末余额 38 207.90 万元，占已审报表期末资产总额的 46.03%。除审定表、明细表、抽查表外，未实施其他审计程序。

14. 固定资产期末净值 1 385.24 万元，占已审报表期末资产总额的 1.67%。无折旧测试过程；未对增加的固定资产实施检查程序。

15. 无形资产期末净值 126.87 万元，占已审报表期末资产总额的 0.15%。摊销金额错误；未取得土地使用权资料。

16. 长期待摊费用期末余额 73.31 万元，占已审报表期末资产总额的 0.09%。未实施摊销测算程序；未取得增加装修费的相关资料。

17. 其他资产期末余额 3 152.58 万元，占已审报表期末资产总额的 3.80%。除审定表、明细表外，未实施其他审计程序。

18. 吸收存款期末余额 69 423.63 万元，占已审报表期末负债总额的 92.99%。除审定表、明细表外，未实施其他审计程序；审定表、明细表中存在账项调整金额，而审计结论为无调整事项，未说明原因。

19. 应付利息期末余额 2 092.13 万元，占已审报表期末负债总额的 2.80%。除审定表、明细表外，未实施其他审计程序。

20. 其他负债期末余额 3 137.93 万元，占已审报表期末负债总额的 4.20%。除审定表、明细表、抽查表外，未实施其他审计程序。

21. 应付职工薪酬期末余额为 0，未实施审计程序。

22. 营业收入本期发生额 3 209.49 万元。除审定表、明细表、被审计单位提供的书面说明外，未实施其他审计程序。被审计单位说明因涉及隐私及保密原则，不能提供业务系统账套明细。审计范围受到限制，营业收入的发生额应无法确认而被确认。

23. 利息支出本期发生额 1 251.76 万元。除审定表、明细表外，未实施其他审计程序。

24. 业务及管理费用本期发生额 1 545.38 万元。除审定表、明细表、抽查表外，未实施其他审计程序。

25. 资产减值损失本期发生额 370 万元。除审定表、明细表外，未实施其他审计程序。

26. 所得税费用本期发生额为 0，与应交税费——应交所得税贷方发生额 5.98 万元不一致，未说明原因。

27. 未关注是否存在表外科目情况。

28. 复印的会计凭证被审计单位没有盖章。

上述 9 至 28 项未遵循《中国注册会计师审计准则第 1301 号——审计证据》第十条的规定。

29. 项目质量控制复核流于形式，也无复核人签字。未遵循《中国注册会计师审计准则第 1121 号——对财务报表审计实施的质量控制》第四十条的规定。

（二）XHX 审字〔2020〕第××号审计报告。2020 年 3 月 30 日，XHX 所对某房地产公司 2019 年度财务报表出具标准无保留意见审计报告，签字注册会计师岳某年、张某红。

1. 项目组成员未签署保密协议。未遵循《中国注册会计师职业道德守则第 1 号——职业道德基本原则》第五条的规定。

2. 业务承接评价表编制时间 2020 年 3 月 16 日、复核时间 2020 年 3 月 28 日，晚于审计业务约定书签订时间 2020 年 3 月 11 日，不符合业务程序。未遵循《中国注册会计师审计准则第 1111 号——就审计业务约定条款达成一致意见》第五条的规定。

3. 未说明重要性水平选择收入为基准的理由。未遵循《中国注册会计师审计准则第 1221 号——计划和执行审计工作时的重要性》第十条的规定。

4. 未实施了解企业内部控制及其设计程序，未实施控制测试程序，也未说明理由。未遵循《中国注册会计师审计准则第 1231 号——针对评估的重大错报风险采取的应对措施》第八条的规定。

5. 货币资金期末余额 100.64 万元，占已审报表期末资产总额的 0.36%。未获取银行开户清单；银行对账单显示银行已付企业未付 54.72 万元，未作审计调整。未对货币资金实施检查程序。

6. 应收账款期末余额 332 万元，占已审报表期末资产总额的 1.19%。函证自然人回函未附身份证复印件。未遵循《中国注册会计师审计准则第 1312 号——函证》第二十三条的规定。

7. 存货期末余额27 570.88万元，占已审报表期末资产总额的98.42%。其中：本期开发成本增加21 230.57万元、减少62 123.67万元；开发商品本期增加62 123.67万元、减少35 682.13万元。除编制审定表、开发成本明细表、库存商品明细表（未按照楼盘明细列示）、取得两份建设工程施工合同复印件、YX江南9号楼房屋面积测绘报告书复印件、复印1笔结转开发产品凭证、1笔结转收入凭证及编制抽盘核对表（汇总面积无监盘明细及监盘过程资料）外，未实施其他审计程序。审定表中的审计说明记录“由于涉及商业秘密，被审计单位不方便提供具体详细楼盘明细，会计账面也未体现，只有数量、金额。审计中，已实施抽查部分建筑工程施工合同、房屋面积测绘报告书、房屋销售合同，账实相符”。由于审计范围受限，存货期末余额的真实性和完整性应无法确认而被确认。未遵循《中国注册会计师审计准则第1311号——对存货、诉讼和索赔、分部信息等特定项目获取审计证据的具体考虑》第四条“如果存货对财务报表是重要的，注册会计师应当实施下列审计程序，对存货的存在和状况获取充分、适当的审计证据：（一）在存货盘点现场实施监盘（除非不可行）；（二）对期末存货记录实施审计程序，以确定其是否准确反映实际的存货盘点结果。在存货盘点现场实施监盘时，注册会计师应当实施下列审计程序：（一）评价管理层用以记录和控制存货盘点结果的指令和程序；（二）观察管理层制订的盘点程序的执行情况；（三）检查存货；（四）执行抽盘。”的规定。

8. 应付账款期末余额1 563万元，占已审报表期末负债总额的5.61%。未编制替代测试结果汇总表。

9. 预收账款期末余额424.52万元，占已审报表期末负债总额的1.52%。除编制审定表、明细表外，未实施其他审计程序。

10. 应付职工薪酬期末余额为0。本年度应付职工薪酬有发生额，未实施审计程序。

11. 应交税费期末余额 -303.16万元。其中，应交企业所得税期末余额 -150万元，应交土地增值税期末余额 -199.97万元，未实施测算程序；利润表中无所得税费用列报。

12. 其他应付款期末余额 26 185.16 万元，占已审报表期末负债总额的 93.96%。函证自然人回函未附身份证复印件；未编制替代测试结果汇总表；替代测试未取得支持性证据；对于应计入开发成本的工程款，未在应付账款中核算。

13. 营业收入本期发生额 37 180.01 万元。未列明销售具体项目，未对销售收入的确认实施检查程序。

14. 税金及附加本期发生额 821.16 万元。未对税金及附加实施测算程序。

上述 5 至 14 项未遵循《中国注册会计师审计准则第 1301 号——审计证据》第十条的规定。

15. 已审资产负债表中 2019 年年末应收账款与应收票据、应付票据与应付账款合并列报。不符合《财政部关于修订印发 2019 年度一般企业财务报表格式的通知》（财会〔2019〕6 号）中关于应收账款、应收票据及应付票据、应付账款单独列报的要求。

16. 项目质量控制复核流于形式。未遵循《中国注册会计师审计准则第 1121 号——对财务报表审计实施的质量控制》第四十条的规定。

（三）XHX 审字〔2020〕第×××号审计报告。2020 年 9 月 28 日，XHX 所对某有限公司 2019 年度财务报表出具标准无保留意见审计报告，签字注册会计师岳某年、满某霞。

1. 项目组成员未签署保密协议。未遵循《中国注册会计师职业道德守则第 1 号——职业道德基本原则》第五条的规定。

2. 业务承接评价表编制时间 2020 年 9 月 26 日、审计业务约定书签订时间 2020 年 9 月 26 日，晚于实质性审计程序执行时间，如银行存款函证时间 2020 年 9 月 10 日。

3. 未说明重要性水平选择资产总额为基准的理由。未遵循《中国注册会计师审计准则第 1221 号——计划和执行审计工作时的重要性》第十条的规定。

4. 未实施控制测试程序也未说明理由。未遵循《中国注册会计师审计准则第 1231 号——针对评估的重大错报风险采取的应对措施》第八条的规定。

5. 货币资金期末余额 3.92 万元，占已审报表期末资产总额的 0.03%。未获取银行开户清单；未对全部银行账户实施函证程序，也未说明原因。未遵循《中国注册会计师审计准则第 1312 号——函证》第十二条的规定。

6. 应收账款期末余额 -642.17 万元。贷方余额未重分类；未编制替代测试结果汇总表；替代测试流于形式，所有替代测试底稿均记录“按由大到小借方和贷方分别选择 5 笔分录进行测试”，但与实际测试不一致，且未取得支持性证据。

7. 应收票据期末余额 255.15 万元，占已审报表期末资产总额的 1.70%。未实施审计程序。

8. 其他应收款期末余额 2 028.50 万元，占已审报表期末资产总额的 13.54%。其中一笔应收款期末余额 2 000 万元，未实施函证、检查等审计程序；未编制替代测试结果汇总表，替代测试流于形式，且未取得支持性证据；函证自然人回函未附身份证复印件。

9. 存货期末余额 1 109.84 万元，占已审报表期末资产总额的 7.41%。未对存货实施发出计价测试审计程序；未对生产成本实施审计程序。

10. 长期股权投资期末余额 7 300 万元，占已审报表期末资产总额的 48.72%。其中，对某贸易有限公司投资 100 万元、占比 50%，对某银行股份有限公司投资 7 200 万元、占比 3%，对两项投资采用成本法核算，未取得充分、适当的审计证据。

11. 固定资产期末净值 3 752.17 万元，占已审报表期末资产总额的 25.04%。对 2019 年 5—12 月新增固定资产按照 12 个月进行折旧测算错误；未获取房屋建筑物的产权证明资料；未获取交通工具机动车行驶证等。

12. 短期借款期末余额 8 326 万元，占已审报表期末负债总额的 76.67%。未实施利息测算程序，未取得企业信用报告。

13. 应付账款期末余额 1 552.73 万元，占已审报表期末负债总额的 14.30%。其中，未对借方余额进行重分类；未编制替代测试结果汇总表；替代测试流于形式，未取得支持性证据。

14. 应付职工薪酬期末余额为 0。本年度应付职工薪酬有发生额，未实施审计程序。

15. 其他应付款期末余额 888.55 万元，占已审报表期末负债总额的 8.18%。函证自然人回函未附身份证复印件；未编制替代测试结果汇总表；替代测试流于形式，未取得支持性证据。

16. 营业收入本期发生额 14 158.38 万元。未对各月毛利率异常情况进行分析；本年毛利率较上年上涨 8.9%，未分析原因。

17. 销售费用本期发生额 161.09 万元。未对截止日后进行测试。

18. 管理费用本期发生额 1 068.09 万元。本年较上年发生额增加 89%，未分析原因；9 月份"其他"发生额 506.47 万元，占管理费用总额的 47.42%，未实施审计程序。

19. 财务费用本期发生额 897.88 万元。未对截止日后进行测试。

20. 投资收益本期发生额 480 万元。未获取投资收益分配的相关资料。

21. 营业外支出本期发生额 137.44 万元。除编制审定表、明细表外，未实施其他审计程序。

22. 所得税费用已审报表中本期发生额 93.02 万元，而所得税纳税申报表及所得税测算审计工作底稿中应纳所得税额为 290.88 万元，两者之间差异金额超过实际执行的重要性水平。

上述 5 至 22 项未遵循《中国注册会计师审计准则第 1301 号——审计证据》第十条的规定。

23. 已审资产负债表中 2019 年年末应收账款和应收票据、应付票据和应付账款合并列报。不符合《财政部关于修订印发 2019 年度一般企业财务报表格式的通知》（财会〔2019〕6 号）中关于应收账款、应收票据及应付票据、应付账款单独列报的要求。

（四）XHX 审字〔2020〕第×××号审计报告。2020 年 4 月 10 日，

XHX 所对某有限公司 2019 年度财务报表出具保留意见审计报告，签字注册会计师岳某年、贾某平。

1. 业务保持评价表复核日期 2020 年 4 月 10 日，晚于业务约定书的签订日期 2020 年 3 月 10 日。未遵循《中国注册会计师审计准则第 1111 号——就审计业务约定条款达成一致意见》第五条的规定。

2. 项目组成员未签署保密协议。未遵循《中国注册会计师职业道德守则第 1 号——职业道德基本原则》第五条的规定。

3. 风险评估程序的实施流于形式。未遵循《中国注册会计师审计准则第 1211 号——通过了解被审计单位及其环境识别和评估重大错报风险》第八条的规定。

4. 未实施控制测试程序，也未说明理由。未遵循《中国注册会计师审计准则第 1231 号——针对评估的重大错报风险采取的应对措施》第八条的规定。

5. 货币资金期末余额 0.01 万元。现金盘点表编制人、盘点人、监盘人均未签字确认；未获取银行征信报告及银行开户清单，未对全部银行存款实施函证程序，也未说明理由。未遵循《中国注册会计师审计准则第 1312 号——函证》第十二条的规定。

6. 应收账款期末余额 513.08 万元，占已审报表期末资产总额的 27.18%。期初余额存在负值未重分类；替代测试未获取销售合同、出库单等关键性证据。

7. 预付账款期末余额 22.29 万元，占已审报表期末资产总额的 1.18%。替代测试流于形式，未获取相关购买合同等资料。

8. 其他应收款期末余额 175.78 万元，占已审报表期末资产总额的 9.31%。未对负值进行重分类；部分回函未获取相关、可靠的审计证据；替代测试未获取支持性证据。

9. 存货期末余额为 0。审计时未编制存货明细表，未对存货进销存实施检查程序，存货监盘结果未实施倒轧程序。

10. 固定资产期末余额 423.68 万元，占已审报表期末资产总额的

22.44%。未获取资产的折旧年限资料，未对固定资产进行累计折旧测试，未获取机动车行驶证等权属证明资料。

11. 在建工程期末余额752.93万元，占已审报表期末资产总额的39.88%。本年金额未发生变化，审计未对期初在建工程是否完工已达到预定可使用状态给予关注，是否应转入固定资产计提累计折旧未给予关注。

12. 应付账款期末余额624.97万元，占已审报表期末负债总额的104.16%。替代程序未获取采购合同、采购入库单等关键性证据。

13. 应付工资期末余额1.50万元，占已审报表期末负债总额的0.25%。审计未获取各月工资表比较被审计单位员工人数的变动情况，未检查被审计单位各部门各月工资费用的发生额是否有异常波动并查明波动原因是否合理，未取得公司管理当局关于员工工资标准的决议文件。

14. 应交税费期末余额33.02万元，占已审报表期末负债总额的5.52%。未获取申报表，其他应交税费检查表中的城市维护建设税、教育费附加计算错误。

15. 其他应付款期末余额-59.55万元，占已审报表期末负债总额的-9.92%。未对负值进行重分类，部分回函未获取相关、可靠的审计证据，替代测试未获取支持性证据。

16. 实收资本1 247.02万元。实收资本明细表中股权投资者名称与“天眼查”查询显示不符；2019年企业发生股权转让，审计未获取公司章程、股权转让协议、股东会决议等资料。

17. 主营业务收入本期发生额575.45万元、主营业务成本本期发生额432.27万元。未对月度毛利率进行分析；未获取大额销售合同等相关支持性证据。

上述5至17项未遵循《中国注册会计师审计准则第1301号——审计证据》第十条的规定。

综上，审计程序实施不到位，获取的审计证据不充分，不足以支持保留意见的审计报告结论。

上述行为违反了《中华人民共和国注册会计师法》第二十一条“注册

会计师执行审计业务，必须按照执业准则、规则确定的工作程序出具报告。……”、第三十一条“本法第十八条至第二十一条的规定，适用于会计师事务所。”和《会计师事务所执业许可和监督管理办法》（财政部令第 97 号）第六十条“会计师事务所和注册会计师必须按照执业准则、规则的要求，在实施必要的审计程序后，以经过核实的审计证据为依据，形成审计意见，出具审计报告，不得有下列行为：（一）在未履行必要的审计程序，未获取充分适当的审计证据的情况下出具审计报告；……”的规定。

根据《中华人民共和国注册会计师法》第三十九条“会计师事务所违反本法第二十条、第二十一条规定的，由省级以上人民政府财政部门给予警告，没收违法所得，可以并处违法所得 1 倍以上 5 倍以下的罚款；情节严重的，并可以由省级以上人民政府财政部门暂停其经营业务或者予以撤销。……”和《会计师事务所执业许可和监督管理办法》（财政部令第 97 号）第六十七条“会计师事务所违反本办法第六十条第一项至第四项规定的，由省级以上财政部门给予警告，没收违法所得，可以并处违法所得 1 倍以上 5 倍以下的罚款；情节严重的，并可以由省级以上财政部门暂停其执业 1 个月到 1 年或者吊销执业许可。……”的规定，LN 省财政厅决定给予 XHX 所警告的行政处罚。

案例来源：

https：//czt. ln. gov. cn/czt/zfxxgk/fdzdgknr/cl_cf/xzcf/530A989DE40F469C9AE696CBEAA19927/index. shtml。

【案例 18】未编制总体审计策略及总体计划等问题

案例简介：

2022 年 2 月 23 日，TJ 市财政局发布行政处罚决定书，对 LH 会计师事务所（普通合伙）（以下简称“LH 所”）无总体审计策略及总体计划等问题予以警告，没收违法所得 6 万元，并处以罚款 12 万元的行政处罚。

案例分析：

一、在未履行必要的审计程序，未获取充分适当的审计证据的情况下出具审计报告

（一）未见总体审计策略及总体计划。未见确定重要性水平底稿；未见对鉴证对象相关控制活动的了解。底稿中无对华×公司财务管理情况的了解记录，无对华×公司货币资金业务、筹投资业务开展情况的了解记录，无对华×公司人员情况的了解记录。

上述行为违反了《中国注册会计师鉴证业务基本准则》第二十八条，《中国注册会计师审计准则第 1201 号——计划审计工作》第七条、第九条，《中国注册会计师审计准则第 1221 号——计划和执行审计工作时的重要性》第十条、第十一条的规定，属于《会计师事务所执业许可和监督管理办法》（财政部令第 97 号）第六十条第一项规定的违法情形。

（二）《被审计单位调查表（三）主要内部控制制度》中有关于华×公司货币资金的内部控制执行情况评价，但未见相关内部控制测试记录，且与获取的华×公司银行流水及专项审计报告结论不符。专项审计报告中提及华×公司涉及账实不符或未记账的有 42 条记录，涉及资金 122 283 975.33元。注册会计师在执行审计过程中发现华×公司可能存在

舞弊，未见与治理层沟通及考虑解除业务约定的底稿。其他应收款审定表中记录“函证替代程序”，未见未实施函证程序的原因。审计报告中提及银行存款账实不符，底稿中未见华×公司的开户清单，仅获取部分对账单，未见对资金结算涉及的银行账户的检查情况记录或审计说明，未对银行存款实施函证程序。审计报告中涉及的往来款项存在、完整性、权利和义务等认定的证据不足。

上述行为违反了《中国注册会计师鉴证业务基本准则》第二十八条，《中国注册会计师审计准则第 1141 号——财务报表审计中与舞弊相关的责任》第二十八条、第二十九条、第四十一条，《中国注册会计师审计准则第 1231 号——针对评估的重大错报风险采取的应对措施》第二十七条，《中国注册会计师审计准则第 1312 号——函证》第十三条，《中国注册会计师审计准则第 1301 号——审计证据》第十条、第十一条、第十三条、第十五条的规定，属于《会计师事务所执业许可和监督管理办法》（财政部令第 97 号）第六十条第一项规定的违法情形。

二、隐瞒审计中发现的问题，发表不恰当的审计意见

审计报告中的审计范围段与注册会计师责任段对审计范围的描述不一致。审计意见中“贵公司账务账目反映了贵公司向胡×寒及指定收款人转款的真实情况；其他应收款——富×城核算项目明细中记录的数据真实存在”与“（四）2010 年至 2020 年间贵公司财务管理存在缺失，抽查中发现共计 42 笔对账单与银行明细账不符或没记账的现象，共涉及金额 122 283 975.33元。经审核，贵公司未严格遵守企业财务管理制度。”互相矛盾。

上述行为违反了《中国注册会计师审计准则第 1603 号——对单一财务报表和财务报表特定要素审计的特殊考虑》第十三条，《中国注册会计师审计准则第 1501 号——对财务报表形成审计意见和出具审计报告》第三十三条、第三十四条的规定，属于《会计师事务所执业许可和监督管理办法》（财政部令第 97 号）第六十条第三项规定的违法情形。

根据《会计师事务所执业许可和监督管理办法》（财政部令第 97 号）

第六十条第一项、第三项及第六十七条第一款的规定，对 LH 所予以警告，没收违法所得 60 000 元，并处以罚款 120 000 元的行政处罚。

案例来源：

http：//cz. tj. gov. cn/zwgk _ 53713/zfxxgk/fdzdgknr _ x/xzcf _ qz/202202/t20220223_5811755. html。

【案例 19】未进行风险评估及未编制初步业务活动底稿等问题

案例简介：

2022 年 5 月 6 日，HN 省财政厅发布行政处罚决定书，对 ZC 联合会计师事务所（普通合伙）（以下简称“ZC 所”）未进行风险评估等予以警告，没收违法所得 3.1 万元，并处违法所得 3 倍罚款 9.3 万元，同时吊销执业许可。

案例分析：

一、ZC 所对×××有限公司高新技术认定出具的 ZC 专审字〔2021〕第 E033 号审计报告

1. 未执行风险评估并编制风险评估底稿：

（1）未通过询问申报企业管理层和内部其他相关人员、分析性程序及观察和检查等风险评估程序来了解企业及其环境；未从行业状况、法律环境与监管环境以及其他外部因素，申报企业的性质，申报企业对会计政策的选择和运用，申报企业的目标、战略以及相关经营风险，申报企业财务业绩的衡量和评价五个方面了解申报企业及其环境（不包括内部控制）；未召开项目组讨论会以评估申报明细表的重大错报风险；

（2）未从控制环境、风险评估过程、信息系统和沟通、控制活动、对控制的监督五个方面了解和评价企业整体层面的内部控制制度；未对申报企业与授权、业绩评价、信息处理、实物控制和职责分离有关的控制活动进行了解；未对申报企业对控制的持续监督活动和专门的评价活动进行了解；

（3）未对申报企业的研究开发背景进行了解；未对申报企业的研究开发费用流程进行了解；未通过流程图、调查问卷或文字描述等方法，记录对研究开发费用流程（一般包括立项和预算管理、人员管理、设备和材料管理、委托外部研究开发、结项管理）的了解，并详细记录所获取信息和审计证据的来源（如与本业务有关的内控制度文件、资料、凭证）；未确定并识别和了解研究开发费用流程中错报可能发生的环节及其控制措施；

（4）未根据所了解的研究开发费用的控制流程和控制措施执行穿行测试；

（5）未对了解过程中识别的风险，在设计具体审计计划时确定相应的应对措施；

（6）未针对研发费用内部控制进行了解和风险评估，并形成工作底稿；

（7）未对申报企业的高新技术产品（服务）收入流程进行了解；未通过流程图、调查问卷或文字描述等方法，记录对高新技术产品（服务）收入流程（一般包括销售、销售退回、折扣与折让、维护顾客档案等交易流程）的了解，并详细记录所获取的信息和审计证据的来源（如与本业务有关的内控制度文件、资料、凭证）；未确定并识别和了解高新技术产品（服务）收入流程中错报可能发生的环节及其控制措施；

（8）未根据所了解的高新技术产品（服务）收入的控制流程和控制措施执行穿行测试；

（9）未对了解高新技术产品（服务）收入过程中识别的风险，在设计具体审计计划时确定相应的应对措施；

（10）未针对高新技术产品（服务）收入内部控制进行了解和风险评估，并形成工作底稿；

（11）未实施程序来识别和评估重大错报风险；

（12）未根据研究开发项目的复杂程度、近期高新技术产品（服务）收入、经营状况、会计处理方法的变化、高新技术产品（服务）收入是否涉及重大的关联方交易、是否异常或不符合商业惯例等来识别特别风险；

（13）未编制“识别的重大错报风险汇总表”。

2. 未编制初步业务活动底稿：

（1）未对主要股东、关键管理人员和治理层的诚信进行评价；未对企业及其环境进行初步了解；未评价事务所、项目组及注册会计师的独立性；未对项目组具备的专业胜任能力及必要的时间和资源进行评价；并在此基础上形成初步业务工作底稿；

（2）业务约定书重要内容未约定。如审计范围，未约定有关编制说明；未约定是否利用专家的工作情况；报告使用范围未说明仅限于申报高新技术企业认定时使用。

3. 未编制整体审计策略和具体审计计划工作底稿：

（1）未编制总体审计策略，用以确定审计范围、时间、方向及调配审计资源；

（2）未确定重要性水平，并根据具体环境考虑性质和数量上的重要性；

（3）未初步识别可能存在重大错报风险的领域，未初步识别重要账户及交易金额；

（4）未根据审计策略制定具体计划，包括风险评估程序、计划实施的进一步审计程序和其他审计程序。

4. 未执行进一步审计程序并编制审计工作底稿、获取审计证据：

（1）未针对了解的申报企业研究开发费用的控制活动，确定控制有效性测试的审计策略；未选取研究开发费用一定数量的样本进行控制测试，并保留充分适当的审计证据，未对控制有效性进行评价；未考虑实质性程序发现的错报对评价与研究开发费用相关控制运行有效性的影响，并就已确认的内部控制重大缺陷与管理层和治理层进行沟通；未将研究开发费用控制测试结果和结论，以及对实质性审计程序的性质、时间和范围的影响予以记录；未对研究开发费用控制测试程序形成完整、适当的工作底稿；

（2）未针对了解的申报企业高新技术产品（服务）收入的控制活动，确定控制有效性测试的审计策略；未选取高新技术产品（服务）收入一定数量的样本进行控制测试，并保留充分适当的审计证据，未对控制有效性进行评价；未考虑实质性程序发现的错报对评价与高新技术产品（服务）收入相关控制运行有效性的影响，并就已确认的内部控制重大缺陷与管理层和治理层进行沟通；未将高新技术产品（服务）收入控制测试结果和结论，以及对实质性审计程序的性质、时间和范围的影响予以记录；未对高新技术产品（服务）收入控制测试程序形成完整、适当的工作底稿；

（3）未根据实际情况，对研究开发费用实施各期波动分析、结构性分析、实际与预算对比分析等实质性分析程序；未检查工资发放记录、奖金核准及发放记录，并核实人工中的相关数据；未检查管理层相关决议及相关支付记录，核实与研发人员任职或者受雇有关的其他支出；未对非研发人员工资薪金计入研究开发费用的情况进行重点检查；未对人工费用在各项研究开发项目之间分摊的合理性及一贯性进行检查；未检查直接投资开支范围的合规性；未检查为实施研究开发项目而购买的原材料等相关支出，并核实其相关原始凭证；未检查为执行研究开发活动而购置的仪器和设备或研究开发项目在用建筑物的折旧费用；未检查固定资产、长期待摊费用在折旧、摊销方面与财务报表所采用的会计政策、会计估计的一致性，前后期的一致性以及具体数据计算的正确性；对于研究开发项目和非研究开发项目共用的资产，未检查其折旧或摊销分配方法的合理性，前后期的一致性以及分配金额的正确性；未对其他费用在研究开发项目与其他项目之间分摊的合理性及一贯性进行检查；未对与研究开发项目无关的其他费用计入研究开发费用的情形进行检查；未选择重要或异常的研究开发费用，对其开支标准的合规性、原始凭证的合法性、金额计算和会计处理的正确性进行检查；未抽取会计年度终了日前、后若干天的记账凭证实施截止测试；未形成完整、适当的审计工作底稿；

（4）未根据风险评估结论和控制测试结果确定恰当的审计目标；

（5）未获取技术性收入明细表并加以复核；未取得知识产权证书等相关证明材料，检查技术性收入是否属于《国家重点支持的高新技术领域》规定的技术所实现的收入；未检查技术性收入的确认方法是否与财务报表所采用的收入确认方法的一致性、合法性以及前后期的一致性和具体数据计算的正解性；未关注技术性收入对应的成本，如无成本或成本较少，是否检查了相关合同或协议、原始凭证等相关资料，并分析了交易的实质；未选择技术性收入的主要客户、本期收入增幅较大的客户、关联方客户或其他异常客户，对本期技术性收入的业务内容及其金额进行函证；未进行销售的截止测试；未复算最近一个会计年度高新技术产品（服务）收入占申报企业当年总收入的比例，并与申报企业计算的结果进行核对；形成完整、适当的审计工作底稿。

5. 审计完成工作底稿不全面、审计报告不符合准则要求：

（1）申报企业管理层责任段的表述不完整。未包含：①做出合理的会计估计；②恰当界定研究开发项目、高新技术产品（服务）的具体范围；注册会计师责任表述不完整。未包含审计工作涉及注册会计师实施审计程序、评价会计政策和会计估计、评价申报明细表的总体列报；

（2）审定的申报明细表上未加盖被审计单位公章，并未由被审计单位法定代表人、主管会计工作的负责人、总会计师（如有）、会计机构负责人签名并盖章；

（3）未编制审计差异调整表；未执行必要的分析程序；

（4）未撰写审计总结；未获取充分、适当的审计证据，未编制工作底稿，仅收集了部分会计资料，未整理装订，未编写索引号，凌乱堆放；审计工作底稿的三级复核在出具专项审计报告后，审计底稿三级复核工作日为 2021 年 4 月 20 日，专项审计报告日为 2021 年 3 月 26 日；

（5）申报企业管理层声明书无法定代表人、财务负责人签章，未签日期。

二、ZC 所对 ××× 有限公司 2018—2020 年度财务报表出具的 ZC 高审字〔2021〕第 A074 号、第 A075 号、第 A076 号审计报告

1. 未编制初步业务活动工作底稿：

在签订业务委托书之前，未对客户及其环境进行初步了解，初步评估业务风险并予以记录；未编制业务保持评价表；审计业务约定书：乙方无

代表签字，双方未签定日期；审计底稿中未留注册会计师的工作轨迹。

2. 未执行函证程序：

注册会计师在审计过程中均未执行函证程序，且未说明不函证的理由。

3. 未执行实质性审计程序，未编制审计工作底稿：

对所有会计报表项目未执行审计程序，未编制审计工作底稿，仅获取了部分财务会计资料、混乱堆放、未整理装订成册，也无索引号。如：存货未实施监盘或抽盘等必要程序，未关注存货品质状况；2020 年收入未获取或编制主营业务收入明细表，复核加计数，并执行账账核对、账表核对程序；未实施分析性复核，对重大波动和异常情况，未查明原因；未编制凭证检查工作底稿等。

4. 特殊会计、审计事项工作底稿不全面：

（1）未获取管理层编制的关联方关系及其交易的清单，并实施相关审计程序以确定清单的完整性；

（2）对关联方交易未实施函证及替代程序。

5. 审计完成工作底稿不全面：

（1）审定财务报表上未加盖被审计单位公章，并未由被审计单位法定代表人、主管会计工作负责人、总会计师（如有）、会计机构负责人签名并盖章；现金流量表未列报上年数；

（2）未编制审计总结；

（3）未编制与治理层沟通函；

（4）企业管理层声明书无法定代表人、财务负责人签章，未签日期；

（5）审计工作底稿的三级复核在出具审计报告后，审计底稿三级复核工作日为 2021 年 4 月 20 日，2018 年、2019 年、2020 年度审计报告日为 2021 年 3 月 26 日。审计复核流于形式，重要审计程序未执行，未编制审计工作底稿，均未提出复核意见；

（6）未编制试算平衡表。

三、ZC 所对 ××× 有限公司 2017—2019 年研发费用和 2019 年高新收

入专项审计出具的 ZC 专审字〔2020〕第 409 号审计报告

1. 未编制初步业务活动和风险评估审计工作底稿：

在签订业务委托书之前，未对客户及其环境进行初步了解，初步评估业务风险并予以记录；未编制业务承接评价表。

2. 审计业务约定书未约定具体收费金额。

3. 未制定总体审计策略和具体审计计划。

4. 针对研究开发费用及高新技术产品（服务）收入明细表实质性审计程序执行不到位。

除获取研究开发费用及高新技术产品（服务）收入明细表、人员名单、工资表、社保名单、立项报告和专利证书、购销合同、所得税申报表审计证据外，未执行审计程序，未编制审计工作底稿。

5. 审计报告及附表：

（1）申报企业管理层责任段的表述不完整。未包含：①做出合理的会计估计；②恰当界定研究开发项目、高新技术产品（服务）的具体范围；

（2）注册会计师责任表述不完整。未包含审计工作涉及注册会计师实施审计程序、评价会计政策和会计估计、评价申报明细表的总体列报；

（3）无编制基础及使用限制段；

（4）审定财务报表上未加盖被审计单位公章，并未由被审计单位法定代表人、主管会计工作负责人、会计机构负责人签名并盖章；

6. 无审计完成阶段工作底稿和质量控制业务复核底稿。

四、ZC 所对×××有限公司 2017—2019 年财务报表审计出具的 ZC 审字〔2020〕第 1195 号、1196 号、1197 号审计报告

1. 未制定总体审计策略，无实际执行的重要性水平；具体审计计划和控制测试程序不规范，无计划实施的进一步审计程序等。

2. 财务报表项目审计程序执行不到位、审计证据获取不充分：

（1）货币资金：未编制库存现金盘点表；未获取完整的银行对账单和银行开户清单，对银行存款及其他货币资金未进行函证；未实施货币资金收支的截止性测试；

（2）应收账款、预付账款、其他应收款、应付账款、预收账款、其他应付款未进行函证，也未执行相应的替代测试程序；存在账龄分析不准确、与附注账龄不一致，底稿审定数与报表金额不一致的情形；

（3）存货：未实施存货监盘或抽盘程序、存货计价测试；未实施存货的截止性测试；

（4）固定资产/无形资产：未检查固定资产/无形资产增加、减少的会计处理；未对固定资产进行抽盘；未检查固定资产/无形资产的折旧（摊销）政策和方法，验算本期折旧（摊销）费用的计提及分配；存在固定资产审定表与报表不一致的情形；

（5）长期待摊费用：长期待摊费用明细表中快递服务费长期挂账，本年未摊销，未予以关注；

（6）短期/长期借款：未对借款进行函证；未对报告期内增加、减少的借款检查合同和银行凭证等文件，复核借款利息。存在审定表期末审定数与报表不一致、报表项目披露不准确的情形；

（7）应付职工薪酬：审定表与报表不一致；明细表、分配表编制不准确；

（8）实收资本：未检查原始凭证，确认资本金的到位；

（9）未分配利润：未分配利润的增减变动表编制不准确；

（10）营业收入/成本：未实施收入成本分析性复核程序和截止测试；未实施期末存货计价测试，抽查销售合同、发票；未确认收入确认的准确性和销售成本结转的正确性；

（11）销售费用/管理费用/财务费用：对于异常增长，未予以关注，未实施分析性复核程序；未实施费用的截止测试；存在审定表、明细表编制不准确的情形。

3. 特殊会计、审计事项工作底稿不全面：

（1）未获取管理层编制的关联方关系及其交易的清单，并实施相关审计程序以确定清单的完整性；

（2）对关联方交易未实施函证及替代程序；

（3）未关注被审计单位持续经营能力的相关情况；

（4）未获取期初余额的有关审计证据。

4. 审计报告及附表：

（1）审计意见段中“××年度的利润及利润分配表”“我们认为，后附的财务报表在所有重大方面按照企业会计准则的规定，公允反映了贵公司××年12月31日的财务状况以及××年度的经营成果和现金流量、权益变动”表述不准确；

（2）审计报告签字注册会计师无项目合伙人签字；

（3）审定财务报表上未加盖被审计单位公章，并未由被审计单位法定代表人、主管会计工作负责人、会计机构负责人签名并盖章；

（4）其他应收款附注披露不准确；期末余额为0，与报表数据不一致；

（5）预收账款、应付职工薪酬、应交税费明细披露不准确，与底稿中明细不一致；

（6）根据底稿长期应付款系银行贷款，披露不准确；

（7）税金、销售费用、管理费用、财务费用等附注中未披露上期数。

5. 未编制审计完成阶段实质性工作底稿和质量控制业务复核底稿。

五、ZC所对×××有限公司2018—2020年研发费用和2020年高新收入专项审计出具的ZC专审字〔2021〕第E264号审计报告

1. 未编制初步业务活动和风险评估审计工作底稿：在签订业务委托书之前，未对客户及其环境进行初步了解，初步评估业务风险并予以记录；未编制业务承接评价表。

2. 未制定总体审计策略和具体审计计划。

3. 针对研究开发费用及高新技术产品（服务）收入明细表实质性审计程序执行不到位。

除获取以下审计证据外，未执行如分析性审计程序、高新收入函证程序、研发费用和高新收入的截止测试等实质性审计程序，未编制审计工作底稿：

（1）获取了研究开发费用及高新技术产品（服务）收入明细表；

（2）获取了人员名单、工资表；

（3）获取了立项报告和专利证书；

（4）获取了购销合同、所得税申报表。

4. 审计报告及附表：

（1）申报企业管理层责任段的表述不完整。未包含：①做出合理的会计估计；②恰当界定研究开发项目、高新技术产品（服务）的具体范围；

（2）注册会计师责任表述不完整：未包含审计工作涉及注册会计师实施审计程序、评价会计政策和会计估计、评价申报明细表的总体列报；

（3）无编制基础及使用限制段；

（4）审定财务报表上未加盖被审计单位公章，并未由被审计单位法定代表人、主管会计工作负责人、会计机构负责人签名并盖章；

5. 无审计完成阶段工作底稿和质量控制业务复核底稿。

六、ZC 所对×××有限公司 2018—2020 年财务报表审计出具的 ZC 审字〔2021〕第 47 号、48 号、49 号审计报告

1. 未编制初步业务活动和风险评估审计工作底稿：在签订业务委托书之前，未对客户及其环境进行初步了解，初步评估业务风险并予以记录；未编制业务承接评价表。

2. 未制定总体审计策略和具体审计计划。

3. 审计证据获取不充分、财务报表项目审计程序未执行、未编制审计工作底稿。

4. 未编制现金流量表审计底稿。

5. 特殊会计、审计事项工作底稿不全面。

（1）未获取管理层编制的关联方关系及其交易的清单，并实施相关审计程序以确定清单的完整性；

（2）对关联方交易未实施函证及替代程序；

（3）未关注被审计单位持续经营能力的相关情况；

（4）未获取期初余额的有关审计证据。

6. 审计报告及附表。

(1) 审计意见段中"××年度的利润及利润分配表"表述不准确;

(2) 审定财务报表上未加盖被审计单位公章,并未由被审计单位法定代表人、主管会计工作负责人、会计机构负责人签名并盖章;

(3) 税金、销售费用、管理费用、财务费用等附注中未披露上期数。

7. 未编制审计完成阶段工作底稿和质量控制业务复核底稿。

上述行为违反了《中华人民共和国注册会计师法》第二十一条"注册会计师执行审计业务,必须按照执业准则、规则确定的工作程序出具报告。……"、第三十一条"本法第十八条至第二十一条的规定,适用于会计师事务所。"、《会计师事务所执业许可和监督管理办法》(财政部令第97号)第六十条"会计师事务所和注册会计师必须按照执业准则、规则的要求,在实施必要的审计程序后,以经过核实的审计证据为依据,形成审计意见,出具审计报告,不得有下列行为:(一)在未履行必要的审计程序,未获取充分适当的审计证据的情况下出具审计报告;……"、《中国注册会计师审计准则第1301号——审计证据》第十条"注册会计师应当根据具体情况设计和实施恰当的审计程序,以获取充分、适当的审计证据。"、《中国注册会计师审计准则第1312号——函证》第七条"注册会计师应当对银行存款、借款(包括零余额账户和在本期内注销的账户)及与金融机构往来的其他重要信息实施函证。①"、第八条"注册会计师应当对应收账款实施函证,除非有充分证据表明应收账款对财务报表不重要,或函证很可能无效。如果不对应收账款函证,注册会计师应当在工作底稿中说明理由。如果认为函证很可能无效,注册会计师应当实施替代审计程序,获取充分、适当的审计证据。②"的规定。

ZC所出具的上述12份审计报告存在问题较多,属情节严重情形,同时鉴于其采取了积极的补救措施,尽力减轻不良影响。根据《中华人民共和国注册会计师法》第三十一条"本法第十八条至第二十一条的规定,适

①②本案例中,HN省财政厅采用的是2006年版的《中国注册会计师审计准则第1312号——函证》。

用于会计师事务所”、第三十九条第一款“会计师事务所违反本法第二十条、第二十一条规定的，由省级以上人民政府财政部门给予警告，没收违法所得，可以并处违法所得1倍以上5倍以下的罚款，情节严重的，并可以由省级以上人民政府财政部门暂停其经营业务或者予以撤销。……”、《会计师事务所执业许可和监督管理办法》（财政部令第97号）第六十七条“会计师事务所违反本办法第六十条第一项至第四项规定的，由省级以上财政部门给予警告，没收违法所得，可以并处违法所得1倍以上5倍以下的罚款，情节严重的，并可以由省级以上财政部门暂停执业1个月到1年或吊销执业许可。……”以及《中华人民共和国行政处罚法》第三十二条“当事人有下列情形之一，应当从轻或者减轻行政处罚：（一）主动消除或者减轻违法行为危害后果的；……”之规定，HN省财政厅做出如下决定：对ZC所给予警告，没收违法所得3.1万元，并处违法所得3倍罚款9.3万元，同时吊销执业许可。

案例来源：

http：//czt.hunan.gov.cn/czt/xxgk/xzcf/xyxxgs/202205/t20220506_24465594.html。

【案例 20】业务评价表无业务负责人和风险管理人签字等问题

案例简介：

2021 年 12 月 24 日，LN 省财政厅发布行政处罚决定书，对 HYH 会计师事务所有限公司（以下简称“HYH 所”）未获取充分必要审计证据或证据存在瑕疵等问题予以警告。

案例分析：

一、审计程序实施不到位，获取的审计证据不充分，不足以支持标准无保留意见的审计报告结论

HYH 审字〔2020〕第××号审计报告。2020 年 4 月 28 日，HYH 所对某学校 2019 年度财务报表出具标准无保留意见审计报告，签字注册会计师游某军、李某玉。

1. 业务承接评价表无项目负责人、风险管理负责人签字。未遵循《中国注册会计师审计准则第 1121 号——对财务报表审计实施的质量控制》第三十九条的规定。

2. 了解被审计单位及其环境底稿不完整。

3. 风险评估未实施了解被审计单位内部控制程序。

上述 2 项和 3 项未遵循《中国注册会计师审计准则第 1211 号——通过了解被审计单位及其环境识别和评估重大错报风险》第八条和第十四条的规定。

4. 无分析程序审计工作底稿。未遵循《中国注册会计师审计准则第 1211 号——通过了解被审计单位及其环境识别和评估重大错报风险》第八

条和第九条的规定。

5. 无具体审计计划。未遵循《中国注册会计师审计准则第 1201 号——计划审计工作》第九条的规定。

6. 无确定重要性水平工作底稿。未遵循《中国注册会计师审计准则第 1221 号——计划和执行审计工作时的重要性》第十四条的规定。

7. 货币资金期末余额 5 238.81 万元，占已审报表期末资产总额的 68.74%。其中：库存现金 2.33 万元，银行存款 5 236.48 万元。审定表无审定数据；库存现金监盘表无签字；银行存款未实施函证程序且未在审计底稿中说明理由；银行对账单余额与财务账余额不一致。未遵循《中国注册会计师审计准则第 1312 号——函证》第十二条的规定。

8. 应收账款期末余额 8.08 万元，占已审报表期末资产总额的 0.11%。审定表无审定数据；未实施函证程序且未在审计底稿中说明理由；未实施替代测试程序；审定表无编制人、复核人。未遵循《中国注册会计师审计准则第 1312 号——函证》第十三条的规定。

9. 固定资产期末净值 1 771.11 万元，占已审报表期末资产总额的 23.24%。审定表无审定数据；除程序表、审定表外无其他审计工作底稿；审定表无编制人、复核人。

10. 无形资产期末净值 609.53 万元，占已审报表期末资产总额的 8.00%。审定表无审定数据；除程序表、审定表外无其他审计工作底稿；审定表无编制人、复核人。

11. 应付账款期末余额 127.71 万元，占已审报表期末负债总额的 3.86%。未实施函证或替代测试程序。

12. 预收账款期末余额 2 779.26 万元，占已审报表期末负债总额的 83.90%。审定表无审定数据；除程序表、审定表外无其他审计工作底稿；审定表无编制人、复核人。

13. 实收资本期末余额 3 120.06 万元。审定表无审定数据；除程序表、审定表外无其他审计工作底稿；审定表无编制人、复核人。

14. 营业收入本期发生额 2 330.48 万元。审定表无审定数据；除程序表、审定表外无其他审计工作底稿；审定表无编制人、复核人。

15. 管理费用本期发生额 2 490.09 万元。审定表无审定数据；除程序表、审定表外无其他审计工作底稿；审定表无编制人、复核人。

16. 上述会计科目审计工作底稿中均无凭证抽查底稿。

上述 9 至 16 项未遵循《中国注册会计师审准则第 1301 号——审计证据》第十条的规定。

17. 除管理层声明书、审计总结、审计工作完成情况核对表外无其他完成阶段工作底稿。未遵循《会计师事务所质量管理准则第 5102 号——项目质量复核》第三十一条和《中国注册会计师审计准则第 1313 号——分析程序》第六条的规定。

二、审计程序实施不到位，获取的审计证据不充分

（一）HYH 审字〔2020〕第 × × 号审计报告。2020 年 3 月 25 日，HYH 所对某有限公司 2019 年度财务报表出具标准无保留意见审计报告，签字注册会计师李某玉、兰某先。

1. 业务保持评价表无项目负责人、风险管理责任人签字。未遵循《中国注册会计师审计准则第 1121 号——对财务报表审计实施的质量控制》第三十九条的规定。

2. 相关审计人员未签署独立性承诺函。未遵循《中国注册会计师审计准则第 1101 号——注册会计师的总体目标和审计工作的基本要求》第二十七条和《中国注册会计师审计准则第 1121 号——对财务报表审计实施的质量控制》第三十九条的规定。

3. 未编制了解被审计单位内部控制底稿。未遵循《中国注册会计师审计准则第 1211 号——通过了解被审计单位及其环境识别和评估重大错报风险》第八条和第十四条的规定。

4. 无确定重要性水平工作底稿。未遵循《中国注册会计师审计准则第 1221 号——计划和执行审计工作时的重要性》第十四条的规定。

5. 无风险评估结果汇总表。未遵循《中国注册会计师审计准则第 1211 号——通过了解被审计单位及其环境识别和评估重大错报风险》第八

条的规定。

6. 无具体审计计划。未遵循《中国注册会计师审计准则第1201号——计划审计工作》第九条的规定。

7. 货币资金期末余额1 590.95万元，占已审报表期末资产总额的37.29%。库存现金期末余额0.03万元，库存现金监盘表无监盘日期，现金监盘的倒轧表填写错误；银行存款两户金额1 590.92万元，其中有1户银行存款363.86万元未实施银行函证程序且未说明理由；未实施货币资金截止测试程序；未获取银行开户清单。未遵循《中国注册会计师审计准则第1312号——函证》第十二条的规定。

8. 应收账款期末余额654.21万元，占已审报表期末资产总额的15.34%。未实施函证或替代测试程序；未编制账龄分析表。未遵循《中国注册会计师审计准则第1312号——函证》第十三条的规定。

9. 存货期末余额397.04万元，占已审报表期末资产总额的9.31%。未实施存货发出计价测试和监盘程序；未获取存货盘点表。

10. 固定资产期末净值1 622.11万元，占已审报表期末资产总额的38.02%。未实施折旧测算、折旧费用的分配检查和监盘审计程序。

11. 应付账款期末余额138.34万元，占已审报表期末负债总额的40.15%。未实施函证或替代测试程序。

12. 应付职工薪酬期末余额10万元，占已审报表期末负债总额的2.90%。未实施工资费用的分配检查程序。

13. 营业收入本期发生额2 428.87万元；营业成本本期发生额1 334.83万元。未实施截止测试程序；未实施毛利率分析程序；未编制成本倒轧表。

14. 税金及附加本期发生额23.24万元。未实施税金测算程序；未取得纳税申报资料等相关支持性依据。

15. 管理费用本期发生额296.30万元。未对本期、上期费用各主要明细项目作比较分析；未实施截止测试程序。

16. 营业外收入本期发生额804.56万元。未获取支持性依据。

17. 各科目的审定表均无审计结论。

18. 未编制现金流量表工作底稿。

上述9至18项未遵循《中国注册会计师审准则第1301号——审计证据》第十条的规定。

19. 除管理层声明书、审计总结、审计工作完成情况核对表外无其他完成阶段工作底稿。未遵循《会计师事务所质量管理准则第5102号——项目质量复核》第三十一条和《中国注册会计师审计准则第1313号——分析程序》第六条的规定。

（二）HYH审字〔2020〕第××号审计报告。2020年4月30日，HYH所对某有限公司2019年度财务报表出具标准无保留意见审计报告，签字注册会计师王某华、李某玉。

1. 未签订业务约定书。未遵循《中国注册会计师审计准则第1111号——就审计业务约定条款达成一致意见》第十条的规定。

2. 事务所及项目组成员未签订独立性声明。未遵循《中国注册会计师审计准则第1121号——对财务报表审计实施的质量控制》第三十九条的规定。

3. 无风险评估结果汇总表；风险评估未实施对被审计单位内部控制进行了解程序。未遵循《中国注册会计师审计准则第1211号——通过了解被审计单位及其环境识别和评估重大错报风险》第八条的规定。

4. 无确定重要性水平工作底稿。未遵循《中国注册会计师审计准则第1221号——计划和执行审计工作时的重要性》第十四条的规定。

5. 货币资金期末余额713.03万元，占已审报表期末资产总额的62.77%。银行存款期末余额233.13万元，未取得银行开户清单；未编制银行存款明细表；未对银行函证保持控制（如未留存快递单号或跟函记录）；部分银行存款账户未实施函证程序且未说明理由；未取得银行未达账项调节表。库存现金期末余额479.90万元，未编制现金监盘表底稿；未对现金的期末余额实施进一步审计程序。未实施货币资金截止测试程序。未遵循《中国注册会计师审计准则第1312号——函证》第十二条的规定。

6. 应收账款期末余额354.66万元，占已审报表期末资产总额的31.21%。未实施账龄分析、截止测试、函证或替代测试程序。未遵循《中国注册会计师审计准则第1312号——函证》第十三条的规定。

7. 其他应收款期末余额36.32万元，占已审报表期末资产总额的3.20%。未实施账龄分析、函证或替代测试程序。

8. 存货期末余额1.58万元，占已审报表期末资产总额的0.14%。固定资产期末净值0.21万元，占已审报表期末资产总额的0.02%。除编制程序表、审定表外，未实施其他审计程序；审定表未填制审定数。

9. 预付账款期末余额30.22万元，占已审报表期末资产总额的2.66%。除编制审定表、明细表外，未实施其他审计程序；审定表未填制审定数。

10. 应付账款期末余额32.21万元，占已审报表期末负债总额的3.60%。未实施账龄分析、函证或替代测试程序，也未实施凭证抽查程序。

11. 预收账款期末余额303.58万元，占已审报表期末负债总额的33.94%。除编制程序表、审定表、明细表外，未编制其他审计底稿；审定表未填制审定数。

12. 其他应付款期末余额537.06万元，占已审报表期末负债总额的60.04%。未实施函证或替代测试程序；未实施账龄分析程序；未对负值明细实施进一步审计程序；审定表未填制审定数。

13. 应付职工薪酬期末余额0.16万元。除编制程序表、审定表外，未编制其他审计底稿；审定表未填制审定数。

14. 营业收入本期发生额2 730.00万元；税金及附加本期发生额18.88万元。除编制程序表、审定表、抽查表外，未编制其他审计底稿；未取得相关合同、发票、纳税申报资料等支持性依据；审定表未填制审定数。

15. 应交税费期末余额21.54万元，占已审报表期末负债总额的2.41%。未对相关税金实施测算程序；审定表未填制审定数。

16. 营业成本本期发生额2 472.29万元，未编制营业成本明细表底稿。管理费用本期发生额253.24万元；财务费用本期发生额-1.97万元。未编制截止测试底稿；审定表均未填制审定数。

17. 未编制营业外收入、营业外支出、所得税费用、现金流量表底稿。

18. 审计底稿编制人、复核人及编制日期填制不完整；审计底稿均无审计结论。

上述7至18项未遵循《中国注册会计师审准则第1301号——审计证据》第十条的规定。

19. 业务完成阶段无实质性分析程序底稿。未遵循《中国注册会计师审计准则第1313号——分析程序》第六条的规定。

20. 三级复核记录，未编制质量控制复核底稿。未遵循《会计师事务所质量管理准则第5102号——项目质量复核》第三十一条的规定。

21. 未取得管理层声明书。未遵循《中国注册会计师审计准则第1341号——书面声明》第八条的规定。

（三）HYH审字〔2020〕第×××号审计报告。2020年11月17日，HYH所对某有限公司2019年度软件产品开发销售收入及研究开发费出具专项审计报告，签字注册会计师徐某华、李某昌。

1. 除签订业务约定书外，未实施和记录初步业务活动。

2. 相关审计人员未签订独立性声明。

上述1项和2项未遵循《中国注册会计师审计准则第1121号——对财务报表审计实施的质量控制》第三十九条的规定。

3. 未实施风险评估程序。未遵循《中国注册会计师审计准则第1211号——通过了解被审计单位及其环境识别和评估重大错报风险》第八条的规定。

4. 未制定具体审计计划。未遵循《中国注册会计师审计准则第1201号——计划审计工作》第九条的规定。

5. 软件产品收入未实施分析程序，未将本期的收入与上期的收入进行比较分析产品销售的数量和价格变动是否异常，并分析异常变动原因；也未比较本期各月各品种收入的波动情况，分析是否异常；未计算产品的毛利率并与上期比较是否异常；未实施截止测试程序。

6. 未按企业研究开发费用归集表明细科目编制审定表、明细表。

7. 人员人工未获取被审计单位缴纳职工“五险一金”的相关资料；未实施与研发人员明细表对比，抽查劳动合同等审计程序。

8. 直接投入未实施检查材料投入是否有领料单、出库单；领料单是否能与生产领料单据区分程序；也未实施检查是否存在将为实施研究开发项目以外的项目而发生的采购费用、水电费、租赁费等列入直接投入的程序。

9. 折旧费用未实施重新计算与研发项目相关的固定资产折旧摊销额。未实施对于研究开发项目和非研究开发项目共用的资产，检查折旧的分配方法是否合理，且前后各期是否保持一致，分配的金额是否正确的程序。也未实施编制企业研发用固定资产抽盘表，实地查看研发用固定资产的使用状况等程序。

10. 其他费用未记录是否属于为研究开发活动所发生审计过程说明。

11. 审计底稿均未填写编制人、复核人及编制日期。

上述5至11项未遵循《中国注册会计师审准则第1301号——审计证据》第十条的规定。

上述行为违反了《中华人民共和国注册会计师法》第二十一条“注册会计师执行审计业务，必须按照执业准则、规则确定的工作程序出具报告。……”、第三十一条“本法第十八条至第二十一条的规定，适用于会计师事务所。”和《会计师事务所执业许可和监督管理办法》（财政部令第97号）第六十条“会计师事务所和注册会计师必须按照执业准则、规则的要求，在实施必要的审计程序后，以经过核实的审计证据为依据，形成审计意见，出具审计报告，不得有下列行为：（一）在未履行必要的审计程序，未获取充分适当的审计证据的情况下出具审计报告；……”的规定。

根据《中华人民共和国注册会计师法》第三十九条“会计师事务所违

反本法第二十条、第二十一条规定的，由省级以上人民政府财政部门给予警告，没收违法所得，可以并处违法所得1倍以上5倍以下的罚款；情节严重的，并可以由省级以上人民政府财政部门暂停其经营业务或者予以撤销。……”、《会计师事务所执业许可和监督管理办法》（财政部令第97号）第六十七条“会计师事务所违反本办法第六十条第一项至第四项规定的，由省级以上财政部门给予警告，没收违法所得，可以并处违法所得1倍以上5倍以下的罚款；情节严重的，并可以由省级以上财政部门暂停其执业1个月到1年或者吊销执业许可。……”的规定，LN省财政厅决定给予HYH所警告的行政处罚。

案例来源：

https：//czt. ln. gov. cn/czt/zfxxgk/fdzdgknr/cl_cf/xzcf/568BC2261EA9466F84C66CE240450D70/index. shtml。

第四章

未履行必要审计程序和获取充分审计证据

【案例 21】货币资金审计程序缺失或证据不充分等问题

案例简介：

2021 年 11 月 11 日，SC 省财政厅发布行政处罚决定书，对 RJ 联合会计师事务所有限责任公司（以下简称“RJ 所”）未对货币资金实施必要的审计程序等问题予以警告、没收违法所得 4.2718 万元（不含税）、处违法所得 1.5 倍罚款 6.4078 万元、暂停执行业务 2 个月的行政处罚。

案例分析：

一、RJ 审字〔2019〕第 018 号审计报告

（一）未对银行存款实施必要的审计程序。银行存款期末余额 57.89 万元，占期末资产总额的 0.65%，未对银行存款实施函证程序，也未在审计工作底稿中说明不实施函证的理由。违反了《中国注册会计师审计准则第 1312 号——函证》第十三条、《中国注册会计师审计准则第 1301 号——审计证据》第十条的规定。

（二）未对库存现金实施必要的审计程序。库存现金期末余额 524.71 万元，占期末资产总额的 5.93%，未对库存现金实施监盘程序。违反了《中国注册会计师审计准则第 1301 号——审计证据》第十条的规定。

（三）未对往来款项实施必要的审计程序。应收账款期末余额 1 472.43万元，占期末资产总额的 16.7%，未实施函证程序；应付账款期末余额 398.45 万元，占期末资产总额的 4.51%，未执行抽查凭证、合同检查等程序。违反了《中国注册会计师审计准则第 1312 号——函证》第十三条、《中国注册会计师审计准则第 1301 号——审计证据》第十条的规定。

（四）未对短期借款实施必要的审计程序。短期借款期末余额 1 995 万元，占期末资产总额的 22.6%，未取得借款合同、询证函。违反了《中国注册会计师审计准则第 1301 号——审计证据》第十条的规定。

（五）未对存货实施必要的审计程序。存货期末余额 1 789.56 万元，占期末资产总额的 20.2%，未执行监盘程序。违反了《中国注册会计师审计准则第 1301 号——审计证据》第十条、《中国注册会计师审计准则第 1311 号——对存货、诉讼和索赔、分部信息等特定项目获取审计证据的具体考虑》第四条的规定。

（六）未对固定资产实施必要的审计程序。固定资产期末净值 4 368.55万元，未执行监盘、凭证抽查程序，未收集产权证明。违反了《中国注册会计师审计准则第 1301 号——审计证据》第十条的规定。

（七）未对在建工程实施必要的审计程序。在建工程期末余额 352.37 万元，占期末资产总额的 4%。未检查工程立项文件、施工合同、工程款支付结算单。违反了《中国注册会计师审计准则第 1301 号——审计证据》第十条的规定。

（八）未对无形资产实施必要的审计程序。无形资产期末余额 275.91 万元，占期末资产总额的 3.1%。未执行合同检查、产权证书检查、摊销测算等审计程序。违反了《中国注册会计师审计准则第 1301 号——审计证据》第十条的规定。

（九）未对应交税费实施必要的审计程序。应交税费期末余额－35.57万元，未收集纳税申报表、未执行税费测算等审计程序。违反了《中国注册会计师审计准则第1301号——审计证据》第十条的规定。

（十）未对实收资本、资本公积实施必要的审计程序。实收资本1 600万元，未取得验资报告；资本公积854.49万元，未收集资本公积金额形成文件。违反了《中国注册会计师审计准则第1301号——审计证据》第十条的规定。

（十一）未对经营收入、成本实施必要的审计程序。营业收入8 545.85万元，未执行销售合同核查、凭证抽查程序；营业成本6 310.17万元，未执行核查业务合同、销售发票、出库单等审计程序。违反了《中国注册会计师审计准则第1301号——审计证据》第十条的规定。

（十二）未对其他损益科目实施必要的审计程序。对管理费用、财务费用、营业外收入未执行凭证抽查程序。违反了《中国注册会计师审计准则第1301号——审计证据》第十条的规定。

二、RJ审字〔2019〕第157号审计报告

（一）未对银行存款实施必要的审计程序。银行存款期末余额3 391.67万元，占期末资产总额的8.04%，未实施函证程序，也未在审计工作底稿中说明不实施函证的理由。违反了《中国注册会计师审计准则第1312号——函证》第十三条、《中国注册会计师审计准则第1301号——审计证据》第十条的规定。

（二）未对往来款项实施必要的审计程序。应收账款——应收在院病人医疗款82.3万元，占期末资产总额的0.19%，未取得或编制明细表。违反了《中国注册会计师审计准则第1301号——审计证据》第十条的规定。

（三）未对借款实施必要的审计程序。短期借款期末余额4 780万元、占期末资产总额的11.3%，长期借款期末余额9 591.39万元、占期末资产总额的22.7%，均未取得借款合同、询证函。违反了《中国注册会计师审计准则第1301号——审计证据》第十条的规定。

（四）未对存货实施必要的审计程序。存货期末余额 1 539. 47 万元，占期末资产总额的 3. 6%，未执行监盘程序。违反了《中国注册会计师审计准则第 1301 号——审计证据》第十条、《中国注册会计师审计准则第 1311 号——对存货、诉讼和索赔、分部信息等特定项目获取审计证据的具体考虑》第四条的规定。

（五）未对待摊费用实施必要的审计程序。待摊费用期末余额 49. 51 万元，占期末资产总额的 0. 1%，未对费用的摊销进行测算。违反了《中国注册会计师审计准则第 1301 号——审计证据》第十条的规定。

（六）未对固定资产实施必要的审计程序。固定资产原值 33 535. 71 万元、净值 24 314. 34 万元，未执行监盘、凭证抽查程序，未收集产权证明。违反了《中国注册会计师审计准则第 1301 号——审计证据》第十条的规定。

（七）未对在建工程实施必要的审计程序。在建工程期末余额 1 765. 21万元，占期末资产总额的 22. 7%，未检查工程立项文件、施工合同、工程款支付结算单。违反了《中国注册会计师审计准则第 1301 号——审计证据》第十条的规定。

（八）其他审计程序实施不到位。未对现金流量表实施审计程序，未对持续经营、关联交易、期后事项、舞弊等实施审计程序。违反了《中国注册会计师审计准则第 1301 号——审计证据》第十条的规定。

三、RJ 审字〔2020〕第 008 号审计报告

（一）未对银行存款实施必要的审计程序。银行存款期末余额 12. 79 万元，占期末资产总额的 2. 31%。审计人员未对银行存款实施函证程序，也未在审计工作底稿中说明不实施函证的理由。违反了《中国注册会计师审计准则第 1312 号——函证》第十三条、《中国注册会计师审计准则第 1301 号——审计证据》第十条的规定。

（二）未对库存现金实施必要的审计程序。库存现金期末余额 5. 02 万元，占期末资产总额的 0. 43%，未对库存现金实施监盘程序。违反了《中国注册会计师审计准则第 1301 号——审计证据》第十条的规定。

（三）未对往来款项实施必要的审计程序。应收账款期末余额 32.09 万元，占期末资产总额的 57.9%，其他应收款期末余额 63.51 万元，占期末资产总额的 11.5%，均未实施函证程序；其他应付款期末余额 61.16 万元，占期末资产总额的 11%，未实施凭证抽查程序，未发函询证，也未实施替代测试程序。违反了《中国注册会计师审计准则第 1301 号——审计证据》第十条的规定。

（四）未对短期借款实施必要的审计程序。短期借款期末余额 340 万元，占期末资产总额的 61.4%，未取得借款合同、协议。违反了《中国注册会计师审计准则第 1301 号——审计证据》第十条的规定。

（五）未对存货实施必要的审计程序。存货期末余额 16.48 万元，占期末资产总额的 3%，未执行监盘程序。违反了《中国注册会计师审计准则第 1301 号——审计证据》第十条的规定。

（六）未对固定资产实施必要的审计程序。固定资产原值 190.87 万元，净值 137.99 万元，未执行监盘、凭证抽查程序，未收集产权证明。违反了《中国注册会计师审计准则第 1301 号——审计证据》第十条的规定。

（七）未对应交税费实施必要的审计程序。应交税费期末余额 2.61 万元，占期末资产总额的 0.47%，未收集纳税申报表、未执行税费测算等审计程序。违反了《中国注册会计师审计准则第 1301 号——审计证据》第十条的规定。

（八）未对应付职工薪酬实施必要的审计程序。应付职工薪酬期末余额为 0 元，未查看工资政策、工资表，未执行凭证抽查程序。违反了《中国注册会计师审计准则第 1301 号——审计证据》第十条的规定。

（九）未对损益类科目实施必要的审计程序。营业收入 486.03 万元，未执行销售合同核查、凭证抽查程序；营业成本 427.58 万元，未执行核查业务合同、销售发票、出库单等审计程序。管理费用、财务费用、营业外收入未执行凭证抽查程序。违反了《中国注册会计师审计准则第 1301 号——审计证据》第十条的规定。

（十）其他审计程序实施不到位。未对现金流量表实施审计程序。违反了《中国注册会计师审计准则第 1301 号——审计证据》第十条的规定。

上述行为违反了《会计师事务所执业许可和监督管理办法》（财政部令第 97 号）第六十条“会计师事务所和注册会计师必须按照执业准则、规则的要求，在实施必要的审计程序后，以经过核实的审计证据为依据，形成审计意见，出具审计报告，不得有下列行为：（一）在未履行必要的审计程序，未获取充分适当的审计证据的情况下出具审计报告；……”的规定。

根据《会计师事务所执业许可和监督管理办法》（财政部令第 97 号）第六十七条第一款“会计师事务所违反本办法第六十条第一项至第四项规定的，由省级以上财政部门给予警告，没收违法所得，可以并处违法所得 1 倍以上 5 倍以下的罚款；情节严重的，并可以由省级以上财政部门暂停其执业 1 个月到 1 年或者吊销执业许可。……”的规定，SC 省财政厅决定给予 RJ 所警告、没收违法所得 42 718.45 元（不含税）、处违法所得 1.5 倍罚款 64 077.68 元、暂停执行业务 2 个月的行政处罚。

案例来源：

http：//czt.sc.gov.cn/scczt/c108902/2021/11/11/6d9b99a1f3574b24a011edf383511a52.shtml。

【案例22】实物资产未实施监盘程序或未获取充分的审计证据等问题

案例简介：

2021年11月24日，ZJ省财政厅发布行政处罚决定书，对YJ会计师事务所有限公司（以下简称“YJ所”）未监盘存货等问题予以警告，并没收审计收入。

案例分析：

一、注册会计师孟某雅、戴某法签字出具标准无保留意见《某建设开发有限公司2019年度财务报表审计报告》（YJ审字〔2020〕第127号，审计收费0.50万元）

（一）未对银行账户实施函证程序。该公司货币资金期末余额3 778.65万元，占期末资产总额的7.60%。检查中发现，YJ所未实施函证程序，也未在底稿中说明不实施函证程序的理由。违反了《中国注册会计师审计准则第1312号——函证》第十二条的规定。

（二）未对工程项目实施现场勘察程序。该公司存货期末余额45 927.53万元，占期末资产总额的92.40%。检查中发现，YJ所未对工程项目实施现场勘察程序，也未在底稿中说明不实施现场勘察的理由。违反了《中国注册会计师审计准则第1311号——对存货、诉讼和索赔、分部信息等特定项目获取审计证据的具体考虑》第四条的规定。

二、签字注册会计师孟某雅、戴某法签字出具标准无保留意见《某置地有限公司2019年度财务报表审计报告》（YJ审字〔2020〕第072号，审计收费0.6万元）

（一）存货未监盘、未关注是否存在跌价和受限情形。该公司存货期末余额 3 024.09 万元，占期末资产总额的 3.60%。检查中发现，YJ 所未执行存货跌价测试程序，未关注存货是否存在受限情况，未对存货实施监盘程序，未在底稿中说明不实施监盘程序的理由。违反了《中国注册会计师审计准则第 1311 号——对存货、诉讼和索赔、分部信息等特定项目获取审计证据的具体考虑》第四条和《中国注册会计师审计准则第 1301 号——审计证据》第十条的规定。

（二）长期股权投资审计程序不充分、列报不正确。该公司长期股权投资期末余额 70 620.00 万元，占期末资产总额的 84.01%。其中：（1）对某置地投资控股集团有限公司投资成本 5 850.00 万元，投资比例 97.5%。YJ 所出具的审计报告意见类型为保留意见（其他应付款 1.07 亿元无法函证及执行其他恰当审计程序、无法判断对外投资 3 000 万元确认投资损失的真实性）。检查中发现，YJ 所审计底稿中未记录子公司非标意见类型对母公司单体审计报告的影响、判断过程和结论。（2）对某房地产开发有限公司投资成本 1 770.00 万元，投资比例 59%。检查中发现，根据财务报表附注的其他事项段披露所示，该子公司已处于吊销状态。YJ 所在出具母公司单体审计报告时，长期股权投资——某房地产开发有限公司审定数仍为 1 770 万元，对子公司投资已出现减值迹象未执行减值测试程序。（3）对 HY 房地产开发有限公司投资成本 41 000.00 万元，投资比例 100%，YJ 所未获取其审计报告。审计底稿中描述 HY 房地产开发有限公司股份为其代持股，但未对代持股情况执行进一步审计程序、获取审计证据予以核实，亦未对此事项进行披露。违反了《中国注册会计师审计准则第 1301 号——审计证据》第十条和《中国注册会计师审计准则第 1503 号——在审计报告中增加强调事项段和其他事项段》第九条、第十条的规定。

（三）函证过程控制不到位。该公司其他应收款期末余额 10 361.80 万元，占期末资产总额的 12.33%；其他应付款期末余额 62 930.73 万元，占期末资产总额的 74.86%。检查发现，YJ 所对上述重要往来款进行发函，但缺少函证过程控制轨迹或记录，函证过程控制不到位。违反了《中国注册会计师审计准则第1312号——函证》第十四条的规定。

ZJ省财政厅认为YJ所的上述行为违反了《中华人民共和国注册会计师法》第三十一条、第二十一条第一款，《会计师事务所执业许可和监督管理办法》（财政部令第97号）第六十条第一项的规定。

根据《中华人民共和国注册会计师法》第三十九条第一款、《会计师事务所执业许可和监督管理办法》（财政部令第97号）第六十七第一款的规定，决定给予YJ所警告，没收YJ所审计收入1.1万元的行政处罚。

案例来源：

http：//czt. zj. gov. cn/art/2021/11/25/art_1229135603_2376558. html。

【案例 23】往来款项未实施函证程序或替代测试程序不到位等问题

案例简介：

2022 年 9 月 2 日，ZJ 省财政厅发布行政处罚决定书，对 DY 会计师事务所有限公司（以下简称“DY 所”）往来款未实施函证程序等问题予以警告，没收违法所得 14.7 万元。

案例分析：

一、DY 所出具的某环境科技有限公司 2019 年度标准无保留意见财务报表审计报告（DY 审字〔2020〕第 330 号），签字注册会计师为徐某木、李某，审计收费 2.70 万元，存在质量问题

（一）往来款未实施函证程序，也未执行检查替代程序

被审计单位应收账款期末余额 28 885.05 万元，占期末资产总额的 36.93%；应收账款中对外币应收客户均未列示外币本币余额，未执行按期末汇率折算汇兑损益的检查复核程序；其他应收款期末余额 711.97 万元，占期末资产总额的 0.91%，未取得余额明细表，也未实施函证程序；未见应收出口退税的相关资料和验算记录；预付账款期末余额 3 109.23 万元，占期末资产总额的 3.97%；应付账款期末余额 50 964.83 万元，占期末资产总额的 65.14%。DY 所未对上述往来款项实施函证程序，未就款项的存在、完整性、准确性、计价和分摊认定获取充分适当的审计证据。

上述行为违反了《中国注册会计师审计准则第 1312 号——函证》第十三条和《中国注册会计师审计准则第 1301 号——审计证据》第十条的规定。

（二）存货未实施监盘等重要审计程序

被审计单位存货期末余额 35 270.01 万元，占期末资产总额的 45.08%。DY 所未取得期末存货明细清单；未记录企业在产品的内容、性质、成本核算方法；未检查产成品和在产品的分配结转；未见执行监盘或项目勘查的审计程序，未就存货的存在、完整性、准确性、计价和分摊认定获取充分、适当的审计证据。

上述行为违反了《中国注册会计师审计准则第 1311 号——对存货、诉讼和索赔、分部信息等特定项目获取审计证据的具体考虑》第四条和《中国注册会计师审计准则第 1301 号——审计证据》第十条的规定。

（三）营业收入和营业成本审计程序缺失

被审计单位营业收入本年发生额 60 821.61 万元。DY 所未实施收入的真实性、完整性和截止测试程序；未执行收入实质性分析程序；未编制营业成本的审计底稿。DY 所未就营业收入和营业成本的发生、准确性、完整性和截止认定获取充分、适当的审计证据。

上述行为违反了《中国注册会计师审计准则第 1313 号——分析程序》第五条和《中国注册会计师审计准则第 1301 号——审计证据》第十条的规定。

（四）应交税费未进行复核验证

被审计单位应交税费期末数 2 551.73 万元。DY 所未对本期销项、进项进行验算，也未取得期末纳税申报表进行核对；应交所得税期末余额 2 536.58万元，DY 所审计底稿显示本年应交所得税余额为 19.81 万元，两者差异较大，DY 所未关注差异原因，未执行进一步审计程序对税费的准确性获取充分适当的证据。

上述行为违反了《中国注册会计师审计准则第 1301 号——审计证据》第十条和《中国注册会计师审计准则第 1313 号——分析程序》第五条的规定。

二、DY 所出具的 GS 控股集团有限公司 2020 年度标准无保留意见财务报表审计报告（DY 审字〔2021〕第 148 号），签字注册会计师为李某、

高某，审计收费 2.00 万元，存在质量问题

（一）财务报告编制基础适用不恰当

本审计单位为企业集团母公司，却采用《小企业会计准则》，财务报表编制基础不恰当。DY 所未检查该公司财务报表是否按照适用的财务报告编制基础编制。

上述行为违反了《中国注册会计师审计准则第 1501 号——对财务报表形成审计意见和出具审计报告》第十三条的规定。

（二）存货未实施监盘程序，未对本期发生额进行分析

被审计单位存货期末金额 26 253.64 万元，占期末资产总额的 38.27%。DY 所未对存货实施监盘程序。

上述行为违反了《中国注册会计师审计准则第 1301 号——审计证据》第十条和《中国注册会计师审计准则第 1311 号——对存货、诉讼和索赔、分部信息等特定项目获取审计证据的具体考虑》第四条的规定。

（三）营业收入和营业成本审计程序不到位

被审计单位本期营业收入 61 343.68 万元，营业成本 60 357.91 万元。DY 所未检查公司的销售收入确认方式、未取得与建设单位签订的主要合同，未按主要合同检查建造项目的合同价格、合同预算成本和合同毛利；未取得各个工程项目收入总额、成本总额和完工进度等数据；未检查合同进度，对跨年度的合同未按照完工百分比法确认合同收入成本和毛利；未就营业收入/成本的发生、准确性、完整性和截止认定获取充分、适当的审计证据。

上述行为违反了《中国注册会计师审计准则第 1301 号——审计证据》第十条和《中国注册会计师审计准则第 1313 号——分析程序》第五条的规定。

（四）未对应收账款回函差异实施进一步检查程序

被审计单位应收账款——BC 房地产开发有限公司的函证金额 398.81 万元，回函金额 230.98 万元，两者差异 167.83 万元。应收账款——JX 房地产开发有限公司函证余额 3 646.63 万元，回函金额 3 577.98 万元，两者

差异68.65万元。DY所未关注并调查回函差异以确定是否表明存在错报。

上述行为违反了《中国注册会计师审计准则第1312号——函证》第二十一条的规定。

（五）长期股权投资遗漏披露子公司

被审计单位对GS贸易有限公司（成立于2005年，注册资本和实收资本都是218万元）持股50.92%，被审计单位实际出资111万元。审计后财务报表未对上述长期股权投资进行正确列报，在报表附注中也未披露该项长期股权投资。

上述行为违反了《中国注册会计师审计准则第1301号——审计证据》第十条和《中国注册会计师审计准则第1501号——对财务报表形成审计意见和出具审计报告》第十五条的规定。

三、DY所出具的HY控股集团有限公司2020年度标准无保留意见财务报表审计报告（DY审字〔2021〕第151号），签字注册会计师为徐某木、李某，审计收费10.00万元，存在质量问题

（一）未对白条抵库情况进行调整，未评价该错报的影响

DY所底稿中记录，被审计单位存在白条抵库金额407.45万元，审定报表中仍然列报在库存现金中，财务报表货币资金项目存在错报，DY所未建议企业调整该错报，也未在审计底稿中记录不调整的原因，未评价该错报对财务报表的影响，管理层声明书后也未附“未更正错报汇总表”。

（二）应收账款、资产减值损失、营业收入存在错报，未评价该错报的影响。

被审计单位应收账款——XXY贸易有限公司1 256.59万元，均为代开安置房发票，账面全额计提了减值准备。该款项为代开发票形成，确认无法收回，经济利益预计无法流入，不能确认为收入，营业收入、应收账款和资产减值损失存在错报。审计未调整该错报，也未在底稿中记录不调整的原因，未评价该错报对审计及财务报表的影响，管理层声明书后未附“未更正错报汇总表”。

上述行为违反了《中国注册会计师审计准则第1251号——评价审计

过程中识别出的错报》第十二条、第十五条、第十六条的规定。

（三）长期股权投资——TN 硅业有限公司成本法核算的判断依据不充分且审计报告附注列报有误

被审计单位长期股权投资——TN 硅业有限公司账面余额 5 000 万元，持股比例 26.37%，DY 所未检查成本法核算依据。若按权益法核算，影响本期利润 -8.58 万元，影响累计利润 -1 571.93 万元。DY 所认为其为实际控股，应作为子公司，则应在附注中披露，但报告附注中依然按照联营企业披露。

上述行为违反了《中国注册会计师审计准则第 1301 号——审计证据》第十条和《中国注册会计师审计准则第 1501 号——对财务报表形成审计意见和出具审计报告》第十五条的规定。

（四）营业收入、期间费用审计程序不到位

营业收入本期发生额 10 557.49 万元。DY 所未检查合同、房屋交付单、相关发票等原始证据，对其真实、准确、完整性未获取充分适当证据；管理费用本期发生额 1 594.79 万元，DY 所未执行实质性分析程序和截止测试。

上述行为违反了《中国注册会计师审计准则第 1301 号——审计证据》第十条、《中国注册会计师审计准则第 1313 号——分析程序》第五条的规定。

四、由中介代理机构承接审计业务并委托 DY 所执行业务

DY 所部分高新年审报告和专项报告系由 CR 科技咨询有限公司委托承接，并与该公司打包签订《审计业务约定书》。DY 所未执行《中华人民共和国注册会计师法》第十六条“注册会计师承办业务，由其所在的会计师事务所统一受理并与委托人签订委托合同。会计师事务所对本所注册会计师依照前款规定承办的业务，承担民事责任。”规定，经会计师事务所统一受理并与委托人签订委托合同，而是由 CR 科技咨询有限公司和被审计单位协议约定审计事项，审计费由被审计单位与 CR 科技咨询有限公司结算，在次年初由 CR 科技咨询有限公司按相关收费标准 60% ~70% 的比

例支付给 DY 所。其中，2019 年涉及有高新年报 32 份（12 家企业）16.34 万元，高新专项报告 26 份（13 家企业）7.52 万元，共收费 23.86 万元；2020 年涉及有高新年报 28 份（10 家企业）12.824 万元，高新专项报告 22 份（11 家企业）7.13 万元，共收费 19.954 万元；2021 年高新年报 11 份 6.95 万元，高新专项报告 4 份 5.5 万元，应收审计费 12.45 万元，截至检查时 2021 年审计费未收取。

上述行为违反了《中国注册会计师审计准则第 1111 号——就审计业务约定条款达成一致意见》第九条和第十条、《会计师事务所执业许可和监督管理办法》（财政部令第 97 号）第六十条第七项的规定，情节严重。

五、注册会计师高某存在允许他人以本人名义执行业务的行为

JS 股份有限公司 2019 年度财务报表审计报告（DY 审字〔2020〕第 228 号）、SX 能源科技有限公司 2020 年度财务报表审计报告（DY 审字〔2020〕第 220 号），签字注册会计师均为李某和高某。其中，高某的签字由李某代签，高某的注册会计师名章由李某保管使用。

上述行为违反了《中华人民共和国注册会计师法》第二十二条第四项和《会计师事务所执业许可和监督管理办法》（财政部令第 97 号）第六十二条第四项的规定，情节严重。

综上行为，DY 所违反了《中华人民共和国注册会计师法》第二十一条第一款、第二十二条第四款、第三十一条、第三十二条以及《会计师事务所执业许可和监督管理办法》（财政部令第 97 号）第六十条第一项、第七项和第六十二条第四项的规定。

根据《中华人民共和国注册会计师法》第三十九条第一款，《会计师事务所执业许可和监督管理办法》（财政部令第 97 号）第六十七条第一款、第二款和第六十八条的规定，合并处罚，ZJ 省财政厅决定给予 DY 所警告、没收违法所得 14.7 万元的行政处罚。

案例来源：

http：//czt.zj.gov.cn/art/2022/9/2/art_1164164_58924983.html。

【案例24】未执行截止测试或执行不到位等问题

案例简介：

2022年4月8日，HN省财政厅发布行政处罚决定书，对YM联合会计师事务所（普通合伙）（以下简称“YM所”）未执行截止测试或执行不到位等问题予以警告，没收违法所得1.2万元，同时责令其进行整改。

案例分析：

一、YM所对×××公司出具的YM审字〔2020〕第1号审计报告

1. 应收票据：未披露明细项目；未实施函证，且未执行替代程序。

2. 所有往来科目：附注中未披露账龄；未进行账龄分析；未实施函证也无替代测试。

3. 长期股权投资：明细项目披露有误；未披露被投资单位明细。

4. 固定资产未检查折旧计提是否准确。

5. 无形资产：未披露明细项目；未对无形资产增加、减少进行检查；未复核无形资产的摊销。

6. 在建工程未披露明细项目。

7. 营业收入无截止测试、分析性复核。

8. 营业成本无截止测试、分析性复核。

9. 税金及附加未披露。

10. 管理费用：未披露；无截止测试。

11. 财务费用：未披露；无截止测试。

12. 营业外收入未披露。

13. 营业外支出未披露。

二、YM所对×××公司出具的YM审字〔2021〕第5号审计报告

1. 所有报表科目：无检查明细表；无上期数。

2. 货币资金：未实施银行存款函证程序，亦未在审计工作底稿中说明不函证的理由；未实施货币资金收支的截止测试。

3. 短期投资未实施函证，未检查短期投资的损益变动。

4. 所有往来科目：无账龄分析；未实施函证也无替代性测试。

5. 短期借款及长期借款未实施函证也未实施替代性测试。

6. 所有损益类科目：无截止测试；无分析性复核程序。

上述行为违反了《中华人民共和国注册会计师法》第二十一条“注册会计师执行审计业务，必须按照执业准则、规则确定的工作程序出具报告。……”、第三十一条“本法第十八条至第二十一条的规定，适用于会计师事务所。”、《会计师事务所执业许可和监督管理办法》（财政部令第97号）第六十条“会计师事务所和注册会计师必须按照执业准则、规则的要求，在实施必要的审计程序后，以经过核实的审计证据为依据，形成审计意见，出具审计报告，不得有下列行为：（一）在未履行必要的审计程序，未获取充分适当的审计证据的情况下出具审计报告；……”、《中国注册会计师审计准则第1301号——审计证据》第十条“注册会计师应当根据具体情况设计和实施恰当的审计程序，以获取充分、适当的审计证据。”、《中国注册会计师审计准则第1312号——函证》[①] 第七条“注册会计师应当对银行存款、借款（包括零余额账户和在本期内注销的账户）及与金融机构往来的其他重要信息实施函证。”、第八条“注册会计师应当对应收账款实施函证，除非有充分证据表明应收账款对财务报表不重要，或函证很可能无效。如果不对应收账款函证，注册会计师应当在工作底稿中说明理由。如果认为函证很可能无效，注册会计师应当实施替代审计程序，获取充分、适当的审计证据。”的规定。

---

① 本案例中，HN省财政厅采用的是2006年版的《中国注册会计师审计准则第1312号——函证》。

根据《中华人民共和国注册会计师法》第三十一条“本法第十八条至第二十一条的规定，适用于会计师事务所。”、第三十九条“会计师事务所违反本法第二十条、第二十一条规定的，由省级以上人民政府财政部门给予警告，没收违法所得，可以并处违法所得1倍以上5倍以下的罚款；情节严重的，并可以由省级以上人民政府财政部门暂停其经营业务或者予以撤销。……”、《会计师事务所执业许可和监督管理办法》（财政部令第97号）第六十七条“会计师事务所违反本办法第六十条第一项至第四项规定的，由省级以上财政部门给予警告，没收违法所得，可以并处违法所得1倍以上5倍以下的罚款；情节严重的，并可以由省级以上财政部门暂停其执业1个月到1年或者吊销执业许可。……”的规定，同时鉴于YM所采取了积极的补救措施，尽力消除不良影响，根据《中华人民共和国行政处罚法》第三十二条“当事人有下列情形之一，应当从轻或者减轻行政处罚：（一）主动消除或者减轻违法行为危害后果的；……”，HN省财政厅对YM所给予警告，没收违法所得1.2万元，同时责令其进行整改。

案例来源：

http：//czt. hunan. gov. cn/czt/xxgk/xzcf/xyxxgs/202204/t20220408_22732180. html。

【案例25】依据相同审计证据出具不同结论的审计报告等问题

案例简介：

2021年10月14日，HN省财政厅发布行政处罚决定书，对GX联合会计师事务所（以下简称“GX所”）对同一委托单位的同一事项，依据相同的审计证据出具不同结论的审计报告等问题予以警告并没收违法所得4.2万元。

案例分析：

一、对同一委托单位的同一事项，依据相同的审计证据出具不同结论的审计报告

GX所于2019年5月31日、7月2日，因不同需要分别对××××公司2018年度的财务报表出具了两份标准无保留意见审计报告（GX审字〔2019〕第040号、第057号，收费金额各5 000.00元），审计基准日均为2018年12月31日，两份审计报告后附合并财务报表数据严重不符，其中资产总额相差2 692 700.00元，负债总额相差6 000.00元，所有者权益总额相差2 686 700.00元。应收账款相差2 686 700.00元，其他应收款相差6 000.00元，其他应付款相差6 000.00元，未分配利润相差2 686 700.00元，营业外支出相差－2 686 700.00元。

二、隐瞒审计中发现的问题，发表不恰当的审计意见

（一）GX所于2019年4月19日对××××公司2017年度的财务报表出具了标准无保留意见审计报告（GX审字〔2019〕第019号，收费金额5 000.00元）。审计基准日2017年12月31日，被审计单位资产总额

17 050 891.73元，确定的重要性水平为156 059.78元。应交税费 -846 707.59元，其中应交增值税 -826 064.71元，应交企业所得税 -37 702.24元，合计 -863 766.95元，未进行重分类调整；所有者权益总额 -10 495 661.37元，负债总额27 546 553.10元，2017年度实现利润 -4 492 586.26元，未分配利润 -15 056 348.70元，经营活动产生的现金流量净额 -174 676.83元，已严重亏损，资不抵债，被审计单位持续经营能力存在重大疑虑，被审计单位未在会计报表附注中披露，审计报告也未进行恰当披露。

（二）GX所于2019年4月28日对××××公司2018年度的财务报表出具了标准无保留意见审计报告（GX审字〔2019〕第027号，收费金额4 000.00元）。审计基准日2018年12月31日，被审计单位资产总额482 314 606.85元，确定的重要性水平为2 416 028.22元。应交税费 -24 826 328.94元，其中应交增值税 -8 108 718.61元，应交企业所得税 -16 719 193.13元，合计金额 -24 827 911.74元，未进行重分类调整；资产总额482 314 606.85元，负债总额522 609 943.41元，2018年度实现净利润 -4 152 946.36元，所有者权益总额 -40 295 336.56元，已严重亏损，资不抵债，被审计单位持续经营能力存在重大疑虑，被审计单位未在会计报表附注中披露，审计报告也未进行恰当披露。

（三）GX所于2019年5月10日对××××公司2018年度的财务报表出具了标准无保留意见审计报告（GX审字〔2019〕第036号，收费金额20 000.00元），审计基准日2018年12月31日，被审计单位资产总额340 727 938.89元，未确定重要性水平。固定资产净值141 256 415.00元（原值141 256 415.00元、累计折旧0元），占资产总额的41.46%，审定表显示全部为房屋建筑物，未取得所有权证明文件，未计提折旧。按照会计报表附注披露的折旧政策，年折旧率4.75%，本年度应计未计折旧6 709 679.71元，也未对以前年度应计未计折旧进行追溯计算，对折旧存在的问题未进行审计调整，也未在审计报告中进行恰当披露；无形资产173 273 338.00元（原值173 273 338.00元、累计摊销0元），占资产总额的50.85%，审定表显示为土地使用权，未取得权属证明文件，未摊销。

按照摊销50年测算，本年度应摊销未摊销3 465 466.76元，未进行审计调整，也未在审计报告中进行恰当披露。

（四）GX所于2019年1月19日对××××公司2018年度的财务报表出具了标准无保留意见审计报告（GX审字〔2019〕第001号，收费金额3 000.00元）。审计基准日2018年12月31日，被审计单位资产总额36 199 072.26元，确定的重要性水平为38 179.06元。应付账款重分类调整至应收账款7 171 245.47元，应收账款重分类调整至应付账款2 132 700.00元，重分类调整科目错误；利润总额763 581.30元，依据会计报表附注披露所得税税率为25%，应计提所得税费用190 895.33元，当期已计提98 645.49元，少计提所得税费用92 249.84元；其他应收款——范××120 000.00元，其他应付款——范××109 814.40元，同一客户重复挂账，未进行审计调整。

上述行为违反了《会计师事务所执业许可和监督管理办法》（财政部令第97号）第六十条“会计师事务所和注册会计师必须按照执业准则、规则的要求，在实施必要的审计程序后，以经过核实的审计证据为依据，形成审计意见，不得有下列行为：……（二）对同一委托单位的同一事项，依据相同的审计证据出具不同结论的审计报告；（三）隐瞒审计中发现的问题，发表不恰当的审计意见；……”的规定，已构成违法。

根据《会计师事务所执业许可和监督管理办法》（财政部令第97号）第六十七条“会计师事务所违反本办法第六十条第一项至第四项规定的，由省级以上财政部门给予警告，没收违法所得，可以并处违法所得1倍以上5倍以下的罚款；情节严重的，并可以由省级以上财政部门暂停其执业1个月到1年或者吊销执业许可。……”的规定，HN省财政厅决定对GX所责令改正，并做出如下行政处罚：（1）给予警告；（2）没收违法所得42 000元。

案例来源：

https：//czt. henan. gov. cn/2021/10 - 14/2326709. html。

【案例 26】从不同来源或不同性质获取的证据不一致未追加审计程序等问题

案例简介：

2021 年 9 月 22 日，SD 省财政厅发布行政处罚决定书，对 DC 会计师事务所（普通合伙）（以下简称“DC 所”）从不同来源获取的证据或获取的不同性质的证据不一致，未追加必要的程序予以解决，出具了不恰当的审计结论等问题予以警告，并没收违法所得 12 万元。

案例分析：

一、从不同来源获取的证据或获取的不同性质的证据不一致，未追加必要的程序予以解决，出具了不恰当的审计结论

某县 DH 房地产投资有限公司账面记载，截至 2019 年 9 月 6 日，某县 DH 房地产投资有限公司将 4 920 000. 00 元资金支付给 DH 国际大酒店有限责任公司，相关记账凭证后附银行回单显示，上述资金是从某县财政局国库集中支付中心拨付给 DH 房地产投资有限公司 5 000 000. 00 元“兑现 DH 项目有关优惠政策资金”中支付的，但审计档案资料中未附相关的政府拨款及申请政策优惠资金等文件依据。另据 DH 国际大酒店有限责任公司 2020 年 7 月 29 日出具的“有关某县 DH 国际建设项目税金奖励的说明”，指明上述 5 000 000. 00 元资金是其依据《DH 宾馆及商住楼建设项目投资合同书》向县委县政府申请的税金奖励返还款，款项汇入 DH 房地产投资有限公司账户。DC 所在未对上述证据取证的基础上，在审计报告中审计结果第 5 页“3. 优惠政策款及税务返还手续费”部分出具了“DH 房地产投资有限公司于 2016 年 7 月 25 日之后收到的优惠政策款 5 000 000. 00 元……

已用于支付陈某武应承担债务 3 003 268. 80 元”的审计结论。

上述行为不符合《中国注册会计师鉴证业务基本准则》第三十四条“如果针对某项认定从不同来源获取的证据或获取的不同性质的证据能够相互印证，与该项认定相关的证据通常具有更强的说服力。如果从不同来源获取的证据或获取的不同性质的证据不一致，可能表明某项证据不可靠，注册会计师应当追加必要的程序予以解决。”的相关规定。

二、审计报告未对有关事项予以披露

对 DC 所审计报告档案资料的检查发现，DH 房地产投资有限公司 2015 年 9 月 30 日记第 33 号凭证，附“投资款”收据两张，分别是 2015 年 3 月 19 日 DH 房地产投资有限公司开具收到的陈某武投资款 7 200 000. 00元（小写金额“720 万元”，大写金额柒佰贰拾元整）、2015 年 3 月 19 日 DH 房地产投资有限公司开具收到的卢某元投资款 5 600 000. 00元（小写金额“560 万元”，大写金额伍佰陆拾元整）。两张收据的大、小写金额不一致，并且卢某元的投资款错记为傅某强的投资款。审计报告未将上述情况予以披露。

上述行为不符合《中国注册会计师鉴证业务基本准则》第三十一条“鉴证业务通常不涉及鉴定文件记录的真伪，注册会计师也不是鉴定文件记录真伪的专家，但应当考虑用作证据的信息的可靠性，包括考虑与信息生成和维护相关的控制的有效性。如果在执行业务过程中识别出的情况使其认为文件记录可能是伪造的或文件记录中的某些条款已发生变动，注册会计师应当做出进一步调查，包括直接向第三方询证，或考虑利用专家的工作，以评价文件记录的真伪。”的相关规定。

上述行为一和二违反了《中华人民共和国注册会计师法》第二十一条“注册会计师执行审计业务，必须按照执业准则、规则确定的工作程序出具报告。……”和《会计师事务所执业许可和监督管理办法》（财政部令第 97 号）第六十条“会计师事务所和注册会计师必须按照执业准则、规则的要求，在实施必要的审计程序后，以经过核实的审计证据为依据，形成审计意见，出具审计报告，不得有下列行为：（一）在未履行必要的审计程序，未获取充分适当的审计证据的情况下出具审计报告；……”的相关规定。

依据《中华人民共和国注册会计师法》第三十九条“会计师事务所违反本法第二十条、第二十一条规定的，由省级以上人民政府财政部门给予警告，没收违法所得，可以并处违法所得 1 倍以上 5 倍以下的罚款；……”和《会计师事务所执业许可和监督管理办法》（财政部令第 97 号）第六十七条“会计师事务所违反本办法第六十条第一项至第四项规定的，由省级以上财政部门给予警告，没收违法所得，可以并处违法所得 1 倍以上 5 倍以下的罚款；……”的相关规定，SD 省财政厅决定对 DC 所做出警告的行政处罚，并没收违法所得 120 000 元。

案例来源：

http：//czt. shandong. gov. cn/art/2021/9/22/art_228610_10294063. html。

【案例27】多项审计程序执行不到位、证据获取不充分等问题

案例简介：

2021年7月5日，CQ市财政局发布行政处罚决定书，对HD会计师事务所（普通合伙）（以下简称“HD所”）财务报表审计程序执行不到位、审计证据获取不充分等问题予以警告、没收违法所得2.9万元。

案例分析：

一、未履行必要审计程序，未收集适当审计证据，编制不实工作底稿，部分重要审计科目的审计结论可能影响审计报告使用结果

（一）关于HD所出具的JM暖通设备开发有限公司（以下简称“JM暖通”）2017年度财务报表审计（HD审字〔2020〕第051602号）、2018年度财务报表审计（HD审字〔2020〕第051702号）、2019年度财务报表审计（HD审字〔2020〕第051801号）三年审计报告。

1. 工作底稿中相关人员签字不实。

三年审计底稿中的现金盘点表上出纳签字为“李某”，经延伸检查JM暖通公司，上述现金盘点表签字并非李某本人。2019年审计底稿中的固定资产盘点表上的企业盘点人签字为“田某”，经延伸检查JM暖通公司，上述固定资产盘点表签字并非田某本人。经核查，上述签字均为HD所人员代签。

2. 三年审计工作底稿中的现金盘点表相互矛盾。

三年审计工作底稿中均有现金盘点表，盘点表编制日期均为2020年4月18日，反映现场检查日期也均为2020年3月30日（早于各年审计计划中的记录现场起始日2020年4月10日和《业务合作协议》签约日期2020

年 4 月 2 日)，并均记录为“于 2020 年 3 月 30 日上午 9:00 对企业现金进行盘点，并查看截至 2020 年 3 月 30 日的现金日记账，进行倒推测算”。但各年盘点表中记录的实盘现金金额不一致（2017 年底稿 42 909.60 元，2018 年底稿 33 809.60 元，2019 年底稿 42 997 元）。2017 年、2018 年现金盘点表中，将实盘现金倒轧至财务报表日金额余额时“报表日至审计日库存现金付出总额”“报表日到审计日库存现金收入总额”（金额均不到 8 万元）远远小于被审计单位盖章的 2018 年、2019 年《余额表》中“本年累计发生额”（分别为 200.00 万元以上）。

3. 审计程序和证据严重缺失，可能影响审计结论。

研发费用的审计调整未见任何支撑性证据，未关注对审计意见的可能影响，未履行注册会计师的勤勉尽责。对研发费用（2017—2019 年发生额分别为 56.85 万元、111.28 万元、108.71 万元）的审定，系注册会计师从当年的主营业务成本、管理费用科目根据《自主研发“研发支出”辅助账（样式)》作审计调整而形成，审计调整未见任何适当证据：未收集各年研发项目的立项资料；各年的底稿中均有《研发费用检查表》（后均未附凭证复印件等资料）并记录有其检查的凭证的具体日期、凭证号、内容、借方金额，但“明细项目”“对方科目”空白，记录的检查研发费用合计金额均大于当年研发费用审定数，如：2017 年项目该检查表中“借方金额”183.40 万元，远大于当年的审定金额 56.85 万元。且 2018 年、2019 年项目该表格记录的凭证日期均为 2017 年的日期。同时，合计金额均大于当年研发费用审定数；未检查人工费用的分摊情况（如是否为研发岗位人员、劳动合同签订及工资情况等)；未检查各年具体领用材料种类、数量，原始凭证、记账凭证是否记录有具体科研项目名称等；未关注各年的研发项目是否已完工，是否已形成了相关科研成果，如：2017 年“槽盒冷轧机的研发”，在 2018 年、2019 年均无此项目，但未检查该研发项目是否已完工或研发失败而不再研发。

对营业成本（2017—2019 年发生额分别为 946.90 万元、1 734.16 万元、1 744.31 万元）的审计程序严重不足。除编制审定表、分月毛利率分析表、复印凭证或凭证检查外，未执行其他任何程序。其中复印凭证或凭证检查，2019 年只复印了 1 笔原材料转生产成本的凭证（金额 308.16 万元）；2018 年凭证检查 5 笔（金额约 1 000 万元，无相关支持证据）、复印 1 笔原材料转生产成本凭证（金额 138.65 万元）；2017 年凭证检查 2 笔（金额约 170 万元，无相关支持证据）。

4. 未获取充分、适当的审计证据以确认会计信息的真实、完整。

对货币资金（2017—2019 年各年末余额分别为 80.52 万元、181.69 万元、53.16 万元，分别占当年年末资产总额的 5.53%、10.25%、2.93%）的审定，三年均未收集银行开户清单；未对 2017 年、2018 年所有银行存款及其他货币资金、2019 年部分银行存款（金额 44.22 万元）实施函证且未说明原因；未对函证过程保持控制；未关注民生银行账户存款余额 88.15 万元。

对应收账款（2017—2019 年各年末余额分别为 481.93 万元、857.25 万元、1 233.31 万元，分别占当年年末资产总额 33.07%、48.35%、68.06%）的审定，未对 2017 年、2018 年的所有余额、2019 年部分余额（金额 319.12 万元）实施函证且未说明原因；未对函证过程保持控制；均未关注各年度的减值情况。

对其他应收款（2017—2019 年各年末余额分别为 707.70 万元、558.16 万元、376.48 万元，分别占当年年末资产总额的 48.56%、31.48%、20.78%）的审定，未对函证过程保持控制，未关注各年度的减值情况。

对预付账款（2017—2019 年各年末余额分别为 441.12 万元、31.89 万元、16.05 万元，分别占当年年末资产总额的 2.82%、1.8%、0.88%）的审定，对 2017 年、2018 年余额除编制程序表、审定表、明细表、凭证检查外，未执行其他审计程序；未对 2019 年的函证过程保持控制；对未回函金额执行替代测试时，未收集相关支持性证据。

对存货（2017—2019 年各年末余额分别为 47.44 万元、76.12 万元、106.90 万元，分别占当年年末资产总额的 3.26%、4.29%、5.90%）的审定，对 2017 年、2018 年余额除编制程序表、审定表、明细表、凭证检查、收集盘点表（无任何人签名）外，未执行其他审计程序；对 2019 年余额除编制程序表、审定表、明细表、凭证检查、收集盘点表（无任何人签名）、存货抽盘表（无相关人员签名）外，未执行其他审计程序；未关注 2019 年年末盘点表列示的期初数余额 174.12 万元与 2018 年审定数 76.12 万元不一致的情况且未执行进一步审计程序。

对固定资产（2017—2019 年各年末余额分别为 38.61 万元、38.07 万元、26.08 万元，分别占当年年末资产总额的 2.65%、2.15%、1.44%）的审定，未收集被审计单位各年末盘点表；未检查 2018 年度固定资产增加情况（仅在 2018 年原值有增加）；对收集的运输车辆行驶证 7 份与《固定资产盘点检查情况表》记录的 6 台车不一致的情况，未予以关注并执行进一步审计程序。

对应付票据（2017—2019 年各年末余额分别为 100 万元、100 万元、0 万元，分别占当年年末资产总额的 6.86%、5.64%、0）的审定，除编制程序表、审定表、凭证检查外，未执行其他审计程序。

对应付账款（2017—2019 年各年末余额分别为 316.91 万元、557.73 万元、427.59 万元，分别占当年年末资产总额的 21.75%、31.45%、23.6%）的审定，2019 年对部分款项（金额约 240 万元）进行函证，未对函证过程保持控制，也未结合检查采购合同以证实其余额的真实性。

对预收账款（2017—2019 年各年末余额分别为 58.32 万元、52.15 万元、81.17 万元，分别占当年末资产总额的 4.00%、2.94%、4.48%）的审定，对 2017 年、2018 年年末余额除编制程序表、审定表、明细表、凭证检查外，未执行其他审计程序；未对 2019 年的函证过程保持控制；对未回函金额执行替代测试时，未收集相关支持性证据。

对营业收入（2017—2019 年各年发生额分别为 1 080.11 万元、2 099.88万元、2 078.52 万元）的审定，未检查收入确认、计量的会计政策；未分析前几大销售客户收入情况，未检查前几大客户的销售合同，未检查各类设备安装调试合格的证明资料等，以证实营业收入的真实性；未检查相关业务台账（如合同台账）等以证实营业收入的完整性。

对财务费用（2017—2019 年各年发生额分别为 0.04 万元、0.07 万元、10.20 万元）的审定，2017 年、2018 年财务费用主要为银行手续费，2019 年财务费用主要为利息支出 10.05 万元，未结合借款合同测试该利息支出金额的正确性。

对所得税费用（2017—2019 年各年发生额分别为 1.06 万元、3.26 万元、2.06 万元，均为当期所得税）的审定，对申报表中"应纳税额"（2017 年申报表不完整、2018 年 7.07 万元、2019 年 6.34 万元）与审定金额不一致，未予以关注；对所得税费用测算差异未调整，也未说明不予以调整的理由。

（二）关于 HD 所出具的 ZYLL 环境科技有限公司（以下简称"ZYLL"）2017 年财务报表审计（HD 审字〔2020〕第 051303 号）、2018 年度财务报表审计（HD 审字〔2020〕第 051401 号）、2019 年度财务报表审计（HD 审字〔2020〕第 051501 号）三年审计报告。

1. 三年审计工作底稿中的现金盘点表、存货抽查表、工程物资盘点抽查表分别存在基础数据相互矛盾，生产成本检查表与资产负债表、利润表的数据不一致，无法判断工作报告及底稿数据真实性等问题。

现金盘点表的真实性存疑。三年审计工作底稿中均有现金盘点表，表上注明的盘点日期均为 2020 年 4 月 13 日上午 9∶00，系同一次现金盘点工作记录，但三张盘点表中库存现金实盘数不一致，其中 2017 年表中的库存现金盘点数为 3.12 万元，2018 年表中的库存现金盘点数为 4.71 万元，2019 年表中的库存现金盘点数为 2.49 万元。

存货抽盘表异常。三年审计工作底稿中均有存货抽查表，表中注明的盘点日期均为 2020 年 4 月 10 日，系同一次抽盘工作记录，但三张盘点表的抽盘明细存在差异，并且虽然审计截止日不相同，但同一存货项目盘点前付出量和盘点前收入量、实存量完全相同。

工程物资盘点抽查表异常。三年审计工作底稿中均有工程物资盘点抽查表，但表中未注明盘点时间、盘点地点，企业盘点人和监盘人均未签字。不同表中的实盘数量分别为438、1 453、6 315，不符合同时审计三年的实际情况；每张表中的实盘数量和结存数量完全相同，每张表中的报表日至盘点日增加、报表日至盘点日减少的金额完全相同，并且同一材料在2017年、2018年、2019年的报表日至盘点日增加和减少的金额呈现逐年增加趋势（比如焊机，2017年为13、2018年为73、2019年为589），和2017年、2018年、2019年的报表日至盘点日之间的时间段应逐年缩短的情况相悖。

2. 未获取充分、适当的审计证据以确认会计信息的真实、完整。

对营业收入、营业成本（2017—2019年各年营业收入发生额分别为2 004. 23万元、3 042. 69万元、3 855. 47万元，营业成本发生额分别为1 339. 44万元、2 081. 12万元、2 722. 36万元）的审定，未检查收入确认、计量的会计政策；毛利分析表中，未与上年度的毛利率情况进行分析对比，分析程序执行不到位；未见关于营业成本的凭证抽查记录，未对营业成本进行计价测试；未关注审计期间收入和成本的匹配性，未执行相应的审计程序以确认成本结转的准确性。

注册会计师未审核与业务交易相关的合同等资料，审计工作底稿未见被审计单位业务收入所涉及的发票、收款、货物收发等业务流程的审计工作记录和相关审计证据，关于业务收入真实性的审计证据不充分。被审计单位各年收入呈明显的上升趋势，但各年利润波动幅度很大（2017年营业收入2 004. 23万元、净利润80. 98万元，2018年营业收入3 042. 69万元、净利润670. 08万元，2019年营业收入3 855. 47万元、净利润59. 37万元），注册会计师未关注以上情况，且未执行必要的审计程序明确该情况发生的原因。

营业收入、营业成本、销售费用、管理费用等科目均未执行截止测试程序。

对货币资金（2017—2019年各年末余额分别为22. 49万元、754. 11万元、124. 72万元，分别占当年年末资产总额的0. 82%、17. 87%、2. 60%）的审定，未收集开户银行清单；仅对两个银行存款账户2019年的余额

（共计约 113 万元）执行了函证程序且未对函证过程保持控制。在两份银行函证中，A 银行回函为账户信息不符，回函金额也存在差异，注册会计师未执行进一步审计程序；对其他银行存款未实施函证且未说明原因；2018 年银行存款中有 B 银行定期存单 700 万元（占当年货币资金的 92.82%），银行业务核算签章的时间为 2018 年 11 月 6 日，账户种类注明为结构性存款，期限为 181 天，注册会计师除收集存单复印件外（在审计现场工作时早应到期），未执行函证、抽查存单到期计算本金及利息的相关证明资料等程序，以获得在审计截止日 2018 年 12 月 31 日存款真实存在的充分证据；对银行未达账款项金额（2018 年调整了 7.95 万元）未收集或编制银行存款余额调节表；未关注被审计单位现金支付的大额往来交易（如收某建筑工程有限公司工程款 75.00 万元）的现金科目核算异常情况，并执行进一步的审计程序；无银行存款截止测试。

对应收账款（2017—2019 年各年末余额分别为 597.45 万元、502.88 万元、743.26 万元，分别占当年年末资产总额的 21.80%、11.92%、15.57%）的审定，应收账款明细表只有余额，无增减变动额，账龄缺乏充分适当的判断依据；仅对 2019 年的 5 户应收账款 436.74 万元进行了函证（占 2019 年应收账款余额的 58.8%），回函两户，金额共计 92.97 万元（占 2019 年应收账款余额的 12.5%），且未对函证过程保持控制。

对其他应收款（2017—2019 年各年末余额分别为 200.12 万元、600.32 万元、1 108.08 万元，分别占当年年末资产总额的 7.30%、14.23%、23.21%）的审定，其他应收款明细表只有余额，没有增减变动额，账龄缺乏充分适当的判断依据；仅对 2019 年的 4 户其他应收款进行了函证，发函金额 719.15 万元（其中法定代表人吴某林 320.29 万元），占 2019 年其他应收款余额的 64.9%，底稿中未见相关发函或回函的过程记录，未对函证过程保持控制。

对存货（2017—2019 年各年末余额分别为 10.28 万元、44.98 万元、59.89 万元，分别占当年年末资产总额的 0.38%、1.07%、1.25%）的审定，审计工作底稿除仅见相互矛盾的存货抽盘表与列示各月发生数的生产成本检查表（2017 年合计数 521.38 万元、期末余额 971.41 万元，2018 年合计数 1 756.71 万元、期末余额 1 795.26 万元，2019 年合计数 4 042.08 万元、期末余额 4 208.11 万元，均无法与资产负债表、利润表的相关数据对应）、一般性凭证抽查记录外，未见执行其他必要审计程序（如存货发出计价测试、存货采购截止测试等）以取得充分适当的审计证据。

对长期股权投资（2017—2019 年各年末余额分别为 430.00 万元、430.00 万元、430.00 万元，分别占当年年末资产总额的 15.69%、10.19%、9.01%）的审定，被投资单位分别为：YB 环境工程有限责任公司（投资金额 300 万元）、HN 职业培训学校（投资金额 30 万元）、HS 建筑环境与能源应用研究院（投资金额 100 万元），注册会计师未关注被审计单位未将以上三个全资子公司纳入合并会计报表的情况，并执行进一步的审计程序；除收集子公司章程以外，未执行其他审计程序，未收集子公司的财务报表，未关注是否存在投资减值；未关注 YB 环境工程有限责任公司章程中的股东姓名为“ZYLL 节能科技有限公司”与被审计单位名称不一致的情况，未执行进一步的审计程序。

对固定资产（2017—2019 年各年末余额分别为 1 266.81 万元、1 359.90万元、1 281.81 万元，分别占当年年末资产总额的 46.22%、32.23%、26.85%）的审定，未编制固定资产盘点计划和盘点小结，未统计固定资产盘点比例，未见盘点时间和盘点地点记录。

对工程物资（2017—2019 年各年末余额分别为 38.56 万元、166.03 万元、472.14 万元，分别占当年年末资产总额的 1.41%、3.93%、9.89%）的审定，根据凭证抽查记录，该项目实际反映的是工程施工科目的核算情况，除工程物资盘点检查情况表（实际是工程施工中的材料费）和一般性的凭证抽查记录以外，未执行其他审计程序。

对无形资产（2017—2019 年各年末余额分别为 169.95 万元、148.92 万元、214.98 万元，分别占当年年末资产总额的 6.20%、3.53%、4.50%）的审定，2017 年入账的无形资产系自行研发并申报的 6 项软件著作权和 1 项实用新型专利，软件著作权的授权日期均为 2016 年，实用新型专利的授权日期为2017年3月，审计工作底稿中未见专利证书，注册会计师仅收集了相关软件著作权登记证书，并记录为“自行研发的系统前期作费用化支出处理，于2017年转入无形资产”。2019年入账的无形资产系自行研发并申报的3项软件著作权，软件著作权的授权日期均为2019年。审计底稿中未见专利证书，注册会计师仅收集了相关软件著作权登记证书。对2017年、2019年转入无形资产核算的相关费用内容是否和研发相关，发生时间等是否符合《企业会计准则》关于研发费用资本化的相关规定，均未执行有效的审计程序予以核实；三年审计工作底稿中，凭证抽查记录中均记录同一凭证，是2017年12月将2017年当期的研发支出转入无形资产科目的入账凭证。对研发支出审计调整依据不充分，研发支出均是审计人员从当年的主营业务成本、管理费用科目根据《研究开发费用结构明细表》进行审计调整而形成，并且在当期转为无形资产——专利技术的账面值；研发支出主要为发放的人员工资，但审计人员未核实具体人员及其岗位情况（是否为科研岗位）、劳动合同签订、工资情况等，调整依据不充分；同时，审计人员也未根据《企业会计准则第6号——无形资产》的规定，关注被审计单位区分研究阶段支出与开发阶段支出的标准，对当期转为无形资产——专利技术账面值的研发支出的合理性和相关性进行核实。

对短期借款（2017—2019年各年末余额分别为0万元、500.00万元、500.00万元，分别占当年年末资产总额的0、11.85%、10.48%）的审定，三年审计皆未实施函证且未说明理由。

对应付账款（2017—2019年各年末余额分别为47.81万元、502.76万元、463.59万元，分别占当年年末资产总额的1.74%、11.91%、9.71%）的审定，应付账款明细表只有余额，没有增减变动额，账龄缺乏充分适当的判断依据；未通过函证或结合检查采购合同的方式验证2017年、2018年应付账款余额的真实性；2019年函证应付账款4户、金额126.81万元（占2019年年末余额的27.35%），未对函证过程保持控制，且未对皆未回函的4户实施替代程序。

对应付职工薪酬（2017—2019年各年末余额分别为70万元、68.11万元、150 万元，分别占当年年末资产总额的 2.6%、1.6% 和 3.1%）的审定，审计底稿仅见明细表和一般性的凭证抽查记录，未执行其他审计程序（如查看被审计单位部门设置情况和相应的员工人数，查看工资单情况等）。

对应交税费（2017—2019 年各年末余额分别为 18.20 万元、12.71 万元、12.28 万元，分别占当年年末资产总额的 0.7%、0.3% 和 0.02%）的审定，注册会计师未关注 2018 年度、2019 年度企业所得税汇算清缴资料中的利润总额和利润表中的利润总额存在差异，且未执行进一步的审计程序。

对实收资本（2017—2019 年各年末余额分别为 2 022.99 万元、2 022.99万元、2 022.99 万元，分别占当年年末资产总额的 73.81%、47.94%、42.38%）的审定，公司名称变更登记的相关底稿不完整，底稿中未反映公司注册时名称为“ZH 节能科技有限公司”，后变更登记为“ZYLL 节能科技有限公司”，现用名称“ZYLL 环境科技有限公司”的变更登记情况；审计工作底稿中有关股东出资材料不正确，收集的股东李某宏（投资 1 522.99 万元）的出资依据为某资产评估土地房地产估价有限公司于 2016 年 3 月 3 日出具的《××区××路 13 号××楼 2 单元 1-1、1-2、1-3 的商服用房地产抵押估价报告》，而非变更登记时点的相应出资资产价值评估报告。

3. 报表项目使用不恰当。资产负债表中的“工程物资”项目实际反映的是工程施工科目的核算情况，未根据业务性质在资产负债表的“存货”项目中反映。

二、违法所得

上述行为所涉及的违法所得共计 2.9 万元，分别是为 JM 暖通公司出具的 HD 审字〔2020〕第 051602 号、HD 审字〔2020〕第 051702 号、HD 审字〔2020〕第 051801 号三年审计报告收费 0.9 万元；为 ZYLL 公司出具的 HD 审字〔2020〕第 051303 号、HD 审字〔2020〕第 051401 号、HD 审字〔2020〕第 051501 号三年审计报告收费 2 万元。

上述行为违反了《会计师事务所执业许可和监督管理办法》（财政部令第 97 号）第六十条，《中华人民共和国会计法》第二十一条，《企业财务会计报告条例》第三十一条，《中国注册会计师鉴证业务基本准则》第二十五条、第二十八条、第三十三条、第四十七条、第四十九条，《中国注册会计师审计准则第 1101 号——注册会计师的总体目标和审计工作的基本要求》第三十条，《中国注册会计师审计准则第 1121 号——对财务报表审计实施的质量控制》第三十条，《中国注册会计师审计准则第 1131 号——审计工作底稿》第三条，《中国注册会计师审计准则第 1141 号——财务报表审计中与舞弊相关的责任》第二十七条，《注册会计师审计准则第 1211 号——通过了解被审计单位及其环境识别和评估重大错报风险》第八条、第十五条、第二十九、第三十五条，《中国注册会计师审计准则第 1301 号——审计证据》第九条、第十条、第十一条，《中国注册会计师审计准则第 1312 号——函证》第十二条、第十三条、第十四条等的规定。

根据《会计师事务所执业许可和监督管理办法》（财政部令第 97 号）第六十七条的规定，CQ 市财政局决定给予 HD 所警告、没收违法所得 2.9 万元的行政处罚。

案例来源：

https：//czj. cq. gov. cn/zwgk_268/fdzdgknr/cfqz/xzcfjg/202107/t20210713_9470912. html。

【案例 28】未实施函证程序也未说明理由等问题

案例简介：

2021 年 9 月 9 日，SZ 市财政局发布行政处罚决定书，对 AH 会计师事务所（普通合伙）（以下简称“AH 所”）因未实施函证程序也未说明理由等问题予以警告。

案例分析：

（一）AH 所受托对××有限公司 2018 年度财务报表进行审计，于 2019 年 5 月 17 日出具了“AH 审字〔2019〕第 228 号”无保留意见审计报告，签字注册会计师为余某定、查某军。检查发现，AH 所及签字注册会计师对银行存款、交易性金融资产进行审计时，未实施函证程序，也未在审计工作底稿中说明不函证的理由；对其他应付款进行审计时，未获取珠海××有限公司其他应付款询证函回函，也未实施替代审计程序，未获取充分、适当的审计证据；对长期股权投资进行审计时，仅编制了审定表，未履行必要的审计程序，未获取投资协议、被投资单位章程、验资报告或股东承诺函等充分、适当的审计证据；对存货进行审计时，仅编制了审定表，未实施监盘、抽盘程序，也未实施替代审计程序，未获取有关存货的存在和状况的充分、适当的审计证据；对销售收入、销售成本进行审计时，未执行截止测试程序和分析性复核程序，未对当期发生额的完整性进行验证，未获取充分、适当的审计证据。

（二）AH 所受托对某市××科技有限公司 2018 年度财务报表进行审计，于 2019 年 7 月 11 日出具了“AH 审字〔2019〕第 325 号”无保留意见审计报告，签字注册会计师为赖某先、查某军。检查发现，AH 所及签字注册会计师对银行存款进行审计时，未实施函证程序，也未在审计工作底稿中说明不函证的理由；对短期借款进行审计时，未实施函证程序，也未在审计工作底稿中说明不函证的理由；对应收账款、应付账款进行审计时，未对金额重大的往来款实施函证程序，未在审计工作底稿中说明不函证的理由，也未实施替代审计程序，未获取充分、适当的审计证据；对存货进行审计时，仅编制了审定表，未实施监盘、抽盘程序，也未实施替代审计程序，未获取有关存货的存在和状况的充分、适当的审计证据。

（三）AH 所受托对××有限公司 2019 年度财务报表进行审计，于 2020 年 6 月 4 日出具了“AH 审字〔2020〕第 337 号”无保留意见审计报告，签字会计师为赖某先、余某定。检查发现，AH 所及签字注册会计师对应收账款进行审计时，未对金额重大的应收账款实施函证程序，未在审计工作底稿中说明不函证的理由，也未实施替代审计程序，未获取充分、适当的审计证据；对固定资产审计时，未获取相关权属证明文件，未实施监盘、抽盘程序，未获取盘点表，未对固定资产折旧进行测算，也未实施替代审计程序。对销售收入、主营业务成本进行审计时，未执行截止测试程序和分析性复核程序，未对当期发生额的完整性进行验证，未获取充分、适当的审计证据。

（四）AH 所受托对×××有限公司 2019 年度财务报表进行审计，于 2020 年 6 月 9 日出具了“AH 审字〔2020〕第 367 号”无保留意见审计报告，签字注册会计师为赖某先、余某定。检查发现，AH 所及签字注册会计师对银行存款进行审计时，仅对 1 个银行账户实施函证程序，未对其他银行账户实施函证程序，也未在审计工作底稿中说明不函证的理由；对短期借款进行审计时，未实施函证程序，也未在审计工作底稿中说明不函证的理由；对应收账款、预付账款、其他应收款进行审计时，未对金额重大的往来款实施函证程序，也未在审计工作底稿中说明不函证的理由，执行替代测试程序获得的证据不充分；对应收票据、应付票据进行审计时，仅编制了审定表，未获取实质性审计证据；对存货进行审计时，仅编制了审定表，未实施监盘、抽盘程序，也未实施替代审计程序，未获取有关存货的存在和状况的充分、适当的审计证据。

上述行为不符合《中国注册会计师审计准则第 1131 号——审计工作底稿》第八条，《中国注册会计师审计准则第 1301 号——审计证据》第九条、第十条、第十一条，《中国注册会计师审计准则第 1311 号——对存货、诉讼和索赔、分部信息等特定项目获取审计证据的具体考虑》第四条、第七条，《中国注册会计师审计准则第 1312 号——函证》第十二条、第十三条的规定。

《SZ 经济特区注册会计师条例》第六十二条规定，本条例第五十一条第一款、第五十二条、第五十四条、第五十七条第一款的有关规定，适用于会计师事务所。AH 所没有勤勉尽责，未按照执业准则规定的工作程序出具审计报告，违反了《SZ 经济特区注册会计师条例》第五十七条第一款的规定。

根据《SZ 经济特区注册会计师条例》第八十五条的规定，SZ 市财政局决定对 AH 所处以警告的行政处罚。

案例来源：

https：//www. szicpa. org/jgxx/3102. jhtml。

【案例 29】未实施函证程序和截止测试等问题

案例简介：

2022 年 12 月 5 日，ZJ 省财政厅发布行政处罚决定书，对 ZD 会计师事务所（普通合伙）（以下简称“ZD 所”）因存在未实施函证程序和截止测试等执业质量问题，给予暂停执业 6 个月、没收违法所得 6.9 万元的行政处罚。

案例分析：

一、ZD 所出具的无保留意见《某胶带有限公司 2019 年度财务报表审计报告》（ZD 审字〔2020〕第 024 号，报告日期 2020 年 5 月 11 日，签字注册会计师龚某华、姚某初，审计收费 1.50 万元），存在执业质量问题

（一）货币资金余额 626.63 万元，占资产总额的 3.54%，其中银行存款 1.61 万元，其他货币资金 24.00 万元。ZD 所未对银行存款和其他货币资金实施函证程序，也未说明不予函证的理由。

上述行为违反了《中国注册会计师审计准则第 1312 号——函证》第十二条和《中国注册会计师审计准则第 1301 号——审计证据》第十条的规定。

（二）应收账款余额 1 905.14 万元，占资产总额的 10.75%；预付账款余额 698.71 万元，占资产总额的 3.94%；其他应收款余额 1 312.69 万元，占资产总额的 7.41%。ZD 所未对上述往来款实施函证或替代测试程序。

上述行为违反了《中国注册会计师审计准则第 1312 号——函证》第十三条和《中国注册会计师审计准则第 1301 号——审计证据》第十条的

规定。

（三）存货余额 2 526.78 万元，占资产总额的 14.26%。其中，原材料 31.06 万元，生产成本 49.99 万元，库存商品 2 445.73 万元。ZD 所未实施计价测试程序，未实施监盘程序，未实施截止测试。

上述行为违反了《中国注册会计师审计准则第 1311 号——对存货、诉讼和索赔、分部信息等特定项目获取审计证据的具体考虑》第四条和《中国注册会计师审计准则第 1301 号——审计证据》第十条的规定。

（四）固定资产期末净值 4 841.09 万元，占资产总额的 27.32%。ZD 所未检查固定资产的所有权，未检查固定资产的租赁、抵押、担保及保险情况。

上述行为违反了《中国注册会计师审计准则第 1301 号——审计证据》第十条的规定。

（五）短期借款余额 5 365.00 万元，占资产总额的 30.27%。ZD 所未获取借款合同，未执行函证程序，也未在审计工作底稿中说明不予函证的理由，亦未获取该公司《企业信用报告》，确认借款、担保等信息，未对银行借款利息进行测算以确认其准确性。

上述行为违反了《中国注册会计师审计准则第 1301 号——审计证据》第十条和《中国注册会计师审计准则第 1312 号——函证》第十二条的规定。

二、ZD 所出具无保留意见的《A 建设有限公司 2020 年度财务报表审计报告》（ZD 审字〔2021〕第 60 号，报告日期 2021 年 5 月 26 日，签字注册会计师龚某华、姚某初，审计收费 0.50 万元）存在执业质量问题

（一）货币资金余额 38.25 万元，均为银行存款，占资产总额的 1.74%。ZD 所未执行函证程序，也未在审计工作底稿中说明不予函证的理由。此外，未获取该公司《已开立银行结算账户清单》，未对银行账户的完整性进行确认。

上述行为违反了《中国注册会计师审计准则第 1312 号——函证》第十二条和《中国注册会计师审计准则第 1301 号——审计证据》第十条的

规定。

（二）短期借款余额500.00万元，占资产总额的22.79%。ZD所未执行函证程序，也未在审计工作底稿中说明不予函证的理由；未获取该公司《企业信用报告》，未对银行借款、担保信息的完整性进行确认；未对银行借款利息进行测算以确认其准确性。

上述行为违反了《中国注册会计师审计准则第1301号——审计证据》第十条和《中国注册会计师审计准则第1312号——函证》第十二条的规定。

（三）存货（工程施工）余额0元，2020年度营业收入2 507.44万元、营业成本2 356.60万元。ZD所未获取工程合同台账、工程合同，未获取工程完工进度表，未执行审计程序、未获取充分审计证据以确认工程施工、主营业务收入、主营业务成本的真实、准确、完整。

上述行为违反了《中国注册会计师审计准则第1301号——审计证据》第十条的规定。

三、ZD所出具无保留意见的《B建设有限公司2019年度财务报表审计报告》（ZD审字〔2020〕第057号，报告日期2020年7月28日，签字注册会计师龚某华、姚某初，审计收费3.40万元）存在执业质量问题

（一）审计报告出具日期早于银行函证回函日期。审计报告出具日期为2020年7月28日，收到回函日期在2020年7月30日—8月13日。

应收账款12 275.53万元，占资产总额的39.17%；预付账款3 778.55万元，占资产总额的12.05%；其他应收款9 845.25万元，占资产总额的31.42%；存货609.22万元，占资产总额的1.94%；长期股权投资610.00万元，占资产总额的1.94%；工程物资301.03万元，占资产总额的0.9%。ZD所仅获取上述相关科目明细表，未执行审计程序。

上述行为违反了《中国注册会计师审计准则第1312号——函证》第十三条和《中国注册会计师审计准则第1301号——审计证据》第十条的规定。

（二）短期借款余额1 980.00万元，占负债总额的10.47%。ZD所未

对其中的 1 480 万元短期借款执行函证程序，也未说明不予函证的理由。

应付账款余额 2 416. 99 万元，占负债总额的 12. 78%；其他应付款余额 12 960. 78 万元，占负债总额的 68. 56%；预收账款余额 710. 28 万元，占负债总额的 3. 75%。ZD 所未对上述往来款实施审计程序。

上述行为违反了《中国注册会计师审计准则第 1312 号——函证》第十二条和《中国注册会计师审计准则第 1301 号——审计证据》第十条的规定。

（三）2019 年度营业收入 34 527. 51 万元。ZD 所未获取并检查重大的建筑合同，未对营业收入进行截止测试，未就营业收入的发生、准确性、截止认定获取充分、适当的审计证据。

上述行为违反了《中国注册会计师审计准则第 1301 号——审计证据》第十条的规定。

（四）2019 年度营业成本 32 810. 26 万元。ZD 所未检查成本结转的准确性，未对营业成本进行测算，未就营业成本的准确性获取充分、适当的审计证据。

上述行为违反了《中国注册会计师审计准则第 1301 号——审计证据》第十条的规定。

四、ZD 所出具的《某建材市场管理有限公司专项审计报告》（ZD 专审字〔2020〕第 012 号，审计内容："2020 年批发零售改造提升——某建材装饰城项目"投资额，审定金额 508. 26 万元，报告目的：政府补助，并已获政府补助 23. 32 万元，报告日期 2020 年 12 月 14 日，签字注册会计师龚某华、姚某初，审计收费 1. 50 万元），存在质量问题

（一）ZD 所未将此审计报告上报财政会计行业管理系统，且 ZD 所台账及自查清单也未列该报告，存在向检查组隐瞒的行为。

上述行为违反了《会计师事务所执业许可和监督管理办法》（财政部令第 97 号）第五十一条的规定。

（二）ZD 所在审计时，未获取某建材市场管理有限公司项目立项报告或类似文件，未核实项目建设方是否为被审计单位。

上述行为违反了《中国注册会计师审计准则第 1301 号——审计证据》第十条的规定。

（三）ZD 所对发票非合同方开具、工程款非支付给合同方，且开票方和收款方为个人的情况下，未进一步取证核实。如停车场改造 233 万元及消防系统 170 万元的工程款是支付给 DS 建筑有限公司和曾某玲，发票非由 DS 建筑有限公司和曾某玲开具，而是由毛某华等多位自然人代开；电梯改造工程款 55.2 万元由 SA 电梯有限公司负责提供设备和安装，工程款全部支付给王某鑫个人，发票非由 SA 电梯有限公司开具，而是由王某鑫等自然人代开。以上发票开票日期均在 2020 年 12 月。

上述行为违反了《中国注册会计师审计准则第 1301 号——审计证据》第十条的规定。

（四）某建材市场管理有限公司 2020 年 12 月向股东毛某玲借入 438 万元、毛某伟 40 万元，以工程款的形式支付给 DS 建筑有限公司和曾某玲，ZD 所未实施进一步审计程序证实工程款发生的真实性，未保持应有的职业谨慎。

上述行为违反了《中国注册会计师审计准则第 1301 号——审计证据》第十条的规定。

在上述内容均未得到核实确认，企业重要事项的财务会计处理与国家有关规定相抵触的情况下，ZD 所仅凭获取的企业承诺业务真实性和自担风险的《企业承诺书》《有关工程结算的说明》就出具了专项审计报告，认为：截至 2020 年 12 月 14 日，某建材市场管理有限公司的“2020 年批发零售改造提升——某建材装饰城项目”投资额为 508.26 万元。该企业因此已获政府补助 23.32 万元。

ZJ 省财政厅认为 ZD 所的上述行为违反了《中华人民共和国注册会计师法》第二十一条、第三十一条，《会计师事务所执业许可和监督管理办法》（财政部令第 97 号）第六十条的规定，情节严重。

根据《中华人民共和国注册会计师法》第三十九条，《会计师事务所执业许可和监督管理办法》（财政部令第 97 号）第六十七条的规定，决定给予 ZD 所暂停执业 6 个月、没收违法所得 6.9 万元的行政处罚。

案例来源：

http：//czt. zj. gov. cn/art/2022/12/5/art_1164164_58925554. html。

【案例30】审计工作底稿只有科目总额无明细等问题

案例简介：

2022年6月15日，GD省财政厅发布行政处罚决定书，对ZQ会计师事务所（普通合伙）（以下简称“ZQ所”）大部分审计工作底稿只有科目总额无明细、无实质性审计程序等问题予以暂停执业1年、没收违法所得12.4万元并罚款0.3万元的行政处罚。

案例分析：

一、执业质量方面

经依法检查，发现ZQ所不但存在审计程序严重缺失的问题，而且大部分审计工作底稿只有科目总额无明细、无实质性审计程序，执业质量低下。

经重点抽查，发现ZQ所在未获取充分适当的审计证据的情况下，出具了6份无保留意见报告。具体如下：

（一）JB建筑劳务有限公司2019年度财务报表审计报告（ZQ审字〔2020〕第13001147号）。

1. 货币资金除了编制明细表并获取银行对账单外，未实施其他有效审计程序，如盘点、函证及截止测试。

2. 未对应收账款、预收账款、其他应收/应付款实施函证程序，也未实施有效替代程序。

3. 除了编制审定表外，对主营业务收入及成本未实施其他有效审计程序。

4. 首次承接业务未对期初余额进行审计，未获取前任注册会计师出具的审计报告。

5. 未编制关联方关系及关联交易工作底稿。

（二）YF 置业有限公司 2019 年度财务报表审计报告（ZQ 审字〔2020〕第 1300396 号）。

1. 无总体审计策略与具体审计计划。

2. 未取得未审会计报表。

3. 预付账款、其他应收款除编制审定表外，未实施函证程序，也未实施替代程序。

4. 长期股权投资期初列示有 4 家投资公司，当年新增一家（投资金额 3 亿元），除编制审定表外，未执行其他有效审计程序。

5. 固定资产、应付股利、其他应付款、长期借款、主营业务收入、主营业务成本及费用等科目，除编制审定表之外，未执行其他有效审计程序。

（三）FT 物流有限公司 2019 年度财务报表审计报告（ZQ 审字〔2020〕第 1300986 号）。

1. 某银行存款 11.64 万元未获取银行对账单；未实施银行函证程序，也未说明不函证的理由；未执行程序抽查大额现金、银行存款的原始凭证，复核其完整性、授权控制及会计处理的正确性。未执行截止测试程序。

2. 应收账款编制了审定表，但明细表未列明具体客户明细，只体现大类项目的汇总数（其中："客户应收项目" 余额 5 297.45 万元）；未实施函证程序，也未实施替代程序；未关注账龄组合坏账计提比例的恰当性。

3. 其他应收款明细表余额 3 230.43 万元，与审定表相差 1 421.34 万元，未查明原因；未实施函证程序，也未实施替代程序。

4. 固定资产本年新增 23.23 万元，未执行检查程序；未对固定资产执行盘点或抽盘程序；未判断在资产负债表日是否存在减值迹象，未进行减值测试。

5. 应付账款、其他应付款未实施函证程序，也未实施替代程序；未执行原始凭证抽查程序；其他应付款编制了审定表与明细表，但未列明具体客户明细，仅列“关联方”“非关联方”的汇总数。

6. 主营业务收入、主营业务成本、销售费用、管理费用等科目，除了编制审定表外，未实施其他有效审计程序。

（四）HX 水产科技有限公司 2019 年度财务报表审计报告（ZQ 审字〔2020〕第 1300252 号）。

1. 应收账款明细表未列明具体客户明细，只体现“国内”“国外”大类项目的汇总数；除编制审定表外，未实施函证程序，也未实施替代程序；未关注账龄组合坏账的计提比例及未计提坏账的恰当性。

2. 除编制存货审定表外，未编制具体存货规格、型号层级的明细表，存货明细层级只到大类；未抽查原始凭证；未编制存货监盘计划、未实施存货监盘或抽盘程序；未进行存货计价测试；未执行程序检查存货跌价准备计提和结转的依据、方法和会计处理的正确性；未执行各项存货的出入库截止测试程序。

3. 未编制生产成本、制造费用明细表，未执行程序实施分析性程序，未检查直接材料的领用、直接人工、制造费用的发生是否合理；未检查生产成本在完工产品及在产品之间的分配是否合理。

4. 固定资产除编制审定表外，未执行检查程序，未获取房屋建筑物的产权证据材料；未对固定资产进行盘点或抽盘；未判断在资产负债表日是否存在减值迹象并相应进行减值测试。

5. 长期待摊费用除编制审定表外，未抽查原始凭证；长期待摊费用年初数 2 134. 17 万元，摊销期限 50 年，年度应摊销 42. 67 万元，账面实际摊销 9. 62 万元，未关注摊销期限的合理性，未重点关注实际摊销与应摊销之间的差异，未在必要时进行审计调整。

6. 应付账款、其他应付款明细表未列明具体客户明细，应收账款只列示“国内”“国外”大类项目汇总数，其他应付款只列示“关联方”“非关联方”大类项目汇总数；除编制审定表外，未实施函证程序，也未实施替代程序；未抽查原始凭证。

7. 主营业务收入本期发生额 12 678.45 万元，与审定表发生金额 12 614.51万元，相差 63.94 万元，未查明原因，也未在审计底稿中说明；除编制审定表外，未获取或编制主营业务收入明细表；未对重大波动和异常情况执行分析程序；未实施截止测试程序；未抽取一定数量的销售发票与会计凭证、发运凭证、销售合同进行核对。

8. 主营业务成本未按具体产品分类编制明细表（只分国内、国外两大类）；主营业务成本审定表金额 12 673.83 万元，比生产成本及销售成本倒轧表少 567.94 万元，未查明原因并进行说明；本期毛利率 0.04%，上期毛利率 9.55%，波动较大，除编制审定表外，未实施分析性程序查明原因。

9. 销售费用除编制审定表外，未获取或编制明细表；未选择重要或异常的销售费用项目执行原始凭证抽查程序；销售费用比上期增加 89.77%，未实施分析性复核程序；未执行销售费用截止测试。

10. 管理费用除编制审定表外，未实施凭证抽查程序；对比上期变动幅度大的项目，未执行分析程序；未进行截止测试。

（五）YSD 科技开发有限公司 2019 年度财务报表审计报告（ZQ 审字〔2020〕第 1300357 号）。

1. 货币资金除编制审定表、库存现金明细表、银行存款明细表外，未实施其他审计程序；银行存款明细表中某银行的期末余额为 -49.72 万元，对此明显异常情况未予以关注并查明原因。

2. 应收账款、预付账款、存货、长期股权投资、短期借款、应付账款、预收账款等科目，除了编制审定表、库存商品明细表及重分类调整个别科目外，未实施其他有效审计程序。

3. 实收资本本年度增资 308 万元，未检查增加的支持性证据。

4. 主营业务收入、销售费用、管理费用（含研发费用明细表），除了编制审定表外，未实施其他有效审计程序。

5. 主营业务成本除了编制审定表、成本倒轧表外，未实施其他有效审计程序；倒轧的主营业务成本与主营业务成本审定表不相符，差异

-162.95万元，未予以关注并查明原因。

6. 编制了所得税费用审定表，未见对所得税进行复核计算的记录。

7. 本年度调整以前年度损益24.93万元，未见以前年度损益调整项目审计工作底稿。

（六）JC文化传媒有限公司2019年度财务报表审计报告（ZQ审字〔2020〕第1300301号）。

1. 货币资金未实施库存现金监盘程序；未获取银行对账单，未实施银行存款函证程序，也未在底稿中说明不函证的理由；未实施截止测试。

2. 应收账款、预付账款未实施函证程序，亦未实施替代程序；未检查大额预付账款余额相关交易的支持性文件。

3. 存货未实施监盘或抽盘程序，未执行计价测试程序，未对出入库进行截止测试。

4. 长期借款、短期借款未执行函证程序，未复核借款利息，未获取企业信用报告进行检查核对；未检查短期借款合同和银行凭证等有关文件；未检查长期借款抵押情况；长期借款合同为循环贷合同，未分析判断全额在长期负债中列报与披露是否恰当。

5. 应交税费期末余额以负数列报，未提请被审计单位进行账务调整，亦未记录不予调整的理由；未复核增值税计税基础与主营业务收入等相关计税依据是否配比。

6. 其他应付款中与股东以现金方式收付的往来金额较大，未予以充分关注并说明；审计人员将其中的332.00万元调整到实收资本，未记录审计调整理由与依据。

7. 本年度实收资本增加332.00万元（从其他应付款的股东借款调整到实收资本），未检查增加的支持性证据，亦未与董事会决议、章程、合同、协议等有关法律性文件进行核对。

8. 主营业务收入增长156.55%且每月波动较大，未实施分析性复核和真实性核查程序；主营业务成本分析性程序不充分，未将成本倒轧表与存货底稿勾稽核对；收入、成本、费用等科目未实施截止测试。

9. 未关注关联方关系及交易；未取得经管理层签署的声明书；未获取并审阅与期后事项、或有事项相关的股东会/董事会决议、纪要等文件。

二、会计信息质量方面

检查发现 ZQ 所会计核算不规范，存在大额现金支出依据不充分的情况。2020 年列支管理费用——临时劳务费 440.70 万元，记账凭证无摘要说明，未附相应的合同、发票及付款记录等原始单据。

ZQ 所的上述行为违反了《会计师事务所执业许可和监督管理办法》（财政部令第 97 号）第六十条第（一）（七）项及《中华人民共和国会计法》第九条的有关规定。按照《财政部门行使行政处罚裁量权指导规范》第八条的规定，结合违法行为的事实、性质、情节和社会危害程度以及主客观因素等，ZQ 所的违法行为违法程度属严重。

根据《会计师事务所执业许可和监督管理办法》第六十七条和《中华人民共和国会计法》第四十二条第（三）项规定，GD 省财政厅决定对 ZQ 所处以如下行政处罚：

（一）暂停执业 1 年；

（二）没收违法所得人民币壹拾贰万肆仟元整（￥124 000）；

（三）罚款人民币叁仟元整（￥3 000）。

案例来源：

http：//czt.gd.gov.cn/tzgg/content/post_3950651.html。

【案例31】未评估持续经营能力等问题

案例简介：

2022年8月25日，ZJ省财政厅发布行政处罚决定书，对SD会计师事务所有限公司（以下简称“SD所”）存在未评估持续经营能力以及其他审计质量问题予以警告、没收违法所得13.05万元的行政处罚。

案例分析：

一、注册会计师周某明、崔某启签字出具标准无保留意见的《某集团有限公司2020年度财务报表审计报告》（SD审字〔2021〕第037号，审计收费7.00万元）存在质量问题

（一）银行存款期末余额5 858.35万元，占资产总额的2.41%；短期借款期末余额50 300.00万元，占资产总额的20.72%。SD所未对银行存款、短期借款实施函证程序，也未在审计工作底稿中记录不予函证的理由。

上述行为违反了《中国注册会计师审计准则第1312号——函证》第十二条的规定。

（二）其他应收款期末余额198 506.56万元，占资产总额的81.76%。SD所未对其他应收款函证过程保持控制，对未回函款项未实施进一步审计程序并获取充分、适当的审计证据。

上述行为违反了《中国注册会计师审计准则第1312号——函证》第十四条和《中国注册会计师审计准则第1301号——审计证据》第十条的规定。

（三）可供出售金融资产期末余额27 949.46万元，占资产总额的

11.51%。审计工作底稿显示的审定余额为20 854.60万元，与报表数相差7 094.86万元，SD所未见差异说明和审计调整分录；此外，未就可供出售金融资产的存在、权利和义务、准确性、计价和分摊认定设计和实施恰当的审计程序并获取充分、适当的审计证据。

上述行为违反了《中国注册会计师审计准则第1301号——审计证据》第十条的规定。

（四）账面显示存在诉讼事项，而审计报告及已审财务报表附注却未披露该诉讼事项，SD所也未考虑该事项对财务报表可能产生的影响。

上述行为违反了《中国注册会计师审计准则第1311号——对存货、诉讼和索赔、分部信息等特定项目获取审计证据的具体考虑》第九条和第十二条的规定。

（五）留底审计报告缺少会计师事务所公章以及两名注册会计师签名和盖章。

上述行为违反了《中国注册会计师审计准则第1501号——对财务报表形成审计意见和出具审计报告》第二十一条的有关规定。

（六）已审财务报表显示被审计单位期末所有者权益为-13 554.80万元，管理层以持续经营为基础编制了2020年度财务报表。SD所未评价该公司管理层对公司持续经营能力作出评估的合理性，未通过实施追加的审计程序获取充分、适当的审计证据，以确定可能导致对被审计单位持续经营能力产生重大疑虑的事项或情况是否存在重大不确定性，未就管理层编制财务报表时运用持续经营假设的适当性获取充分、适当的审计证据。

上述行为违反了《中国注册会计师审计准则第1324号——持续经营》第十一条和第十五条的规定。

（七）其他应付款期末余额188 544.74万元，占资产总额的77.66%。审计工作底稿显示其他应付款审定余额为186 394.64万元，与报表金额相差2 150.10万元，未见差异说明。其中，吴某回函确认金额为61 594.17万元，与明细表和财务报表附注披露金额59 504.17万元相差2 090.00万元，SD所未说明差异原因，未见执行进一步审计程序。

上述行为违反了《中国注册会计师审计准则第 1131 号——审计工作底稿》第十条、《中国注册会计师审计准则第 1312 号——函证》第二十一条以及《中国注册会计师审计准则第 1301 号——审计证据》第十条的规定。

（八）长期股权投资财务报表期末余额 6 061.85 万元，财务报表附注列示的长期股权投资余额为 6 576.85 万元，审计工作底稿中长期股权投资审定表审定余额为 9 355.79 万元，三者存在差异，且未见差异说明。此外，SD 所未获取被投资单位资料，未见对长期股权投资和投资收益会计处理的相关审计说明。

上述行为违反了《中国注册会计师审计准则第 1131 号——审计工作底稿》第十条和《中国注册会计师审计准则第 1301 号——审计证据》第十条的规定。

（九）2020 年度营业收入 7 369.32 万元，营业成本 7 363.60 万元。SD 所未对营业收入、营业成本实施截止测试，未编制成本倒轧表，未抽查购销合同和利息收入合同，未就营业收入和营业成本的发生、准确性、完整性和截止认定获取充分、适当的审计证据。

上述行为违反了《中国注册会计师审计准则第 1301 号——审计证据》第十条的规定。

二、注册会计师周某明、崔某启签字出具标准无保留意见的《某贸易有限公司 2020 年度财务报表审计报告》（SD 审字〔2021〕第 251 号，审计收费 3.00 万元）存在质量问题

（一）其他应收款期末余额 137 419.32 万元，占资产总额的 99.97%。SD 所未关注款项性质，未执行函证程序，未就其他应收款的存在、完整性、准确性等认定获取充分、适当的审计证据。

上述行为违反了《中国注册会计师审计准则第 1301 号——审计证据》第十条的规定。

（二）财务报表显示实收资本为 100 000.00 万元，财务报表附注披露“已于 2020 年 12 月 17 日办理了工商减资手续，但未进行实收资本减少账

务处理”。SD 所未获取该公司营业执照、章程、减资股东会决议等工商登记资料，未就该公司对减资事项不作账务处理的合规性获取充分、适当的审计证据，未考虑财务报表错报及其对审计意见的影响。

上述行为违反了《中国注册会计师审计准则第 1301 号——审计证据》第十条和《中国注册会计师审计准则第 1501 号——对财务报表形成审计意见和出具审计报告》第十五条的有关规定。

（三）其他应付款期初余额 1.56 万元，本期净增加 3 590.64 万元，期末余额 3 592.20 万元，占资产总额的 2.61%。SD 所未对其他应付款设计和实施恰当的审计程序并获取充分、适当的审计证据。

上述行为违反了《中国注册会计师审计准则第 1301 号——审计证据》第十条的规定。

三、注册会计师周某明、李某筠签字出具标准无保留意见的《某建设工程有限公司 2020 年度财务报表审计报告》（SD 审字〔2021〕第 231 号，审计收费 1.50 万元）存在质量问题

（一）银行存款期末余额 2 309.04 万元，占资产总额的 15.14%；短期借款期末余额 2 250.00 万元，占资产总额的 14.75%。对上述事项，SD 所均未执行函证程序，且未说明不予函证的理由，也未获取借款合同。

应收账款期末余额 3 692.62 万元，占资产总额的 24.21%；预付账款期末余额 1 354.25 万元，占资产总额的 8.88%；其他应收款期末余额 1 667.13万元，占资产总额的 10.93%；应付账款期末余额 5 320.70 万元，占资产总额的 34.89%。对上述往来款项 SD 所均未执行函证，也未执行替代测试程序。

上述行为违反了《中国注册会计师审计准则第 1312 号——函证》第十二条、第十三条，以及《中国注册会计师审计准则第 1301 号——审计证据》第十条的规定。

（二）存货期末余额 4 082.74 万元，占资产总额的 26.77%；应付票据期末余额 179.08 万元，占资产总额的 1.17%。SD 所未执行审计程序，未编制审计工作底稿。

上述行为违反了《中国注册会计师审计准则第 1131 号——审计工作底稿》第九条和《中国注册会计师审计准则第 1301 号——审计证据》第十条的规定。

（三）固定资产余额 461.38 万元，占资产总额的 3.02%。SD 所未执行固定资产监盘审计程序，也未取得车辆注册证或行驶证等证据，未对折旧计提情况进行复核。

上述行为违反了《中国注册会计师审计准则第 1301 号——审计证据》第十条的规定。

（四）无形资产期末余额 3 000.00 万元（原值），SD 所未获取该无形资产的原始权属证据。

上述行为违反了《中国注册会计师审计准则第 1301 号——审计证据》第十条的规定。

（五）应交增值税账面 166.04 万元，增值税纳税申报表 140.38 万元；应交城市维护建设税账面 11.92 万元，城市维护建设税纳税申报表 9.83 万元。SD 所未编制应交增值税查证表，也未对应交税费进行复核验算，未关注并说明增值税、城市维护建设税账面金额与申报表金额的差异原因。

上述行为违反了《中国注册会计师审计准则第 1301 号——审计证据》第十条的规定。

（六）2020 年度营业收入发生额 33 194.34 万元、营业成本发生额 30 621.80万元。SD 所未编制营业收入、营业成本检查表，也未执行营业收入截止测试，未编制生产成本销售成本倒轧表，未就营业收入和营业成本的发生、准确性、完整性和截止认定获取充分、适当的审计证据。

上述行为违反了《中国注册会计师审计准则第 1301 号——审计证据》第十条的规定。

（七）2020 年度管理费用发生额 1 009.61 万元、财务费用发生额 154.67 万元。SD 所未编制管理费用、财务费用凭证检查表，也未执行管理费用、财务费用截止测试，未就管理费用的发生、准确性、完整性和截止认定获取充分、适当的审计证据。

上述行为违反了《中国注册会计师审计准则第 1301 号——审计证据》第十条的规定。

四、注册会计师周某明、张某娟签字出具标准无保留意见的《某通信技术有限公司 2019 年度财务报表审计报告》(SD 审字〔2020〕第 156 号，审计收费 0.75 万元)存在质量问题

SD 所仅取得科目余额表、部分科目总分类账、两个银行对账单复印件，未编制货币资金、应收账款、其他应收款、固定资产、无形资产、短期借款、实收资本、未分配利润、主营业务收入、主营业务成本、销售费用(营业费用)、管理费用等审计程序表、审定表、明细表、凭证检查表等实质性审计工作底稿。

SD 所未对银行存款、短期借款实施函证程序；未对应收账款 4 164.37 万元、其他应收款 5 212.85 万元等往来款执行函证程序，也未执行替代测试程序；未对存货 568.65 万元、固定资产 2 054.77 万元(固定资产原值 4 170.54万元)实施监盘、抽盘程序。

SD 所未对主营业务收入 9 393.11 万元实施分析程序，未实施收入截止测试，未执行抽查合同等审计程序；未对主营业务成本 6 567.66 万元编制成本倒轧表、未实施分析程序、未结合存货期末计价测试，也未抽查销售成本结转数额是否正确、销售收入成本是否配比；未对销售费用(营业费用)589.11 万元、管理费用 1 049.38 万元实施分析程序，未实施截止测试程序；未对营业外支出 708.95 万元执行审计程序。

上述行为违反了《中国注册会计师审计准则第 1312 号——函证》第十二条、第十三条，《中国注册会计师审计准则第 1311 号——对存货、诉讼和索赔、分部信息等特定项目获取审计证据的具体考虑》第四条，《中国注册会计师审计准则第 1313 号——分析程序》第五条，《中国注册会计师审计准则第 1301 号——审计证据》第十条，《中国注册会计师审计准则第 1131 号——审计工作底稿》第九条，《中国注册会计师审计准则第 1101 号——注册会计师的总体目标和审计工作的基本要求》第三十条的规定。

五、注册会计师周某明、张某娟签字出具标准无保留意见的《某通信技术有限公司2020年度财务报表审计报告》（SD审字〔2021〕第239号，审计收费0.80万元）存在质量问题

SD所仅取得科目余额表、部分科目总分类账和两个银行对账单复印件和询证函回函，但未编制货币资金、应收账款、其他应收款、固定资产、无形资产、短期借款、实收资本、未分配利润、主营业务收入、主营业务成本、销售费用（营业费用）、管理费用等审计程序表、审定表、明细表、凭证检查表等实质性测试工作底稿。

SD所未对应收账款3 642.02万元、其他应收款6 035.48万元等往来款实施函证和替代测试程序；未对存货651.40万元、固定资产1 903.19万元（固定资产原值4 320.07万元）实施监盘程序；未对短期借款350万元实施函证程序；未对主营业务收入8 906.65万元实施分析程序，未实施收入截止测试；未对主营业务成本6 485.54万元编制成本倒轧表，未实施分析程序，未结合存货期末计价测试，也未抽查销售成本结转数额是否正确，并检查销售收入成本是否配比；未对营业外支出1 000.00万元执行审计程序。

上述行为违反了《中国注册会计师审计准则第1312号——函证》第十二条、第十三条，《中国注册会计师审计准则第1311号——对存货、诉讼和索赔、分部信息等特定项目获取审计证据的具体考虑》第四条，《中国注册会计师审计准则第1313号——分析程序》第五条，《中国注册会计师审计准则第1301号——审计证据》第十条，《中国注册会计师审计准则第1131号——审计工作底稿》第九条，《中国注册会计师审计准则第1101号——注册会计师的总体目标和审计工作的基本要求》第三十条的规定。

ZJ省财政厅认为，SD所的上述行为违反了《中华人民共和国注册会计师法》第二十一条、第三十一条，《会计师事务所执业许可和监督管理办法》（财政部令第97号）第六十条第一项的规定。

根据《中华人民共和国注册会计师法》第三十九条、《会计师事务所

执业许可和监督管理办法》（财政部令第 97 号）第六十七条的规定，决定给予 SD 所警告、没收违法所得 13.05 万元的行政处罚。

案例来源：

http：//czt. zj. gov. cn/art/2022/8/25/art_1164164_58924909. html。

第五章

发表审计意见类型不当或披露不当

【案例32】审计意见类型不当等问题[①]

案例简介：

2022年7月6日，GX财政厅发布行政处罚决定书，对QH会计师事务所（普通合伙）（以下简称“QH所”）审计意见类型不恰当等问题予以警告。

案例分析：

QH所出具的QH审字〔2020〕第003号审计报告发表了保留意见，审计意见类型不恰当。

报告正文的保留事项段描述“截至2020年6月23日，2019年度A市B镇C村等五个村农村建设用地拆旧复垦项目（第二批）编制竣工财务决算前，由于B镇财政所未编制2020年度的财务会计核算工作记录，项目建设单位未提供上述收付款财务处理的会计凭证及账簿记录资料”，该事

① 本案例与案例2为同一案例。

项影响重大且广泛，注册会计师因此而无法获取充分恰当的审计证据，应出具无法表示意见审计报告。

上述行为违反了《中华人民共和国注册会计师法》第二十一条“注册会计师执行审计业务，必须按照执业准则、规则确定的工作程序出具报告。……”、第三十一条“本法第十八条至第二十一条的规定，适用于会计师事务所。”和《会计师事务所执业许可和监督管理办法》（财政部令第 97 号）第六十条“会计师事务所和注册会计师必须按照执业准则、规则的要求，在实施必要的审计程序后，以经过核实的审计证据为依据，形成审计意见，出具审计报告，不得有下列行为：（一）在未履行必要的审计程序，未获取充分适当的审计证据的情况下出具审计报告；……（三）隐瞒审计中发现的问题，发表不恰当的审计意见；……”的规定。

结合其他违法事实根据《中华人民共和国注册会计师法》第三十九条“会计师事务所违反本法第二十条、第二十一条规定的，由省级以上人民政府财政部门给予警告，没收违法所得，可以并处违法所得 1 倍以上 5 倍以下的罚款；情节严重的，并可以由省级以上人民政府财政部门暂停其经营业务或者予以撤销。……”、《会计师事务所执业许可和监督管理办法》（财政部令第 97 号）第六十七条“会计师事务所违反本办法第六十条第一项至第四项规定的，由省级以上财政部门给予警告，没收违法所得，可以并处违法所得 1 倍以上 5 倍以下的罚款；情节严重的，并可以由省级以上财政部门暂停其执行业务 1 个月至 1 年或者吊销执业许可。……”的规定，GX 财政厅决定给予 QH 所警告的行政处罚。

案例来源：

http：//czt. gxzf. gov. cn/zfxxgkzl/fdzdgknr/xzzfxx/t12871593. shtml。

【案例33】未如实披露审计发现的问题

案例简介：

2021年5月11日，YN省财政厅发布行政处罚决定书，对GX会计师事务所有限公司（以下简称“GX所”）及签字主任会计师黄某清、签字注册会计师陶某恒和徐某丽因未如实披露审计发现的问题予以警告。

案例分析：

GX所在出具对某有限责任公司2017年度和2018年度财务报表审计的审计报告时，未对该公司转收入不转成本费用导致历年累计虚增利润240 591 296.79元的情况进行披露，出具了标准无保留意见的审计报告。

上述行为违反了《会计师事务所执业许可和监督管理办法》（财政部令第97号）第六十条“会计师事务所和注册会计师出具审计报告，不得有下列行为：（一）在未履行必要的审计程序，未获取充分适当的审计证据的情况下出具审计报告；……（三）隐瞒审计中发现的问题，发表不恰当的审计意见；（四）为被审计单位编造或者伪造事由，出具虚假或者不实的审计报告；……（七）违反职业准则、规则的其他行为。”的规定。

根据《中华人民共和国注册会计师法》第三十九条“会计师事务所违反本法第二十条、第二十一条规定的，由省级以上人民政府财政部门给予警告，没收违法所得，可以并处违法所得1倍以上5倍以下的罚款；情节严重的，并可以由省级以上人民政府财政部门暂停其经营业务或者予以撤销。注册会计师违反本法第二十条、第二十一条规定的，由省级以上人民政府财政部门给予警告；情节严重的，可以由省级以上人民政府财政部门暂停其执行业务或者吊销注册会计师证书。……”和《会计师事务所执业许可和监督管理办法》（财政部令第97号）第六十七条“会计师事务所违反本办法第六十条第一项至第四项规定的，由省级以上财政部门给予警告，没收违法所得，可以并处违法所得1倍以上5倍以下的罚款；情节严重的，并可以由省级以上财政部门暂停其执业1个月到1年或者吊销执业许可。……”、第七十条“注册会计师违反本办法第六十条第一项至第四项规定的，由省级以上财政部门给予警告；情节严重的，可以由省级以上财政部门暂停其执行业务1个月至1年或者吊销注册会计师证书。……”的规定，YN省财政厅对GX所及签字主任会计师黄某清、签字注册会计师陶某恒和徐某丽给予警告的行政处罚。

案例来源：

http：//czt. yn. gov. cn/news_des. html? id = 1640328958884711268&cid = 1366313898440925185。

【案例34】鉴证报告所附相关表格中部分数据编制错误等问题

案例简介：

2021年9月22日，SD省财政厅发布行政处罚决定书，对AZN会计师事务所（普通合伙））（以下简称“AZN所”）鉴证报告相关表格中部分数据编制错误等问题予以警告。

案例分析：

一、鉴证报告相关表格中部分数据编制错误

AZN所出具的AZN鉴字〔2021〕第T017号鉴证报告“个人为公司垫支金额”表格中共涉及7个年度的数据，其中有5个年度的“垫支金额”数据存在错误，分别是2015年垫支金额351 126.57元，复核后为571 085.57元；2017年垫支金额321 124.25元，复核后为456 099.07元；2018年垫支金额628 091.80元，复核后为1 138 562.50元；2019年垫支金额550 834.03元，复核后为592 310.99元；2020年垫支金额－256 754.46元，复核后为－226 754.46元。

二、未获取充分、适当的审计证据

AZN所出具的AZN鉴字〔2021〕第T017号鉴证报告的业务档案中未见学校与收款方签订的合同、学校收款方出具的发票、学校相关审批单，以及合伙人对学校运营收支确认的相关协议约定等可证明付款是用于学校运营的相关资料，无法支持鉴证报告中得出的结论。

上述行为第一项不符合《中国注册会计师职业道德守则第1号——职业道德基本原则》第十六条“注册会计师应当遵循专业胜任能力和勤勉尽

责原则。根据该原则的要求，注册会计师应当：（一）获取并保持应有的专业知识和技能，确保为客户提供具有专业水准的服务；（二）做到勤勉尽责。”的相关规定。

上述行为第二项不符合《中国注册会计师其他鉴证业务准则第3101号——历史财务信息审计或审阅以外的鉴证业务》第三十四条“注册会计师应当获取充分、适当的证据，据此形成鉴证结论。证据的充分性是对证据数量的衡量。证据的适当性是对证据质量的衡量，即证据的相关性和可靠性。”、第三十六条“在评价证据的充分性和适当性以支持鉴证结论时，注册会计师应当运用职业判断，并保持职业怀疑态度。”的相关规定。

上述行为一和二违反了《中华人民共和国注册会计师法》第二十一条“注册会计师执行审计业务，必须按照执业准则、规则确定的工作程序出具报告。……”和《会计师事务所执业许可和监督管理办法》（财政部令第97号）第六十条“会计师事务所和注册会计师必须按照执业准则、规则的要求，在实施必要的审计程序后，以经过核实的审计证据为依据，形成审计意见，出具审计报告，不得有下列行为：（一）在未履行必要的审计程序，未获取充分适当的审计证据的情况下出具审计报告；……”的相关规定。

依据《中华人民共和国注册会计师法》第三十九条“会计师事务所违反本法第二十条、第二十一条规定的，由省级以上人民政府财政部门给予警告，没收违法所得，可以并处违法所得1倍以上5倍以下的罚款；……”和《会计师事务所执业许可和监督管理办法》（财政部令第97号）第六十七条“会计师事务所违反本办法第六十条第一项至第四项规定的，由省级以上财政部门给予警告，没收违法所得，可以并处违法所得1倍以上5倍以下的罚款；……”的相关规定，SD省财政厅对AZN所予以警告。

案例来源：

http：//czt. shandong. gov. cn/art/2021/9/22/art_228610_10294065. html。

【案例35】审计证据不足以支持审计意见等问题

案例简介：

2022年6月14日，GX财政厅发布行政处罚决定书，对ZCR会计师事务所有限公司（以下简称“ZCR所”）因审计证据不足以支持审计意见等问题予以警告。

案例分析：

ZCR所出具的ZCR审字〔2020〕第004号、ZCR审字〔2020〕第026号、ZCR审字〔2020〕第102号3份审计报告，未实施必要的审计程序，获取的审计证据不足以支持审计意见（审计结论）。

（一）年报审计报告

ZCR审字〔2020〕第004号审计报告，银行存款未实施函证程序，无会计凭证检查记录；短期借款未实施函证程序，无借款合同检查记录，其中某银行借款余额为负数，无相关说明及审计调整，附注未充分披露担保情况；应收账款、预付账款、其他应收款、应付账款均无发函记录和回函，无函证汇总表，替代程序表无会计凭证检查记录；应付票据未实施函证程序；存货未实施监盘、计价测试程序，未对不计提存货跌价准备的原因进行说明及分析判断；固定资产未实施监盘程序；未了解、分析结余大量现金的原因；交易性金融资产除审定表、明细表外无其他审计底稿；应收账款、其他应收款未进行重分类调整，预付账款、应付账款有重分类调整但未编制调整分录汇总表、试算平衡表；应收账款、预付账款、其他应收款未计提坏账准备，且未说明理由；无形资产未进行现场勘察，未进行摊销；未结合上年数对毛利率进行分析。

（二）专项审计报告

1. ZCR 审字〔2020〕第 026 号审计报告，项目未进行现场勘察；未实施销售收入明细表、会计凭证的检查、复核等程序；未核实鸡存活率的统计依据，并以未经核实的鸡存活率提高后的销售收入增长额作为科技成果转化收入，未考虑科技成果运用与销售收入整体增长的相关程度，科技成果转化收入确认依据不足。

2. ZCR 审字〔2020〕第 102 号审计报告，仅取得被审计单位的会计报表、科目明细账、报税材料、部分会计凭证复印件等资料，未编制实质性程序审计底稿，未实施函证、截止测试等必要审计程序，未获取充分、适当的审计证据。

以上行为违反了《中华人民共和国注册会计师法》第二十一条“注册会计师执行审计业务，必须按照执业准则、规则确定的工作程序出具报告。……”、第三十一条“本法第十八条至第二十一条的规定，适用于会计师事务所。”和《会计师事务所执业许可和监督管理办法》（财政部令第 97 号）第六十条“会计师事务所和注册会计师必须按照执业准则、规则的要求，在实施必要的审计程序后，以经过核实的审计证据为依据，形成审计意见，出具审计报告，不得有下列行为：（一）在未履行必要的审计程序，未获取充分适当的审计证据的情况下出具审计报告；……”的规定。

根据《中华人民共和国注册会计师法》第三十九条“会计师事务所违反本法第二十条、第二十一条规定的，由省级以上人民政府财政部门给予警告，没收违法所得，可以并处违法所得 1 倍以上 5 倍以下的罚款；情节严重的，并可以由省级以上人民政府财政部门暂停其经营业务或者予以撤销。……”和《会计师事务所执业许可和监督管理办法》（财政部令第 97 号）第六十七条“会计师事务所违反本办法第六十条第一项至第四项规定的，由省级以上财政部门给予警告，没收违法所得，可以并处违法所得 1 倍以上 5 倍以下的罚款；情节严重的，并可以由省级以上财政部门暂停其执业 1 个月到 1 年或者吊销执业许可。……”的规定，GX 财政厅决定给予 ZCR 所警告的行政处罚。

案例来源：

http：//czt. gxzf. gov. cn/zfxxgkzl/fdzdgknr/xzzfxx/t12871600. shtml。

第六章

审计档案保管存在的问题

【案例36】审计报告缺失或签字盖章不完整等问题

案例简介：

2022年11月29日，ZJ省财政厅发布财政检查通知书，对JD会计师事务所（普通合伙）（以下简称“JD所”）审计报告缺少签章等问题予以暂停执业3个月、没收违法所得3.08万元的行政处罚。

案例分析：

一、JD所出具的3份审计报告未履行审计程序，未编制审计工作底稿，留底审计报告上缺少会计师事务所盖章以及两名注册会计师签名和盖章

《某贸易有限责任公司2019年度标准无保留意见财务报表审计报告》（JD审字〔2021〕第1004号，收费0.10万元，财务报表数据全部为0），无法表示意见的《某文具礼品有限公司2020年度财务报表审计报告》（JD审字〔2021〕第1088号，收费0.50万元），无法表示意见的《某服装实

业有限公司2020年度财务报表审计报告》（JD审字〔2021〕第1085号，收费0.60万元），上述3份审计报告，JD所未履行审计程序，未获取审计证据，未编制审计工作底稿，且JD所留底审计报告上缺少会计师事务所盖章以及两名注册会计师签名和盖章。

上述行为违反了《中国注册会计师审计准则第1301号——审计证据》第十条、《中国注册会计师审计准则第1131号——审计工作底稿》第九条、《中国注册会计师审计准则第1501号——对财务报表形成审计意见和出具审计报告》第二十一条的规定。

二、JD所出具的标准无保留意见《某智能洁具科技有限公司2020年度财务报表审计报告》（JD审字〔2021〕第1048号，审计收费1.60万元），存在质量问题

（一）存货期末余额6 136.16万元，占资产总额的33.77%。未实施存货监盘、出入库测试、截止测试等程序。

上述行为违反了《中国注册会计师审计准则第1311号——对存货、诉讼和索赔、分部信息等特定项目获取审计证据的具体考虑》第四条和《中国注册会计师审计准则第1301号——审计证据》第十条的规定。

（二）固定资产原值5 355.46万元，净值4 399.17万元，占资产总额的24.21%，未执行固定资产监盘程序，未就固定资产存在认定获取充分、适当的审计证据。

以上情况违反了《中国注册会计师审计准则第1301号——审计证据》第十条的规定。

（三）获取的应收账款等往来款函证均为扫描打印件，存在涂改痕迹，未对询证函保持控制。

以上情况违反了《中国注册会计师审计准则第1312号——函证》第十四条和《中国注册会计师审计准则第1301号——审计证据》第十条的规定。

三、JD所出具的《某汽车销售服务有限公司2021年度验资项目》（JD验字〔2021〕第125号，审计收费0.28万元），对500万元验资金额

未实施函证程序

上述行为违反了《中国注册会计师审计准则第 1602 号——验资》第十四条的规定。

ZJ 财政厅认为 JD 所上述行为违反了《中华人民共和国注册会计师法》第二十一条第一款、第三十一条和《会计师事务所执业许可和监督管理办法》（财政部令第 97 号）第六十条第一项的规定，情节严重。

根据《中华人民共和国注册会计师法》第三十九条、《会计师事务所执业许可和监督管理办法》（财政部令第 97 号）第六十七条的规定，决定给予 JD 所暂停执业 3 个月、没收违法所得 3.08 万元的行政处罚。

案例来源：

http：//czt.zj.gov.cn/art/2022/11/29/art_1164164_58925512.html。

【案例37】工作底稿编制不规范等问题

案例简介：

2021年6月14日，CQ市财政局发布整改通知书，因审计工作底稿编制不规范等问题责令JX会计师事务所（普通合伙）（以下简称“JX所”）进行整改。

案例分析：

一、审计工作底稿编制不规范

1. TT天然气有限公司截至2019年12月16日新增注册资本及实收资本情况验资报告，未执行综合审验程序表的相关程序并进行恰当记录。

2. JH工程咨询中心有限公司2019年度财务报表审计报告，选择收入为基准确定重要性水平，但未说明选择的理由；风险评估底稿流于形式；无控制测试底稿，也无未实施控制测试的说明；现金流量表无分析复核审计程序底稿；无关联方、期后事项、法律法规考虑等特定项目审计程序底稿；部分审计工作底稿无索引号，审计调整事项无索引号；部分凭证抽查仅在抽查表中打钩，未记录具体检查内容。

3. CF无线信息技术股份有限公司2019年度财务报表审计报告，审计计划无实质内容；无分析性复核程序底稿；无风险评估底稿；无期后测试、持续经营、期初余额、或有事项、关联交易的审计底稿。

4. YN置业有限公司审计报告，未对初步业务活动阶段风险分析程序识别的异常变动情况予以进一步关注，以识别是否存在由于舞弊或错误导致的重大错报风险。底稿中仅有对被审计单位业务层面内部控制的了解和评价，无控制测试底稿，也无未实施控制测试的说明；无风险评估程序之必要的审计底稿；无现金流量表分析复核审计底稿。无对期初余额、关联方、期后事项、法律法规考虑等特定项目审计底稿。

5. TH 小额贷款有限公司 2019 年度财务报表审计报告，底稿无具体执行审计程序的审计说明；无风险评估底稿；无关联方、或有事项相关底稿。

二、审计报告编制不规范

CF 无线信息技术股份有限公司 2019 年度财务报表审计报告利润表中“税金及附加”不正确，不符合财会〔2019〕6 号文件要求。

三、部分审计业务在对重要科目未履行必要的审计程序、未获取充分适当的审计证据的情况下出具审计报告

1. JX 所对某路桥工程有限公司 2010 年 1 月—2019 年 10 月财务收支情况进行审计出具审计报告（JX 审字〔2019〕第 068 号）时，总体审计策略底稿无实质性内容，审计底稿无审计目标说明，无审计过程说明，无获取的相关审计证据说明，无审计结论说明。

2. JX 所对 TT 天然气有限公司截至 2019 年 12 月 16 日新增注册资本及实收资本情况进行审计出具验资报告（JX 验字〔2019〕第 008 号）时，对货币资金的审定，审计人员向某银行 A 支行发函询证投资款情况，该银行未在事务所发出的验资业务询证函上加盖公章，以该银行询证函的格式回函，但业务专用章为黑白色，银行询证函底稿中未对该情况是否存在异常进行说明。

3. JX 所对 JH 工程咨询中心有限公司 2019 年度财务报表进行审计出具审计报告（JX 审字〔2020〕第 115 号）时，对货币资金（期末余额 657.84 万元，占资产总额的 23.29%）的审定，审计人员未对银行未达账项进行关注，银行存款截止测试底稿中审计要素记录不完整，未对 2019 年年初余额进行检查。对营业收入、营业成本（本期营业收入发生额 2 841.19万元、营业成本发生额 1 633.16 万元）的审定，无截止测试底稿。

4. JX 所对 CF 无线信息技术股份有限公司 2019 年度财务报表进行审计

出具审计报告（JX 审字〔2020〕第 102 号）时，对货币资金（期末余额 174 222.17 元，占资产总额的 0.66%）的审定，被审计单位共 12 个银行账户，审计项目组仅对其中两个银行账户进行函证，金额占货币资金余额的 15.90%，未对其他 10 个银行账户进行函证，也未说明不函证的原因且未对函证过程保持控制。

对其他流动资产（期末余额 1 561.14 万元，占资产总额的 58.79%）的审定，审计人员检查了购买理财产品的付款凭证，未进一步取得其他支持性的审计证据以证明期末理财产品的存在。

对应付账款（期末余额为 359.60 万元，占资产总额的 0.04%）的审定，只对四个往来单位进行函证，合计金额 140 万元，函证覆盖率 39%，收回两个单位的回函，回函金额 25.20 万元，未对函证过程保持控制，对未回函的单位未执行替代性测试，审计程序执行不到位。

对营业收入（本期发生额 2 568.79 万元）、营业成本（本期发生额 2 293.10万元）、销售费用（本期发生额 249.81 万元）、管理费用（本期发生额 335.14 万元）和研发费用（本期发生额 291.07 万元）的审定，工作底稿中无凭证抽查的选样方法及测试比例的说明。

5. JX 所对 YN 置业有限公司 2019 年度财务报表进行审计出具审计报告（JX 审字〔2020〕第 128 号）时，对货币资金（期末余额 237.40 万元，占资产总额的 0.82%）的审定，未取得被审计单位银行账户清单，无银行账户清单与账面记录的银行账户明细核对底稿，无银行存款完整性测试底稿。

对预付账款（期末余额 2 270.16 万元，占资产总额的 7.89%）的审定，未对挂账 3 年以上的预付账款 744.79 万元执行进一步审计程序，未检查资产负债表日后转销情况，未对函证过程保持控制。

对其他应收款（期末余额 3 989.61 万元，占资产总额的 13.86%）的审定，未对其他应收款款项性质进行检查，未对函证过程保持控制。

对存货、营业成本（存货期末余额 20 152.63 万元，占资产总额的 70.01%；营业成本 2020 年 1—5 月发生额 2 357.80 万元、2019 年度发生额 1 497.24 万元）的审定，未收集开发项目的相关权证，未结合存货成本结转和营业成本进行检查，未获取与成本计算、结转金额相关的充分适当的审计证据。

对预收账款、营业收入（预收账款期末余额 448.60 万元，占资产总额的 1.59%，2020 年 1—5 月收入发生额 3 391.48 万元、2019 年收入发生额 2 820.88 万元）的审定，未核实预收账款结转收入的合理性及正确性。

6. JX 所对 TH 小额贷款有限公司 2019 年度财务报表进行审计出具审计报告（JX 审字〔2020〕109 号）时，对货币资金的审定，未实施银行存款函证程序，也未说明未函证的理由，对期末货币资金的存在性认定未获取充分适当的审计证据。

对应收账款（期末余额 9 221.90 万元，占资产总额的 98.36%）的审定，未执行函证程序，也未说明不函证的理由，底稿中无凭证抽查的选样方法及测试比例的说明；未说明损失类坏账准备按 25% 计提的理由，无正常类坏账准备计提底稿。

对营业收入、营业成本（2019 年营业收入 438.82 万元、营业成本 0 万元）的审定，底稿中无凭证抽查的选样方法及测试比例的说明，未见查阅合同台账及相关合同的记录，以分析复核收入的真实性和完整性。

对管理费用（2019 年发生额 273.16 万元，占营业收入 62.25%）的审定，底稿中无凭证抽查的选样方法及测试比例的说明。

对资产减值损失（本期发生额 95.49 万元，占营业收入 21.76%）的审定，无对计提标准及其合理性进行分析判断的底稿。

上述行为违反了《会计师事务所执业许可和监督管理办法》（财政部令第 97 号）第六十条，《中国注册会计师审计准则第 1201 号——计划审计工作》第七条、第八条、第九条，《中国注册会计师审计准则第 1131 号——审计工作底稿》第八条、第九条、第十条，《中国注册会计师审计准则第 1301 号——审计证据》第十条、第十一条，《中国注册会计师审计准则第 1501 号——对财务报表形成审计意见和出具审计报告》第十二条，《注册会计师审计准则第 1211 号——通过了解被审计单位及其环境识别和评估重大错报风险》第八条、第九条、第三十五条，《中国注册会计师审计准则第 1312 号——函证》第十二条、第十三条、第十四条，《中国注册会计师审计准则第 1314 号——审计抽样》第十五条，《中国注册会计师审计准则第 1331 号——首次审计业务涉及的期初余额》第八条，《中国注册会计师审计准则第 1313 号——分析程序》第六条，《中国注册会计师审计准则第 1332 号——期后事项》第九条、第十条，《中国注册会计师审计准则第 1324 号——持续经营》第六条、第九条，《中国注册会计师审计准则第 1323 号——关联方》第十二条，《中国注册会计师审计准则第 1602 号——验资》第二十条，《中国注册会计师审计准则第 1142 号——财务报表审计中对法律法规的考虑》第二十九条，《中国注册会计师审计准则第 1141 号——财务报表审计中与舞弊相关的责任》第四十八条以及《中国注册会计师鉴证业务基本准则》第二十八条的规定。

根据《会计师事务所执业许可和监督管理办法》（财政部令第 97 号）第六十三条的规定，CQ 市财政局责令 JX 所对上述问题进行整改。

案例来源：

https：//czj. cq. gov. cn/zwgk_268/fdzdgknr/cfqz/xzcfjg/202107/t20210713_9471056. html。

【案例38】未按规定编制和保存审计工作底稿等问题

案例简介：

2021年11月10日，JL省财政厅发布《关于ZC会计师事务所有限公司2021年度监督检查的整改通知书》，对ZC会计师事务所有限公司（以下简称“ZC所”）因未按规定编制和保存审计工作底稿等问题责令整改。

案例分析：

一、在未履行必要的审计程序，未获取充分适当的审计证据的情况下出具审计报告

（一）未制定总体审计策略。不符合《中国注册会计师审计准则第1201号——计划审计工作》第七条“注册会计师应当制定总体审计策略，以确定审计工作的范围、时间安排和方向，并指导具体审计计划的制定。”的规定。

（二）未确定重要性水平。不符合《中国注册会计师审计准则第1221号——计划和执行审计工作时的重要性》第十条“在制定总体审计策略时，注册会计师应当确定财务报表整体的重要性。根据被审计单位的特定情况，如果存在一个或多个特定类别的交易、账户余额或披露，其发生的错报金额虽然低于财务报表整体的重要性，但合理预期可能影响财务报表使用者依据财务报表作出的经济决策，注册会计师还应当确定适用于这些交易、账户余额或披露的一个或多个重要性水平。”的规定。

（三）获取的其他非流动负债询证函为扫描件，不是原件。

（四）存档的业务约定书为扫描件，不是原件。

上述（三）（四）项不符合《中国注册会计师审计准则第1301号——

审计证据》第十条“注册会计师应当根据具体情况设计和实施恰当的审计程序，以获取充分、适当的审计证据。”的规定。

（五）财务报表附注被审计单位未盖章。不符合《中国注册会计师审计准则第 1501 号——对财务报表形成审计意见和出具审计报告》第四十二条“在确定审计报告日时，注册会计师应当确信已获取下列两方面的审计证据：（一）构成整套财务报表的所有报表（包括相关附注）已编制完成；（二）被审计单位的董事会、管理层或类似机构已经认可其对财务报表负责。”的规定。

以上（一）至（五）所述行为违反了《中华人民共和国注册会计师法》第二十一条“注册会计师执行审计业务，必须按照执业准则、规则确定的工作程序出具报告。……”和《会计师事务所执业许可和监督管理办法》（财政部令第 97 号）第六十条“会计师事务所和注册会计师必须按照执业准则、规则的要求，在实施必要的审计程序后，以经过核实的审计证据为依据，形成审计意见，出具审计报告，不得有下列行为：（一）在未履行必要的审计程序，未获取充分适当的审计证据的情况下出具审计报告；……”的规定。

二、未按规定编制和保存审计工作底稿

（一）未编制舞弊风险评估工作底稿。不符合《中国注册会计师审计准则第 1141 号——财务报表审计中与舞弊相关的责任》第四十九条“《中国注册会计师审计准则第 1231 号——针对评估的重大错报风险采取的应对措施》规定注册会计师应当记录对评估的重大错报风险采取的应对措施。注册会计师应当将下列内容形成审计工作底稿：（一）对评估的由于舞弊导致的财务报表层次的重大错报风险采取的总体应对措施；（二）审计程序的性质、时间安排和范围；（三）审计程序与评估的由于舞弊导致的认定层次的重大错报风险之间的联系；（四）实施审计程序（包含用于应对管理层凌驾于控制之上的风险而实施的审计程序）的结果。”的规定。

（二）未编制现金流量表的工作底稿。不符合《中国注册会计师审计准则第 1131 号——审计工作底稿》第九条“注册会计师应当及时编制审计工作底稿。”的规定。

（三）未编制对法律法规的考虑工作底稿。不符合《中国注册会计师审计准则第 1142 号——财务报表审计中对法律法规的考虑》第三十条“注册会计师应当在审计工作底稿中记录识别出的或怀疑存在的违反法律法规行为，以及：（一）已实施的审计程序、作出的重大职业判断和形成的结论；（二）与管理层、治理层和其他人员就违反法律法规行为相关的重大事项所作的讨论，包括管理层和治理层（如适用）如何应对这些事项。”的规定。

（四）未编制关联方及其交易工作底稿。不符合《中国注册会计师审计准则第 1323 号——关联方》第二十九条“注册会计师应当就识别出的关联方名称、关联方关系的性质以及关联方交易类型和交易要素形成审计工作底稿。”的规定。

以上（一）至（四）所述行为违反了《中华人民共和国注册会计师法》第二十一条“注册会计师执行审计业务，必须按照执业准则、规则确定的工作程序出具报告。……”和《会计师事务所执业许可和监督管理办法》（财政部令第 97 号）第六十条“会计师事务所和注册会计师必须按照执业准则、规则的要求，在实施必要的审计程序后，以经过核实的审计证据为依据，形成审计意见，出具审计报告，不得有下列行为：……（五）未实施严格的逐级复核制度，未按规定编制和保存审计工作底稿；……”的规定。

鉴于上述行为没有造成危害后果，违规情节轻微，不够行政处罚，但需要针对检查出的问题进行整改，根据《会计师事务所执业许可和监督管理办法》（财政部令第 97 号）第六十三条和《会计师事务所监督检查工作规程》（财监〔2006〕11 号）第三十九条的规定，JL 省财政厅决定对 ZC 所下达整改通知书，同时责令 ZC 所对检查发现的问题进行整改。

案例来源：

http：//czt. jl. gov. cn/zwgk/sgszl/xzcfxx/202111/t20211110_1230998. html。

| 附录 |

会计师事务所执业行政处罚案例(非上市业务卷)涉及法律法规及制度具体条款

一、法律法规

《中华人民共和国会计法》(2017)

第三条 各单位必须依法设置会计账簿，并保证其真实、完整。

第九条 各单位必须根据实际发生的经济业务事项进行会计核算，填制会计凭证，登记会计账簿，编制财务会计报告。

任何单位不得以虚假的经济业务事项或者资料进行会计核算。

第十四条 会计凭证包括原始凭证和记账凭证。

办理本法第十条所列的经济业务事项，必须填制或者取得原始凭证并及时送交会计机构。

会计机构、会计人员必须按照国家统一的会计制度的规定对原始凭证进行审核，对不真实、不合法的原始凭证有权不予接受，并向单位负责人报告；对记载不准确、不完整的原始凭证予以退回，并要求按照国家统一的会计制度的规定更正、补充。

原始凭证记载的各项内容均不得涂改；原始凭证有错误的，应当由出具单位重开或者更正，更正处应当加盖出具单位印章。原始凭证金额有错误的，应当由出具单位重开，不得在原始凭证上更正。

记账凭证应当根据经过审核的原始凭证及有关资料编制。

第十五条　会计账簿登记，必须以经过审核的会计凭证为依据，并符合有关法律、行政法规和国家统一的会计制度的规定。会计账簿包括总账、明细账、日记账和其他辅助性账簿。

会计账簿应当按照连续编号的页码顺序登记。会计账簿记录发生错误或者隔页、缺号、跳行的，应当按照国家统一的会计制度规定的方法更正，并由会计人员和会计机构负责人（会计主管人员）在更正处盖章。

使用电子计算机进行会计核算的，其会计账簿的登记、更正，应当符合国家统一的会计制度的规定。

第二十一条　财务会计报告应当由单位负责人和主管会计工作的负责人、会计机构负责人（会计主管人员）签名并盖章；设置总会计师的单位，还须由总会计师签名并盖章。

单位负责人应当保证财务会计报告真实、完整。

第二十五条　公司、企业必须根据实际发生的经济业务事项，按照国家统一的会计制度的规定确认、计量和记录资产、负债、所有者权益、收入、费用、成本和利润。

第二十七条　各单位应当建立、健全本单位内部会计监督制度。单位内部会计监督制度应当符合下列要求：

（一）记账人员与经济业务事项和会计事项的审批人员、经办人员、财物保管人员的职责权限应当明确，并相互分离、相互制约；

（二）重大对外投资、资产处置、资金调度和其他重要经济业务事项的决策和执行的相互监督、相互制约程序应当明确；

（三）财产清查的范围、期限和组织程序应当明确；

（四）对会计资料定期进行内部审计的办法和程序应当明确。

第四十二条　违反本法规定，有下列行为之一的，由县级以上人民政府财政部门责令限期改正，可以对单位并处 3 000 元以上 5 万元以下的罚款；对其直接负责的主管人员和其他直接责任人员，可以处 2 000 元以上 2 万元以下的罚款；属于国家工作人员的，还应当由其所在单位或者有关单位依法给予行政处分：

（一）不依法设置会计账簿的；

（二）私设会计账簿的；

（三）未按照规定填制、取得原始凭证或者填制、取得的原始凭证不符合规定的；

（四）以未经审核的会计凭证为依据登记会计账簿或者登记会计账簿不符合规定的；

（五）随意变更会计处理方法的；

（六）向不同的会计资料使用者提供的财务会计报告编制依据不一致的；

（七）未按照规定使用会计记录文字或者记账本位币的；

（八）未按照规定保管会计资料，致使会计资料毁损、灭失的；

（九）未按照规定建立并实施单位内部会计监督制度或者拒绝依法实施的监督或者不如实提供有关会计资料及有关情况的；

（十）任用会计人员不符合本法规定的。

有前款所列行为之一，构成犯罪的，依法追究刑事责任。

会计人员有第一款所列行为之一，情节严重的，5 年内不得从事会计工作。

有关法律对第一款所列行为的处罚另有规定的，依照有关法律的规定办理。

第四十三条 伪造、变造会计凭证、会计账簿，编制虚假财务会计报告，构成犯罪的，依法追究刑事责任。

有前款行为，尚不构成犯罪的，由县级以上人民政府财政部门予以通报，可以对单位并处 5 000 元以上 10 万元以下的罚款；对其直接负责的主管人员和其他直接责任人员，可以处 3 000 元以上 5 万元以下的罚款；属于国家工作人员的，还应当由其所在单位或者有关单位依法给予撤职直至开除的行政处分；其中的会计人员，5 年内不得从事会计工作。

《中华人民共和国注册会计师法》（2014）

第二十一条　注册会计师执行审计业务，必须按照执业准则、规则确定的工作程序出具报告。

注册会计师执行审计业务出具报告时，不得有下列行为：

（一）明知委托人对重要事项的财务会计处理与国家有关规定相抵触，而不予指明；

（二）明知委托人的财务会计处理会直接损害报告使用人或者其他利害关系人的利益，而予以隐瞒或者作不实的报告；

（三）明知委托人的财务会计处理会导致报告使用人或者其他利害关系人产生重大误解，而不予指明；

（四）明知委托人的会计报表的重要事项有其他不实的内容，而不予指明。

对委托人有前款所列行为，注册会计师按照执业准则、规则应当知道的，适用前款规定。

第二十二条　注册会计师不得有下列行为：

（一）在执行审计业务期间，在法律、行政法规规定不得买卖被审计单位的股票、债券或者不得购买被审计单位或者个人的其他财产的期限内，买卖被审计单位的股票、债券或者购买被审计单位或者个人所拥有的其他财产；

（二）索取、收受委托合同约定以外的酬金或者其他财物，或者利用执行业务之便，谋取其他不正当的利益；

（三）接受委托催收债款；

（四）允许他人以本人名义执行业务；

（五）同时在两个或者两个以上的会计师事务所执行业务；

（六）对其能力进行广告宣传以招揽业务；

（七）违反法律、行政法规的其他行为。

第三十一条 本法第十八条至第二十一条的规定，适用于会计师事务所。

第三十二条 会计师事务所不得有本法第二十二条第（一）项至第（四）项、第（六）项、第（七）项所列的行为。

第三十九条 会计师事务所违反本法第二十条、第二十一条规定的，由省级以上人民政府财政部门给予警告，没收违法所得，可以并处违法所得1倍以上5倍以下的罚款；情节严重的，并可以由省级以上人民政府财政部门暂停其经营业务或者予以撤销。

注册会计师违反本法第二十条、第二十一条规定的，由省级以上人民政府财政部门给予警告；情节严重的，可以由省级以上人民政府财政部门暂停其执行业务或者吊销注册会计师证书。

会计师事务所、注册会计师违反本法第二十条、第二十一条的规定，故意出具虚假的审计报告、验资报告，构成犯罪的，依法追究刑事责任。

《中华人民共和国行政处罚法》（2009）

第二十八条 违法行为构成犯罪，人民法院判处拘役或者有期徒刑时，行政机关已经给予当事人行政拘留的，应当依法折抵相应刑期。

违法行为构成犯罪，人民法院判处罚金时，行政机关已经给予当事人罚款的，应当折抵相应罚金。

第三十二条 当事人有权进行陈述和申辩。行政机关必须充分听取当事人的意见，对当事人提出的事实、理由和证据，应当进行复核；当事人提出的事实、理由或者证据成立的，行政机关应当采纳。

行政机关不得因当事人申辩而加重处罚。

第三十三条 违法事实确凿并有法定依据，对公民处以50元以下、对法人或者其他组织处以1 000元以下罚款或者警告的行政处罚的，可以当场作出行政处罚决定。当事人应当依照本法第四十六条、第四十七条、第四十八条的规定履行行政处罚决定。

《中华人民共和国行政处罚法》（2017）

第二十八条　违法行为构成犯罪，人民法院判处拘役或者有期徒刑时，行政机关已经给予当事人行政拘留的，应当依法折抵相应刑期。

违法行为构成犯罪，人民法院判处罚金时，行政机关已经给予当事人罚款的，应当折抵相应罚金。

第三十二条　当事人有权进行陈述和申辩。行政机关必须充分听取当事人的意见，对当事人提出的事实、理由和证据，应当进行复核；当事人提出的事实、理由或者证据成立的，行政机关应当采纳。

行政机关不得因当事人申辩而加重处罚。

第三十三条　违法事实确凿并有法定依据，对公民处以50元以下、对法人或者其他组织处以1 000元以下罚款或者警告的行政处罚的，可以当场作出行政处罚决定。当事人应当依照本法第四十六条、第四十七条、第四十八条的规定履行行政处罚决定。

《中华人民共和国行政处罚法》（2021）

第二十八条　行政机关实施行政处罚时，应当责令当事人改正或者限期改正违法行为。

当事人有违法所得，除依法应当退赔的外，应当予以没收。违法所得是指实施违法行为所取得的款项。法律、行政法规、部门规章对违法所得的计算另有规定的，从其规定。

第三十二条　当事人有下列情形之一，应当从轻或者减轻行政处罚：

（一）主动消除或者减轻违法行为危害后果的；

（二）受他人胁迫或者诱骗实施违法行为的；

（三）主动供述行政机关尚未掌握的违法行为的；

（四）配合行政机关查处违法行为有立功表现的；

（五）法律、法规、规章规定其他应当从轻或者减轻行政处罚的。

第三十三条　违法行为轻微并及时改正，没有造成危害后果的，不予行政处罚。初次违法且危害后果轻微并及时改正的，可以不予行政处罚。

当事人有证据足以证明没有主观过错的，不予行政处罚。法律、行政法规另有规定的，从其规定。

对当事人的违法行为依法不予行政处罚的，行政机关应当对当事人进行教育。

二、规章制度

《会计基础工作规范》（1996）

第五十条 会计机构、会计人员要根据审核无误的原始凭证填制记账凭证。

记账凭证可以分为收款凭证、付款凭证和转账凭证，也可以使用通用记账凭证。

第五十一条 记账凭证的基本要求是：

（一）记账凭证的内容必须具备：填制凭证的日期；凭证编号；经济业务摘要；会计科目；金额；所附原始凭证张数；填制凭证人员、稽核人员、记账人员、会计机构负责人、会计主管人员签名或者盖章。收款和付款记账凭证还应当由出纳人员签名或者盖章。

以自制的原始凭证或者原始凭证汇总表代替记账凭证的，也必须具备记账凭证应有的项目。

（二）填制记账凭证时，应当对记账凭证进行连续编号。一笔经济业务需要填制两张以上记账凭证的，可以采用分数编号法编号。

（三）记账凭证可以根据每一张原始凭证填制，或者根据若干张同类原始凭证汇总填制，也可以根据原始凭证汇总表填制。但不得将不同内容和类别的原始凭证汇总填制在一张记账凭证上。

（四）除结账和更正错误的记账凭证可以不附原始凭证外，其他记账必须附有原始凭证。如果一张原始凭证涉及几张记账凭证，可以把原始凭证附在一张主要的记账凭证后面，并在其他记账凭证上注明附有该原始凭证的记账凭证的编号或者附有原始凭证复印件。

一张原始凭证所列支出需要几个单位共同负担的，应当将其他单位负担的部分，开给对方原始凭证分割单，进行结算。原始凭证分割单必须具备原始凭证的基本内容：凭证名称、填制凭证日期、填制凭证单位名称或者填制人姓名、经办人的签名或者盖章、接受凭证单位名称、经济业务内容、数量、单价、金额和费用分摊情况等。

（五）如果在填制记账凭证时发生错误，应当重新填制。

已经登记入账的记账凭证，在当年内发现填写错误时，可以用红字填写一张与原内容相同的记账凭证，在摘要栏注明“注销某月某日某号凭证”字样，同时再用蓝字重新填制一张正确的记账凭证，注明“订正某月某日某号凭证”字样。如果会计科目没有错误，只是金额错误，也可以将正确数字与错误数字之间的差额，另编一张调整的记账凭证，调增金额用蓝字，调减金额用红字。发现以前年度记账凭证有错误的，应当用蓝字填制一张更正的记账凭证。

（六）记账凭证填制完经济业务事项后，如有空行，应当自金额栏最后一笔金额数字下的空行处至合计数上的空行处划线注销。

第五十五条 会计机构、会计人员要妥善保管会计凭证。

（一）会计凭证应当及时传递，不得积压。

（二）会计凭证登记完毕后，应当按照分类和编号顺序保管，不得散乱丢失。

（三）记账凭证应当连同所附的原始凭证或者原始凭证汇总表，按照编号顺序，折叠整齐，按期装订成册，并加具封面，注明单位名称、年度、月份和起讫日期、凭证种类、起讫号码，由装订人在装订线封签处签名或者盖章。

对于数量过多的原始凭证，可以单独装订保管，在封面上注明记账凭证日期、编号、种类，同时在记账凭证上注明“附件另订”和原始凭证名称及编号。

各种经济合同、存出保证金收据以及涉外文件等重要原始凭证，应当另编目录，单独登记保管，并在有关的记账凭证和原始凭证上相互注明日期和编号。

（四）原始凭证不得外借，其他单位如因特殊原因需要使用原始凭证时，经本单位会计机构负责人、会计主管人员批准，可以复制。向外单位提供的原始凭证复制件，应当在专设的登记簿上登记，并由提供人员和收取人员共同签名或者盖章。

（五）从外单位取得的原始凭证如有遗失，应当取得原开出单位盖有公章的证明，并注明原来凭证的号码、金额和内容等，由经办单位会计机构负责人、会计主管人员和单位领导人批准后，才能代作原始凭证。如果确实无法取得证明的，如火车、轮船、飞机票等凭证，由当事人写出详细情况，由经办单位会计机构负责人、会计主管人员和单位领导人批准后，代作原始凭证。

第七十八条 会计机构、会计人员对指使、强令编造、篡改财务报告行为，应当制止和纠正；制止和纠正无效的，应当向上级主管单位报告，请求处理。

《会计基础工作规范》（2019）

第五十条 会计机构、会计人员要根据审核无误的原始凭证填制记账凭证。

记账凭证可以分为收款凭证、付款凭证和转账凭证，也可以使用通用记账凭证。

第五十一条 记账凭证的基本要求是：

（一）记账凭证的内容必须具备：填制凭证的日期；凭证编号；经济业务摘要；会计科目；金额；所附原始凭证张数；填制凭证人员、稽核人员、记账人员、会计机构负责人、会计主管人员签名或者盖章。收款和付款记账凭证还应当由出纳人员签名或者盖章。

以自制的原始凭证或者原始凭证汇总表代替记账凭证的，也必须具备记账凭证应有的项目。

（二）填制记账凭证时，应当对记账凭证进行连续编号。一笔经济业务需要填制两张以上记账凭证的，可以采用分数编号法编号。

（三）记账凭证可以根据每一张原始凭证填制，或者根据若干张同类原始凭证汇总填制，也可以根据原始凭证汇总表填制。但不得将不同内容和类别的原始凭证汇总填制在一张记账凭证上。

（四）除结账和更正错误的记账凭证可以不附原始凭证外，其他记账凭证必须附有原始凭证。如果一张原始凭证涉及几张记账凭证，可以把原始凭证附在一张主要的记账凭证后面，并在其他记账凭证上注明附有该原始凭证的记账凭证的编号或者附原始凭证复印件。

一张原始凭证所列支出需要几个单位共同负担的，应当将其他单位负担的部分，开给对方原始凭证分割单，进行结算。原始凭证分割单必须具备原始凭证的基本内容：凭证名称、填制凭证日期、填制凭证单位名称或者填制人姓名、经办人的签名或者盖章、接受凭证单位名称、经济业务内容、数量、单价、金额和费用分摊情况等。

（五）如果在填制记账凭证时发生错误，应当重新填制。

已经登记入账的记账凭证，在当年内发现填写错误时，可以用红字填写一张与原内容相同的记账凭证，在摘要栏注明“注销某月某日某号凭证”字样，同时再用蓝字重新填制一张正确的记账凭证，注明“订正某月某日某号凭证”字样。如果会计科目没有错误，只是金额错误，也可以将正确数字与错误数字之间的差额，另编一张调整的记账凭证，调增金额用蓝字，调减金额用红字。发现以前年度记账凭证有错误的，应当用蓝字填制一张更正的记账凭证。

（六）记账凭证填制完经济业务事项后，如有空行，应当自金额栏最后一笔金额数字下的空行处至合计数上的空行处划线注销。

第五十五条　会计机构、会计人员要妥善保管会计凭证。

（一）会计凭证应当及时传递，不得积压。

（二）会计凭证登记完毕后，应当按照分类和编号顺序保管，不得散乱丢失。

（三）记账凭证应当连同所附的原始凭证或者原始凭证汇总表，按照编号顺序，折叠整齐，按期装订成册，并加具封面，注明单位名称、年度、月份和起讫日期、凭证种类、起讫号码，由装订人在装订线封签外签名或者盖章。

对于数量过多的原始凭证，可以单独装订保管，在封面上注明记账凭证日期、编号、种类，同时在记账凭证上注明“附件另订”和原始凭证名称及编号。

各种经济合同、存出保证金收据以及涉外文件等重要原始凭证，应当另编目录，单独登记保管，并在有关的记账凭证和原始凭证上相互注明日期和编号。

（四）原始凭证不得外借，其他单位如因特殊原因需要使用原始凭证时，经本单位会计机构负责人、会计主管人员批准，可以复制。向外单位提供的原始凭证复制件，应当在专设的登记簿上登记，并由提供人员和收取人员共同签名或者盖章。

（五）从外单位取得的原始凭证如有遗失，应当取得原开出单位盖有公章的证明，并注明原来凭证的号码、金额和内容等，由经办单位会计机构负责人、会计主管人员和单位领导人批准后，才能代作原始凭证。如果确实无法取得证明的，如火车、轮船、飞机票等凭证，由当事人写出详细情况，由经办单位会计机构负责人、会计主管人员和单位领导人批准后，代作原始凭证。

第七十八条 会计机构、会计人员应当对财务收支进行监督。

（一）对审批手续不全的财务收支，应当退回，要求补充、更正。

（二）对违反规定不纳入单位统一会计核算的财务收支，应当制止和纠正。

（三）对违反国家统一的财政、财务、会计制度规定的财务收支，不予办理。

（四）对认为是违反国家统一的财政、财务、会计制度规定的财务收支，应当制止和纠正；制止和纠正无效的，应当向单位领导人提出书面意见请求处理。单位领导人应当在接到书面意见起10日内作出书面决定，并对决定承担责任。

（五）对违反国家统一的财政、财务、会计制度规定的财务收支，不予制止和纠正，又不向单位领导人提出书面意见的，也应当承担责任。

（六）对严重违反国家利益和社会公众利益的财务收支，应当向主管单位或者财政、审计、税务机关报告。

《企业财务会计报告条例》

第三十一条　企业对外提供的财务会计报告应当依次编定页数，加具封面，装订成册，加盖公章。封面上应当注明：企业名称、企业统一代码、组织形式、地址、报表所属年度或者月份、报出日期，并由企业负责人和主管会计工作的负责人、会计机构负责人（会计主管人员）签名并盖章；设置总会计师的企业，还应当由总会计师签名并盖章。

《财政部门行使行政处罚裁量权指导规范》

第八条　确定财政行政处罚的种类和幅度，应当按照下列步骤进行：

（一）结合财政违法行为的事实、性质、情节和社会危害程度以及主客观因素等，界定违法行为的违法程度；

（二）根据相关法律、法规和规章的规定，参照本规范，考虑财政违法行为是否具有从重，从轻、减轻，或者不予行政处罚的情形；

（三）根据相关法律、法规和规章的规定，决定是否对财政违法行为予以处罚，予以何种处罚，以及何种幅度的处罚。

《财政部关于注册会计师在审计报告上签名盖章有关问题的通知》

二、审计报告应当由两名具备相关业务资格的注册会计师签名盖章并经会计师事务所盖章方为有效。

（一）合伙会计师事务所出具的审计报告，应当由一名对审计项目负最终复核责任的合伙人和一名负责该项目的注册会计师签名盖章。

（二）有限责任会计师事务所出具的审计报告，应当由会计师事务所主任会计师或其授权的副主任会计师和一名负责该项目的注册会计师签名盖章。

《财政部关于印发〈增值税会计处理规定〉的通知》（2016）

三、财务报表相关项目列示

“应交税费”科目下的“应交增值税”“未交增值税”“待抵扣进项税额”“待认证进项税额”“增值税留抵税额”等明细科目期末借方余额应根据情况，在资产负债表中的“其他流动资产”或“其他非流动资产”项目列示；“应交税费——待转销项税额”等科目期末贷方余额应根据情况，在资产负债表中的“其他流动负债”或“其他非流动负债”项目列示；“应交税费”科目下的“未交增值税”“简易计税”“转让金融商品应交增值税”“代扣代交增值税”等科目期末贷方余额应在资产负债表中的“应交税费”项目列示。

《会计师事务所审批和监督暂行办法》（财政部令第24号，2005）

第四十八条 会计师事务所及其分所未保持设立条件的，应在20日内向所在地的省级财政部门备案，由所在地的省级财政部门责令其在60日内整改。未在规定期限内备案或者整改期满仍未达到设立条件的，由所在地的省级财政部门撤回设立许可。

第五十九条 会计师事务所或者注册会计师违反本办法规定的，由财政部或者省级财政部门依法给予行政处罚；违法情节轻微，没有造成危害后果的，可以采取下达关注函等方式进行处理或移送注册会计师协会处理。

第六十七条 公民、法人或者其他组织未经批准，擅自从事注册会计师法第十四条规定的注册会计师业务的，给予警告，并责令其停止违法活动，没收违法所得；情节严重的，可以并处1倍以上5倍以下的罚款。

第七十四条 本办法施行前批准设立的会计师事务所及其分所发生变更事项，其变更后的情况应当符合本办法的规定。

《会计师事务所执业许可和监督管理办法》（财政部令第97号，2019）

第六条 会计师事务所可以采用普通合伙、特殊普通合伙或者有限责任公司形式。

会计师事务所从事证券服务业务和经法律、行政法规规定的关系公众利益的其他特定业务，应当采用普通合伙或者特殊普通合伙形式，接受财政部的监督。

第七条 会计师事务所应当自领取营业执照之日起60日内，向所在地的省级财政部门申请执业许可。

未取得会计师事务所执业许可的，不得以会计师事务所的名义开展业务活动，不得从事《注册会计师法》第十四条规定的业务（以下简称注册会计师法定业务）。

第十条 有限责任会计师事务所申请执业许可，应当具备下列条件：

（一）5名以上股东，且股东均符合本办法第十一条规定条件；

（二）不少于人民币30万元的注册资本；

（三）股东共同制定的公司章程；

（四）有经营场所。

第十一条 除本办法第十二条规定外，会计师事务所的合伙人（股东），应当具备下列条件：

（一）具有注册会计师执业资格；

（二）成为合伙人（股东）前3年内没有因为执业行为受到行政处罚；

（三）最近连续3年在会计师事务所从事审计业务且在会计师事务所从事审计业务时间累计不少于10年或者取得注册会计师执业资格后最近连续5年在会计师事务所从事审计业务；

（四）成为合伙人（股东）前3年内没有因欺骗、贿赂等不正当手段申请会计师事务所执业许可而被省级财政部门作出不予受理、不予批准或者撤销会计师事务所执业许可的决定；

（五）在境内有稳定住所，每年在境内居留不少于6个月，且最近连续居留已满5年。

因受行政处罚、刑事处罚被吊销、撤销注册会计师执业资格的，其被吊销、撤销执业资格之前在会计师事务所从事审计业务的年限，不得计入本条第一款第三项规定的累计年限。

第四十四条 会计师事务所及其分所在接受财政部或者省级财政部门（以下简称省级以上财政部门）检查、整改及整改情况核查期间，不得办理以下手续：

（一）首席合伙人（主任会计师）、审计业务主管合伙人（股东）、质量控制主管合伙人（股东）和相关签字注册会计师的离职、退伙（转股）或者转所；

（二）跨省级行政区划迁移经营场所。

第四十八条 财政部应当加强对省级财政部门监督、指导会计师事务所和注册会计师工作的监督检查。

省级财政部门应当按照财政部要求建立信息报告制度，将会计师事务所和注册会计师发生的重大违法违规案件及时上报财政部。

第五十一条 会计师事务所应当在出具审计报告及其他鉴证报告后30日内，通过财政会计行业管理系统报备签字注册会计师、审计意见、审计收费等基本信息。

会计师事务所应当在出具审计报告后60日内，通过财政会计行业管理系统报备其出具的年度财务报表审计报告，省级财政部门不得自行增加报备信息，不得要求会计师事务所报送纸质材料，并与注册会计师协会等实行信息共享。

第五十四条 会计师事务所和注册会计师应当接受省级以上财政部门依法实施的监督检查，如实提供中文工作底稿及相关资料，不得拒绝、延误、阻挠、逃避检查，不得谎报、隐匿、销毁相关证据材料。

会计师事务所或者注册会计师有明显转移、隐匿有关证据材料迹象的，省级以上财政部门可以对证据材料先行登记保存。

第五十八条　会计师事务所未按照本办法第五十一条、第五十六条规定报备的，省级以上财政部门应当责令限期补交报备材料、约谈首席合伙人（主任会计师），并视补交报备材料和约谈情况组织核查。

第五十九条　会计师事务所及其分所未能持续符合执业许可条件的，会计师事务所应当在20日内向所在地的省级财政部门报告，并在报告日后60日内自行整改。

省级财政部门在日常管理、监督检查中发现会计师事务所及其分所未持续符合执业许可条件的，应当责令其在60日内整改。

整改期满，会计师事务所及其分所仍未达到执业许可条件的，由所在地的省级财政部门撤销执业许可并予以公告。

第六十条　会计师事务所和注册会计师必须按照执业准则、规则的要求，在实施必要的审计程序后，以经过核实的审计证据为依据，形成审计意见，出具审计报告，不得有下列行为：

（一）在未履行必要的审计程序，未获取充分适当的审计证据的情况下出具审计报告；

（二）对同一委托单位的同一事项，依据相同的审计证据出具不同结论的审计报告；

（三）隐瞒审计中发现的问题，发表不恰当的审计意见；

（四）为被审计单位编造或者伪造事由，出具虚假或者不实的审计报告；

（五）未实施严格的逐级复核制度，未按规定编制和保存审计工作底稿；

（六）未保持形式上和实质上的独立；

（七）违反执业准则、规则的其他行为。

第六十二条　会计师事务所不得有下列行为：

（一）分支机构未取得执业许可；

（二）对分所未实施实质性统一管理；

（三）向省级以上财政部门提供虚假材料或者不及时报送相关材料；

（四）雇用正在其他会计师事务所执业的注册会计师，或者允许本所人员以他人名义执行业务，或者明知本所的注册会计师在其他会计师事务所执业而不予制止；

（五）允许注册会计师在本所挂名而不在本所执行业务，或者明知本所注册会计师在其他单位从事获取工资性收入的工作而不予制止；

（六）借用、冒用其他单位名义承办业务；

（七）允许其他单位或者个人以本所名义承办业务；

（八）采取强迫、欺诈、贿赂等不正当方式招揽业务，或者通过网络平台或者其他媒介售卖注册会计师业务报告；

（九）承办与自身规模、执业能力、风险承担能力不匹配的业务；

（十）违反法律、行政法规的其他行为。

第六十三条 会计师事务所或者注册会计师违反法律法规及本办法规定的，由省级以上财政部门依法给予行政处罚。

违法情节轻微，没有造成危害后果的，省级以上财政部门可以采取责令限期整改、下达监管关注函、出具管理建议书、约谈、通报等方式进行处理。

第六十五条 会计师事务所及其分所已办理完工商登记手续但未在规定时间内申请执业许可的，以及违反本办法第二十二条第三款、第三十二条第三款、第四十二条规定的，由省级财政部门责令限期改正，逾期不改正的，通知工商行政管理部门依法进行处理，并予以公告，对其执行合伙事务合伙人、法定代表人或者分所负责人给予警告，不予办理变更、转所手续。

第六十七条 会计师事务所违反本办法第六十条第一项至第四项规定的，由省级以上财政部门给予警告，没收违法所得，可以并处违法所得1倍以上5倍以下的罚款；情节严重的，并可以由省级以上财政部门暂停其执业1个月到1年或者吊销执业许可。

会计师事务所违反本办法第六十条第五项至第七项规定，情节轻微，没有造成危害后果的，按照本办法第六十三条第二款的规定进行处理；情节严重的，由省级以上财政部门给予警告，没收违法所得。

第六十八条　会计师事务所违反本办法第二十四条、第六十二条第二项至第十项规定的，由省级以上财政部门责令限期整改，未按规定期限整改的，对会计师事务所给予警告，有违法所得的，可以并处违法所得1倍以上3倍以下罚款，最高不超过3万元；没有违法所得的，可以并处1万元以下的罚款。对会计师事务所首席合伙人（主任会计师）等相关管理人员和直接责任人员可以给予警告，情节严重的，可以并处1万元以下罚款；涉嫌犯罪的，移送司法机关，依法追究刑事责任。

第六十九条　会计师事务所违反本办法第四十四条、第五十四条规定的，由省级以上财政部门对会计师事务所给予警告，可以并处1万元以下的罚款；对会计师事务所首席合伙人（主任会计师）等相关管理人员和直接责任人员给予警告，可以并处1万元以下罚款。

第七十条　注册会计师违反本办法第六十条第一项至第四项规定的，由省级以上财政部门给予警告；情节严重的，可以由省级以上财政部门暂停其执行业务1个月至1年或者吊销注册会计师证书。

注册会计师违反本办法第六十条第五项至第七项规定的，情节轻微，没有造成危害后果的，按照本办法第六十三条第二款的规定进行处理；情节严重的，由省级以上财政部门给予警告。

第七十二条　法人或者其他组织未获得执业许可，或者被撤销、注销执业许可后继续承办注册会计师法定业务的，由省级以上财政部门责令其停止违法活动，没收违法所得，可以并处违法所得1倍以上5倍以下的罚款。

会计师事务所违反本办法第六条第二款规定的，适用前款规定处理。

《深圳经济特区注册会计师条例》

第五十七条　注册会计师执行审计业务，应当勤勉尽责，按照执业准则规定的工作程序出具业务报告。

有下列情形之一的，可以认定注册会计师已经勤勉尽责：

（一）注册会计师已严格遵守执业准则和职业道德规范，仍无法发现虚假成分；

（二）注册会计师遵守验资程序，确认投资已经到位，但是企业在登记后又抽逃资金；

（三）注册会计师在执业时受到委托人、被审计单位、金融机构及其他机构欺诈；

（四）注册会计师在业务报告中就重要内容作了真实披露。

第六十二条 本条例第五十一条第一款、第五十二条、第五十四条、第五十七条第一款的有关规定，适用于会计师事务所。

第八十五条 违反本条例第五十七条第一款规定的，由市财政部门给予警告或者处 2 万元以上 5 万元以下罚款；情节严重的，责令注册会计师、会计师事务所暂停执业 3 个月以上 12 个月以下。

《中国注册会计师职业道德守则第 1 号——职业道德基本原则》(2009)

第四条 注册会计师应当获取和保持专业胜任能力，保持应有的关注，勤勉尽责。

第五条 注册会计师应当履行保密义务，对职业活动中获知的涉密信息保密。

《中国注册会计师职业道德守则第 1 号——职业道德基本原则》(2020)

第五条 职业道德守则中的条款，按照其效力和使用方法，可以分为三类：

（一）要求或禁止性条款。此类条款通常使用“应当”或“不得”等词语，强制要求注册会计师在特定情形下从事某项活动或行为，或者禁止从事某项活动或行为，除非出现与之相关的例外情况。注册会计师违反此类条款将被视为违反职业道德守则的规定；

（二）鼓励或建议性条款。此类条款通常使用“可以”“鼓励”等词语，用来对注册会计师的活动或行为提供相关建议，不构成强制性要求；

（三）解释或举例性条款。此类条款通常使用“例如”“举例来说”等词语，或直接陈述某项事实，用来对相关条款作出解释或举例说明，以帮助注册会计师理解和掌握。

第十六条　注册会计师应当遵循专业胜任能力和勤勉尽责原则。

根据该原则的要求，注册会计师应当：

（一）获取并保持应有的专业知识和技能，确保为客户提供具有专业水准的服务；

（二）做到勤勉尽责。

三、审计准则

《中国注册会计师审计准则第1101号——注册会计师的总体目标和审计工作的基本要求》（2010）

第二十七条　注册会计师应当遵守与财务报表审计相关的职业道德要求，包括遵守有关独立性的要求。

第三十条　为了获取合理保证，注册会计师应当获取充分、适当的审计证据，以将审计风险降至可接受的低水平，使其能够得出合理的结论，作为形成审计意见的基础。

《中国注册会计师审计准则第1101号——注册会计师的总体目标和审计工作的基本要求》（2019）

第二十七条　注册会计师应当遵守与财务报表审计相关的职业道德要求，包括遵守有关独立性的要求。

第三十条　为了获取合理保证，注册会计师应当获取充分、适当的审计证据，以将审计风险降至可接受的低水平，使其能够得出合理的结论，作为形成审计意见的基础。

《中国注册会计师审计准则第 1101 号——注册会计师的总体目标和审计工作的基本要求》（2022）

第二十七条 注册会计师应当遵守与财务报表审计相关的职业道德要求，包括遵守有关独立性的要求。

第三十条 为了获取合理保证，注册会计师应当获取充分、适当的审计证据，以将审计风险降至可接受的低水平，使其能够得出合理的结论，作为形成审计意见的基础。

《中国注册会计师审计准则第 1121 号——对财务报表审计实施的质量控制》（2010）

第三十条 项目合伙人应当对项目组按照会计师事务所复核政策和程序实施的复核负责。

第三十九条 注册会计师应当就下列事项形成审计工作底稿：

（一）识别出的与遵守相关职业道德要求有关的问题，以及这些问题是如何得到解决的；

（二）针对适用于审计业务的独立性要求的遵守情况得出的结论，以及为支持该结论与会计师事务所进行的讨论；

（三）得出的有关客户关系和审计业务的接受与保持的结论；

（四）在审计过程中咨询的性质、范围和形成的结论。

第四十条 针对已复核的审计业务，项目质量控制复核人员应当就下列事项形成审计工作底稿：

（一）会计师事务所项目质量控制复核政策要求的程序已得到实施；

（二）项目质量控制复核在审计报告日或审计报告日之前已完成；

（三）项目质量控制复核人员没有注意到任何尚未解决的事项，使其认为项目组作出的重大判断和得出的结论不适当。

《中国注册会计师审计准则第1121号——对财务报表审计实施的质量控制》（2019）

第三十条　项目合伙人应当对项目组按照会计师事务所复核政策和程序实施的复核负责。

第三十九条　注册会计师应当就下列事项形成审计工作底稿：

（一）识别出的与遵守相关职业道德要求有关的问题，以及这些问题是如何得到解决的；

（二）针对适用于审计业务的独立性要求的遵守情况得出的结论，以及为支持该结论与会计师事务所进行的讨论；

（三）得出的有关客户关系和审计业务的接受与保持的结论；

（四）在审计过程中咨询的性质、范围和形成的结论。

第四十条　针对已复核的审计业务，项目质量控制复核人员应当就下列事项形成审计工作底稿：

（一）会计师事务所项目质量控制复核政策要求的程序已得到实施；

（二）项目质量控制复核在审计报告日或审计报告日之前已完成；

（三）项目质量控制复核人员没有注意到任何尚未解决的事项，使其认为项目组作出的重大判断和得出的结论不适当。

《中国注册会计师审计准则第1121号——对财务报表审计实施的质量控制》（2020）

第三十条　如果项目合伙人通过会计师事务所质量管理体系或其他来源获得的信息，注意到某些事项表明适用于审计业务的性质和具体情况的相关职业道德要求未得到遵守，项目合伙人应当在咨询会计师事务所相关人员后，立即采取适当行动。

第三十九条　项目合伙人应当在考虑审计项目的性质和具体情况的基础上，制定合理的时间预算，以保证项目合伙人和审计项目组其他成员投入充分时间参与审计项目。

第四十条 项目合伙人应当负责对审计项目组成员进行指导、监督并复核其工作。

《中国注册会计师审计准则第1111号——就审计业务约定条款达成一致意见》(2016)

第五条 注册会计师的目标是，只有通过实施下列工作就执行审计工作的基础达成一致意见后，才承接或保持审计业务：

（一）确定审计的前提条件存在；

（二）确认注册会计师和管理层已就审计业务约定条款达成一致意见。

第九条 注册会计师应当就审计业务约定条款与管理层或治理层（如适用）达成一致意见。

第十条 注册会计师应当将达成一致意见的审计业务约定条款记录于审计业务约定书或其他适当形式的书面协议中。

审计业务约定条款应当包括下列主要内容：

（一）财务报表审计的目标与范围；

（二）注册会计师的责任；

（三）管理层的责任；

（四）指出用于编制财务报表所适用的财务报告编制基础；

（五）提及注册会计师拟出具的审计报告的预期形式和内容，以及对在特定情况下出具的审计报告可能不同于预期形式和内容的说明。

《中国注册会计师审计准则第1111号——就审计业务约定条款达成一致意见》(2022)

第五条 注册会计师的目标是，只有通过实施下列工作就执行审计工作的基础达成一致意见后，才承接或保持审计业务：（一）确定审计的前提条件存在；（二）确认注册会计师和管理层已就审计业务约定条款达成一致意见。

第九条 注册会计师应当就审计业务约定条款与管理层或治理层（如

适用）达成一致意见。

第十条　注册会计师应当将达成一致意见的审计业务约定条款记录于审计业务约定书或其他适当形式的书面协议中。

审计业务约定条款应当包括下列主要内容：

（一）财务报表审计的目标与范围；

（二）注册会计师的责任；

（三）管理层的责任；

（四）指出用于编制财务报表所适用的财务报告编制基础；

（五）提及注册会计师拟出具的审计报告的预期形式和内容，以及对在特定情况下出具的审计报告可能不同于预期形式和内容的说明。

《中国注册会计师审计准则第1131号——审计工作底稿》（2006）

第三条　本准则所称审计工作底稿，是指注册会计师对制定的审计计划、实施的审计程序、获取的相关审计证据，以及得出的审计结论作出的记录。

第八条　对每项具体审计业务，注册会计师应当将审计工作底稿归整为审计档案。

第九条　注册会计师编制的审计工作底稿，应当使得未曾接触该项审计工作的有经验的专业人士清楚了解：

（一）按照审计准则的规定实施的审计程序的性质、时间和范围；

（二）实施审计程序的结果和获取的审计证据；

（三）就重大事项得出的结论。

有经验的专业人士，是指对下列方面有合理了解的人士：

（一）审计过程；

（二）相关法律法规和审计准则的规定；

（三）被审计单位所处的经营环境；

（四）与被审计单位所处行业相关的会计和审计问题。

第十条　在确定审计工作底稿的格式、内容和范围时，注册会计师应当考虑下列因素：

（一）实施审计程序的性质；

（二）已识别的重大错报风险；

（三）在执行审计工作和评价审计结果时需要作出判断的范围；

（四）已获取审计证据的重要程度；

（五）已识别的例外事项的性质和范围；

（六）当从已执行审计工作或获取审计证据的记录中不易确定结论或结论的基础时，记录结论或结论的基础的必要性；

（七）使用的审计方法和工具。

《中国注册会计师审计准则第1131号——审计工作底稿》（2010）

第三条 在符合本准则和其他相关审计准则要求的情况下，审计工作底稿能够实现下列目的：

（一）提供证据，作为注册会计师得出实现总体目标结论的基础；

（二）提供证据，证明注册会计师按照审计准则和相关法律法规的规定计划和执行了审计工作。

第八条 注册会计师的目标是，编制审计工作底稿以便：

（一）提供充分、适当的记录，作为出具审计报告的基础；

（二）提供证据，证明注册会计师已按照审计准则和相关法律法规的规定计划和执行了审计工作。

第九条 注册会计师应当及时编制审计工作底稿。

第十条 注册会计师编制的审计工作底稿，应当使得未曾接触该项审计工作的有经验的专业人士清楚了解：

（一）按照审计准则和相关法律法规的规定实施的审计程序的性质、时间安排和范围；

（二）实施审计程序的结果和获取的审计证据；

（三）审计中遇到的重大事项和得出的结论，以及在得出结论时作出的重大职业判断。

《中国注册会计师审计准则第1131号——审计工作底稿》（2016）

第三条　在符合本准则和其他相关审计准则要求的情况下，审计工作底稿能够实现下列目的：

（一）提供证据，作为注册会计师得出实现总体目标结论的基础；

（二）提供证据，证明注册会计师按照审计准则和相关法律法规的规定计划和执行了审计工作。

第八条　注册会计师的目标是，编制审计工作底稿以便：

（一）提供充分、适当的记录，作为出具审计报告的基础；

（二）提供证据，证明注册会计师已按照审计准则和相关法律法规的规定计划和执行了审计工作。

第九条　注册会计师应当及时编制审计工作底稿。

第十条　注册会计师编制的审计工作底稿，应当使得未曾接触该项审计工作的有经验的专业人士清楚了解：

（一）按照审计准则和相关法律法规的规定实施的审计程序的性质、时间安排和范围；

（二）实施审计程序的结果和获取的审计证据；

（三）审计中遇到的重大事项和得出的结论，以及在得出结论时作出的重大职业判断。

《中国注册会计师审计准则第1131号——审计工作底稿》（2022）

第三条　在符合本准则和其他相关审计准则要求的情况下，审计工作底稿能够实现下列目的：

（一）提供证据，作为注册会计师得出实现总体目标结论的基础；

（二）提供证据，证明注册会计师按照审计准则和相关法律法规的规定计划和执行了审计工作。

第八条　注册会计师的目标是，编制审计工作底稿以便：

（一）提供充分、适当的记录，作为出具审计报告的基础；

（二）提供证据，证明注册会计师已按照审计准则和相关法律法规的规定计划和执行了审计工作。

第九条 注册会计师应当及时编制审计工作底稿。

第十条 注册会计师编制的审计工作底稿，应当使得未曾接触该项审计工作的有经验的专业人士清楚了解：

（一）按照审计准则和相关法律法规的规定实施的审计程序的性质、时间安排和范围；

（二）实施审计程序的结果和获取的审计证据；

（三）审计中遇到的重大事项和得出的结论，以及在得出结论时作出的重大职业判断。

《中国注册会计师审计准则第1141号——财务报表审计中与舞弊相关的责任》（2010）

第二十七条 在识别和评估由于舞弊导致的重大错报风险时，注册会计师应当基于收入确认存在舞弊风险的假定，评价哪些类型的收入、收入交易或认定导致舞弊风险。

第二十八条 注册会计师应当将评估的由于舞弊导致的重大错报风险作为特别风险。如果此前未了解与此类风险相关的控制，注册会计师应当了解相关控制，包括了解控制活动。

第二十九条 按照《中国注册会计师审计准则第1231号——针对评估的重大错报风险采取的应对措施》的规定，注册会计师应当针对评估的由于舞弊导致的财务报表层次重大错报风险确定总体应对措施。

第四十一条 如果由于舞弊或舞弊嫌疑导致出现错报，致使注册会计师遇到对其继续执行审计业务的能力产生怀疑的异常情形，注册会计师应当：

（一）确定适用于具体情况的职业责任和法律责任，包括是否需要向审计业务委托人或监管机构报告；

（二）在相关法律法规允许的情况下，考虑是否需要解除业务约定。

第四十八条　《中国注册会计师审计准则第1211号——通过了解被审计单位及其环境识别和评估重大错报风险》规定注册会计师应当记录对被审计单位及其环境的了解以及对重大错报风险的评估结果。注册会计师应当将下列内容形成审计工作底稿：

（一）项目组内部就由于舞弊导致财务报表重大错报的可能性进行讨论所得出的重要结论；

（二）识别和评估的由于舞弊导致的财务报表层次和认定层次的重大错报风险。

第四十九条　《中国注册会计师审计准则第1231号——针对评估的重大错报风险采取的应对措施》规定注册会计师应当记录对评估的重大错报风险采取的应对措施。注册会计师应当将下列内容形成审计工作底稿：

（一）对评估的由于舞弊导致的财务报表层次的重大错报风险采取的总体应对措施；

（二）审计程序的性质、时间安排和范围；

（三）审计程序与评估的由于舞弊导致的认定层次的重大错报风险之间的联系；

（四）实施审计程序（包括用于应对管理层凌驾于控制之上的风险而实施的审计程序）的结果。

《中国注册会计师审计准则第1141号——财务报表审计中与舞弊相关的责任》（2019）

第二十七条　在识别和评估由于舞弊导致的重大错报风险时，注册会计师应当基于收入确认存在舞弊风险的假定，评价哪些类型的收入、收入交易或认定导致舞弊风险。

如果认为收入确认存在舞弊风险的假定不适用于业务的具体情况，从而未将收入确认作为由于舞弊导致的重大错报风险领域，注册会计师应当按照本准则第五十一条的规定形成相应的审计工作底稿。

第二十八条 注册会计师应当将评估的由于舞弊导致的重大错报风险作为特别风险。如果此前未了解与此类风险相关的控制，注册会计师应当了解相关控制，包括了解控制活动。

第二十九条 按照《中国注册会计师审计准则第1231号——针对评估的重大错报风险采取的应对措施》的规定，注册会计师应当针对评估的由于舞弊导致的财务报表层次重大错报风险确定总体应对措施。

第四十一条 如果由于舞弊或舞弊嫌疑导致出现错报，致使注册会计师遇到对其继续执行审计业务的能力产生怀疑的异常情形，注册会计师应当：

（一）确定适用于具体情况的职业责任和法律责任，包括是否需要向审计业务委托人或监管机构报告；

（二）在相关法律法规允许的情况下，考虑是否需要解除业务约定。

第四十八条 《中国注册会计师审计准则第1211号——通过了解被审计单位及其环境识别和评估重大错报风险》规定注册会计师应当记录对被审计单位及其环境的了解以及对重大错报风险的评估结果。注册会计师应当将下列内容形成审计工作底稿：

（一）项目组内部就由于舞弊导致财务报表重大错报的可能性进行讨论所得出的重要结论；

（二）识别和评估的由于舞弊导致的财务报表层次和认定层次的重大错报风险。

第四十九条 《中国注册会计师审计准则第1231号——针对评估的重大错报风险采取的应对措施》规定注册会计师应当记录对评估的重大错报风险采取的应对措施。注册会计师应当将下列内容形成审计工作底稿：

（一）对评估的由于舞弊导致的财务报表层次的重大错报风险采取的总体应对措施；

（二）审计程序的性质、时间安排和范围；

（三）审计程序与评估的由于舞弊导致的认定层次的重大错报风险之

间的联系；

（四）实施审计程序（包括用于应对管理层凌驾于控制之上的风险而实施的审计程序）的结果。

《中国注册会计师审计准则第 1142 号——财务报表审计中对法律法规的考虑》（2006）

第二十九条　如果认为违反法规行为是故意和重大的，注册会计师应当就发现的情况立即与治理层沟通。

第三十条　如果怀疑违反法规行为涉及高级管理人员，注册会计师应当向被审计单位内部的审计委员会或监事会等更高层次的机构报告。

如果不存在更高层次的机构，或注册会计师认为报告不起作用，或难以确定向谁报告，注册会计师应当考虑征询法律意见。

《中国注册会计师审计准则第 1142 号——财务报表审计中对法律法规的考虑》（2010）

第二十九条　如果识别出或怀疑存在违反法律法规行为，注册会计师应当确定法律法规或相关职业道德要求是否：

（一）要求注册会计师向被审计单位以外的适当机构作出报告；

（二）规定了相关责任，基于该责任注册会计师向被审计单位以外的适当机构报告在具体情形下可能是适当的。

《中国注册会计师审计准则第 1142 号——财务报表审计中对法律法规的考虑》（2019）

第二十九条　如果识别出或怀疑存在违反法律法规行为，注册会计师应当确定法律法规或相关职业道德要求是否：

（一）要求注册会计师向被审计单位以外的适当机构作出报告；

（二）规定了相关责任，基于该责任注册会计师向被审计单位以外的适当机构报告在具体情形下可能是适当的。

第三十条 注册会计师应当在审计工作底稿中记录识别出的或怀疑存在的违反法律法规行为，以及：

（一）已实施的审计程序、作出的重大职业判断和形成的结论；

（二）与管理层、治理层和其他人员就违反法律法规行为相关的重大事项所作的讨论，包括管理层和治理层（如适用）如何应对这些事项。

《中国注册会计师审计准则第 1201 号——计划审计工作》（2010）

第七条 注册会计师应当制定总体审计策略，以确定审计工作的范围、时间安排和方向，并指导具体审计计划的制定。

第八条 在制定总体审计策略时，注册会计师应当考虑按照《中国注册会计师审计准则第 1121 号——对财务报表审计实施的质量管理》的要求获取的信息，并采取下列措施：

（一）确定审计业务的特征，以界定审计范围；

（二）明确审计业务的报告目标，以计划审计的时间安排和所需沟通的性质；

（三）根据职业判断，考虑用以指导项目组工作方向的重要因素；

（四）考虑初步业务活动的结果，并考虑项目合伙人对被审计单位执行其他业务时获得的经验是否与审计业务相关（如适用）；

（五）确定执行业务所需资源的性质、时间安排和范围。

第九条 注册会计师应当制定具体审计计划。

具体审计计划应当包括下列内容：

（一）计划对项目组成员实施指导、监督并复核其工作的性质、时间安排和范围；

（二）按照《中国注册会计师审计准则第 1211 号——通过了解被审计单位及其环境识别和评估重大错报风险》的规定，计划实施的风险评估程序的性质、时间安排和范围；

（三）按照《中国注册会计师审计准则第 1231 号——针对评估的重大

错报风险采取的应对措施》的规定，在认定层次计划实施的进一步审计程序的性质、时间安排和范围；

（四）根据审计准则的规定，计划应当实施的其他审计程序。

《中国注册会计师审计准则第 1201 号——计划审计工作》（2022）

第七条　注册会计师应当制定总体审计策略，以确定审计工作的范围、时间安排和方向，并指导具体审计计划的制定。

第八条　在制定总体审计策略时，注册会计师应当考虑按照《中国注册会计师审计准则第 1121 号——对财务报表审计实施的质量管理》的要求获取的信息，并采取下列措施：

（一）确定审计业务的特征，以界定审计范围；

（二）明确审计业务的报告目标，以计划审计的时间安排和所需沟通的性质；

（三）根据职业判断，考虑用以指导项目组工作方向的重要因素；

（四）考虑初步业务活动的结果，并考虑项目合伙人对被审计单位执行其他业务时获得的经验是否与审计业务相关（如适用）；

（五）确定执行业务所需资源的性质、时间安排和范围。

第九条　注册会计师应当制定具体审计计划。

具体审计计划应当包括下列内容：

（一）计划对项目组成员实施指导、监督并复核其工作的性质、时间安排和范围；

（二）按照《中国注册会计师审计准则第 1211 号——通过了解被审计单位及其环境识别和评估重大错报风险》的规定，计划实施的风险评估程序的性质、时间安排和范围；

（三）按照《中国注册会计师审计准则第 1231 号——针对评估的重大错报风险采取的应对措施》的规定，在认定层次计划实施的进一步审计程序的性质、时间安排和范围；

（四）根据审计准则的规定，计划应当实施的其他审计程序。

《中国注册会计师审计准则第1211号——通过了解被审计单位及其环境识别和评估重大错报风险》（2010）

第八条 注册会计师应当实施风险评估程序，为识别和评估财务报表层次和认定层次的重大错报风险提供基础。但是，风险评估程序本身并不能为形成审计意见提供充分、适当的审计证据。

第九条 风险评估程序应当包括：

（一）询问管理层以及被审计单位内部其他人员；

（二）分析程序；

（三）观察和检查。

需要询问的被审计单位内部其他人员，是注册会计师根据判断认为可能拥有某些信息的人员，这些信息有助于识别由于舞弊或错误导致的重大错报风险。

第十四条 注册会计师应当从下列方面了解被审计单位及其环境：

（一）相关行业状况、法律环境和监管环境及其他外部因素，包括适用的财务报告编制基础；

（二）被审计单位的性质，包括经营活动、所有权和治理结构、正在实施和计划实施的投资（包括对特殊目的实体的投资）的类型、组织结构和筹资方式。了解被审计单位的性质，可以使注册会计师了解预期在财务报表中反映的各类交易、账户余额和披露；

（三）被审计单位对会计政策的选择和运用，包括变更会计政策的原因。注册会计师应当根据被审计单位的经营活动，评价会计政策是否适当，并与适用的财务报告编制基础、相关行业使用的会计政策保持一致；

（四）被审计单位的目标、战略以及可能导致重大错报风险的相关经营风险；

（五）对被审计单位财务业绩的衡量和评价；

（六）被审计单位的内部控制。

注册会计师应当根据本章第三节的规定了解内部控制。

第十五条　注册会计师应当了解与审计相关的内部控制。虽然大部分与审计相关的控制可能与财务报告相关，但并非所有与财务报告相关的控制都与审计相关。确定一项控制单独或连同其他控制是否与审计相关，需要注册会计师作出职业判断。

第二十九条　在识别和评估重大错报风险时，注册会计师应当实施下列审计程序：

（一）在了解被审计单位及其环境（包括与风险相关的控制）的整个过程中，结合对财务报表中各类交易、账户余额和披露的考虑，识别风险；

（二）评估识别出的风险，并评价其是否更广泛地与财务报表整体相关，进而潜在地影响多项认定；

（三）结合对拟测试的相关控制的考虑，将识别出的风险与认定层次可能发生错报的领域相联系；

（四）考虑发生错报的可能性（包括发生多项错报的可能性），以及潜在错报的重大程度是否足以导致重大错报。

第三十五条　注册会计师应当就下列事项形成审计工作底稿：

（一）根据本准则第十三条的规定，项目组进行的讨论以及得出的重要结论；

（二）根据本准则第十四条的规定对被审计单位及其环境各个方面的了解要点、根据本准则第十七条至第二十七条的规定对内部控制各项要素的了解要点，获取上述了解的信息来源，以及实施的风险评估程序；

（三）根据本准则第二十八条的规定，在财务报表层次和认定层次识别和评估的重大错报风险；

（四）根据本准则第三十条至第三十三条的规定，识别出的风险和了解的相关控制。

《中国注册会计师审计准则第1211号——通过了解被审计单位及其环境识别和评估重大错报风险》（2019）

第八条　注册会计师应当实施风险评估程序，为识别和评估财务报表层次和认定层次的重大错报风险提供基础。但是，风险评估程序本身并不能为形成审计意见提供充分、适当的审计证据。

第九条 风险评估程序应当包括：

（一）询问管理层、适当的内部审计人员（如有），以及注册会计师判断认为可能掌握有助于注册会计师识别由于舞弊或错误导致的重大错报风险的信息的被审计单位内部其他人员；

（二）分析程序；

（三）观察和检查。

需要询问的被审计单位内部其他人员，是注册会计师根据判断认为可能拥有某些信息的人员，这些信息有助于识别由于舞弊或错误导致的重大错报风险。

第十四条 注册会计师应当从下列方面了解被审计单位及其环境：

（一）相关行业状况、法律环境和监管环境及其他外部因素，包括适用的财务报告编制基础；

（二）被审计单位的性质，包括经营活动、所有权和治理结构、正在实施和计划实施的投资（包括对特殊目的实体的投资）的类型、组织结构和筹资方式。了解被审计单位的性质，可以使注册会计师了解预期在财务报表中反映的各类交易、账户余额和披露；

（三）被审计单位对会计政策的选择和运用，包括变更会计政策的原因。注册会计师应当根据被审计单位的经营活动，评价会计政策是否适当，并与适用的财务报告编制基础、相关行业使用的会计政策保持一致；

（四）被审计单位的目标、战略以及可能导致重大错报风险的相关经营风险；

（五）对被审计单位财务业绩的衡量和评价；

（六）被审计单位的内部控制。

注册会计师应当根据本章第三节的规定了解内部控制。

第十五条 注册会计师应当了解与审计相关的内部控制。虽然大部分与审计相关的控制可能与财务报告相关，但并非所有与财务报告相关的控制都与审计相关。确定一项控制单独或连同其他控制是否与审计相关，需要注册会计师作出职业判断。

第二十九条　在识别和评估重大错报风险时，注册会计师应当实施下列审计程序：

（一）在了解被审计单位及其环境（包括与风险相关的控制）的整个过程中，结合对财务报表中各类交易、账户余额和披露（包括定量披露和定性披露）的考虑，识别风险；

（二）评估识别出的风险，并评价其是否更广泛地与财务报表整体相关，进而潜在地影响多项认定；

（三）结合对拟测试的相关控制的考虑，将识别出的风险与认定层次可能发生错报的领域相联系；

（四）考虑发生错报的可能性（包括发生多项错报的可能性），以及潜在错报是否足以导致重大错报。

第三十五条　注册会计师应当就下列事项形成审计工作底稿：

（一）根据本准则第十三条的规定，项目组进行的讨论以及得出的重要结论；

（二）根据本准则第十四条的规定对被审计单位及其环境各个方面的了解要点、根据本准则第十七条至第二十七条的规定对内部控制各项要素的了解要点，获取上述了解的信息来源，以及实施的风险评估程序；

（三）根据本准则第二十八条的规定，在财务报表层次和认定层次识别和评估的重大错报风险；

（四）根据本准则第三十条至第三十三条的规定，识别出的风险和了解的相关控制。

《中国注册会计师审计准则第1221号——计划和执行审计工作时的重要性》（2019）

第十条　在制定总体审计策略时，注册会计师应当确定财务报表整体的重要性。根据被审计单位的特定情况，如果存在一个或多个特定类别的交易、账户余额或披露，其发生的错报金额虽然低于财务报表整体的重要性，但合理预期可能影响财务报表使用者依据财务报表作出的经济决策，注册会计师还应当确定适用于这些交易、账户余额或披露的一个或多个重要性水平。

第十一条 注册会计师应当就下列事项形成审计工作底稿：

（一）总体审计策略；

（二）具体审计计划；

（三）在审计过程中对总体审计策略或具体审计计划作出的任何重大修改及其理由，包括对项目组成员实施指导、监督和复核的计划作出的重大修改及其理由。

第十四条 注册会计师应当在审计工作底稿中记录下列金额以及在确定这些金额时考虑的因素：

（一）财务报表整体的重要性；

（二）特定类别的交易、账户余额或披露的一个或多个重要性水平（如适用）；

（三）实际执行的重要性；

（四）随着审计过程的推进，对本条第（一）项至第（三）项内容作出的任何修改。

《中国注册会计师审计准则第1231号——针对评估的重大错报风险采取的应对措施》（2010）

第八条 当存在下列情形之一时，注册会计师应当设计和实施控制测试，针对相关控制运行的有效性，获取充分、适当的审计证据：

（一）在评估认定层次重大错报风险时，预期控制的运行是有效的（即在确定实质性程序的性质、时间安排和范围时，注册会计师拟信赖控制运行的有效性）；

（二）仅实施实质性程序并不能够提供认定层次充分、适当的审计证据。

第十八条　无论评估的重大错报风险结果如何，注册会计师都应当针对所有重大类别的交易、账户余额和披露，设计和实施实质性程序。

第二十七条　如果对重大的财务报表认定没有获取充分、适当的审计证据，注册会计师应当尽可能获取进一步的审计证据。

如果仍然不能获取充分、适当的审计证据，注册会计师应当对财务报表发表保留意见或无法表示意见。

《中国注册会计师审计准则第1231号——针对评估的重大错报风险采取的应对措施》（2019）

第八条　当存在下列情形之一时，注册会计师应当设计和实施控制测试，针对相关控制运行的有效性，获取充分、适当的审计证据：

（一）在评估认定层次重大错报风险时，预期控制的运行是有效的（即在确定实质性程序的性质、时间安排和范围时，注册会计师拟信赖控制运行的有效性）；

（二）仅实施实质性程序并不能够提供认定层次充分、适当的审计证据。

第十八条　无论评估的重大错报风险结果如何，注册会计师都应当针对所有重大类别的交易、账户余额和披露，设计和实施实质性程序。

第二十七条　如果对重大的财务报表认定没有获取充分、适当的审计证据，注册会计师应当尽可能获取进一步的审计证据。

如果仍然不能获取充分、适当的审计证据，注册会计师应当对财务报表发表保留意见或无法表示意见。

《中国注册会计师审计准则第1251号——评价审计过程中识别出的错报》（2019）

第十二条　注册会计师应当确定未更正错报单独或汇总起来是否重大。在确定时，注册会计师应当考虑：

（一）相对特定类别的交易、账户余额或披露以及财务报表整体而言，错报的金额和性质以及错报发生的特定环境；

（二）与以前期间相关的未更正错报对相关类别的交易、账户余额或披露以及财务报表整体的影响。

第十五条 注册会计师应当要求管理层和治理层（如适用）提供书面声明，说明其是否认为未更正错报单独或汇总起来对财务报表整体的影响不重大。这些错报项目的概要应当包含在书面声明中或附在其后。

第十六条 注册会计师应当就下列事项形成审计工作底稿：

（一）设定的某一金额，低于该金额的错报视为明显微小；

（二）审计过程中累积的所有错报，以及是否已得到更正；

（三）注册会计师就未更正错报单独或汇总起来是否重大得出的结论，以及得出结论的基础。

《中国注册会计师审计准则第 1301 号——审计证据》（2006）

第九条 注册会计师需要获取的审计证据的数量受错报风险的影响。错报风险越大，需要的审计证据可能越多。

注册会计师需要获取的审计证据的数量也受审计证据质量的影响。审计证据质量越高，需要的审计证据可能越少。

尽管审计证据的充分性和适当性相关，但如果审计证据的质量存在缺陷，注册会计师仅靠获取更多的审计证据可能无法弥补其质量上的缺陷。

第十条 在确定审计证据的相关性时，注册会计师应当考虑：

（一）特定的审计程序可能只为某些认定提供相关的审计证据，而与其他认定无关；

（二）针对同一项认定可以从不同来源获取审计证据或获取不同性质的审计证据；

（三）只与特定认定相关的审计证据并不能替代与其他认定相关的审计证据。

第十一条 审计证据的可靠性受其来源和性质的影响，并取决于获取审计证据的具体环境。

注册会计师通常按照下列原则考虑审计证据的可靠性：

（一）从外部独立来源获取的审计证据比从其他来源获取的审计证据更可靠；

（二）内部控制有效时内部生成的审计证据比内部控制薄弱时内部生成的审计证据更可靠；

（三）直接获取的审计证据比间接获取或推论得出的审计证据更可靠；

（四）以文件记录形式（无论是纸质、电子或其他介质）存在的审计证据比口头形式的审计证据更可靠；

（五）从原件获取的审计证据比从传真或复印件获取的审计证据更可靠。在运用本条前款第（一）项至第（五）项所述的原则评价审计证据的可靠性时，注册会计师应当注意可能出现的重大例外情况。

第十三条 如果在实施审计程序时使用被审计单位生成的信息，注册会计师应当就这些信息的准确性和完整性获取审计证据。

第十五条 注册会计师可以考虑获取审计证据的成本与所获取信息的有用性之间的关系，但不应以获取审计证据的困难和成本为由减少不可替代的审计程序。

《中国注册会计师审计准则第1301号——审计证据》（2010）

第九条 注册会计师的目标是，通过恰当的方式设计和实施审计程序，获取充分、适当的审计证据，以得出合理的结论，作为形成审计意见的基础。

第十条 注册会计师应当根据具体情况设计和实施恰当的审计程序，以获取充分、适当的审计证据。

第十一条 审计证据的可靠性受其来源和性质的影响，并取决于获取审计证据的具体环境。

注册会计师通常按照下列原则考虑审计证据的可靠性：

（一）从外部独立来源获取的审计证据比从其他来源获取的审计证据更可靠；

（二）内部控制有效时内部生成的审计证据比内部控制薄弱时内部生成的审计证据更可靠；

（三）直接获取的审计证据比间接获取或推论得出的审计证据更可靠；

（四）以文件记录形式（无论是纸质、电子或其他介质）存在的审计证据比口头形式的审计证据更可靠；

（五）从原件获取的审计证据比从传真或复印件获取的审计证据更可靠。

在运用本条前款第（一）项至第（五）项所述的原则评价审计证据的可靠性时，注册会计师应当注意可能出现的重大例外情况。

第十三条 在使用被审计单位生成的信息时，注册会计师应当评价该信息对实现审计目的是否足够可靠，包括根据具体情况在必要时实施下列程序：

（一）获取有关信息准确性和完整性的审计证据；

（二）评价信息对实现审计目的是否足够准确和详细。

第十五条 如果存在下列情形之一，注册会计师应当确定需要修改或追加哪些审计程序予以解决，并考虑存在的情形对审计其他方面的影响：

（一）从某一来源获取的审计证据与从另一来源获取的不一致；

（二）注册会计师对用作审计证据的信息的可靠性存有疑虑。

《中国注册会计师审计准则第1301号——审计证据》（2016）

第九条 注册会计师的目标是，通过恰当的方式设计和实施审计程序，获取充分、适当的审计证据，以得出合理的结论，作为形成审计意见的基础。

第十条 注册会计师应当根据具体情况设计和实施恰当的审计程序，以获取充分、适当的审计证据。

第十一条 在设计和实施审计程序时，注册会计师应当考虑用作审计证据的信息的相关性和可靠性。

第十三条 在使用被审计单位生成的信息时，注册会计师应当评价该信息对实现审计目的是否足够可靠，包括根据具体情况在必要时实施下列程序：

（一）获取有关信息准确性和完整性的审计证据；

（二）评价信息对实现审计目的是否足够准确和详细。

第十五条 如果存在下列情形之一，注册会计师应当确定需要修改或追加哪些审计程序予以解决，并考虑存在的情形对审计其他方面的影响：

（一）从某一来源获取的审计证据与从另一来源获取的不一致；

（二）注册会计师对用作审计证据的信息的可靠性存有疑虑。

《中国注册会计师审计准则第1311号——对存货、诉讼和索赔、分部信息等特定项目获取审计证据的具体考虑》（2010）

第四条 如果存货对财务报表是重要的，注册会计师应当实施下列审计程序，对存货的存在和状况获取充分、适当的审计证据：

（一）在存货盘点现场实施监盘（除非不可行）；

（二）对期末存货记录实施审计程序，以确定其是否准确反映实际的存货盘点结果。

在存货盘点现场实施监盘时，注册会计师应当实施下列审计程序：

（一）评价管理层用以记录和控制存货盘点结果的指令和程序；

（二）观察管理层制订的盘点程序的执行情况；

（三）检查存货；

（四）执行抽盘。

第七条 如果在存货盘点现场实施存货监盘不可行，注册会计师应当实施替代审计程序，以获取有关存货的存在和状况的充分、适当的审计证据。如果不能实施替代审计程序，注册会计师应当按照《中国注册会计师审计准则第1502号——在审计报告中发表非无保留意见》的规定，在审计报告中发表非无保留意见。

第九条 注册会计师应当设计和实施审计程序，以识别涉及被审计单位的可能导致重大错报风险的诉讼和索赔事项。这些审计程序包括：

（一）询问管理层和被审计单位内部其他人员，包括询问被审计单位内部法律顾问；

（二）查阅治理层的会议纪要和被审计单位与外部法律顾问之间的往来信函；

（三）复核法律费用账户记录。

第十二条 注册会计师应当要求管理层和治理层（如适用）提供书面声明，确认已向注册会计师披露所有其知悉的、已经或可能发生的、在编制财务报表时应当考虑其影响的诉讼和索赔事项，并确认已按照适用的财务报告编制基础进行了会计处理和披露。

《中国注册会计师审计准则第 1311 号——对存货、诉讼和索赔、分部信息等特定项目获取审计证据的具体考虑》(2019)

第四条 如果存货对财务报表是重要的，注册会计师应当实施下列审计程序，对存货的存在和状况获取充分、适当的审计证据：

（一）在存货盘点现场实施监盘（除非不可行）；

（二）对期末存货记录实施审计程序，以确定其是否准确反映实际的存货盘点结果。

在存货盘点现场实施监盘时，注册会计师应当实施下列审计程序：

（一）评价管理层用以记录和控制存货盘点结果的指令和程序；

（二）观察管理层制订的盘点程序的执行情况；

（三）检查存货；

（四）执行抽盘。

第七条 如果在存货盘点现场实施存货监盘不可行，注册会计师应当实施替代审计程序，以获取有关存货的存在和状况的充分、适当的审计证据。如果不能实施替代审计程序，注册会计师应当按照《中国注册会计师审计准则第 1502 号——在审计报告中发表非无保留意见》的规定，在审计报告中发表非无保留意见。

第九条 注册会计师应当设计和实施审计程序，以识别涉及被审计单位的可能导致重大错报风险的诉讼和索赔事项。

这些审计程序包括：

（一）询问管理层和被审计单位内部其他人员，包括询问被审计单位内部法律顾问；

（二）查阅治理层的会议纪要和被审计单位与外部法律顾问之间的往来信函；

（三）复核法律费用账户记录。

第十二条 注册会计师应当要求管理层和治理层（如适用）提供书面声明，确认已向注册会计师披露所有其知悉的、已经或可能发生的、在编制财务报表时应当考虑其影响的诉讼和索赔事项，并确认已按照适用的财务报告编制基础进行了会计处理和披露。

《中国注册会计师审计准则第1312号——函证》（2006）

第七条 注册会计师应当对银行存款、借款（包括零余额账户和在本期内注销的账户）及与金融机构往来的其他重要信息实施函证。

第八条 注册会计师应当对应收账款实施函证，除非有充分证据表明应收账款对财务报表不重要，或函证很可能无效。

如果不对应收账款函证，注册会计师应当在工作底稿中说明理由。

如果认为函证很可能无效，注册会计师应当实施替代审计程序，获取充分、适当的审计证据。

第十二条 当被审计单位管理层要求对拟函证的某些账户余额或其他信息不实施函证时，注册会计师应当考虑该项要求是否合理。

如果认为管理层的要求合理，注册会计师应当实施替代审计程序，以获取与这些账户余额或其他信息相关的充分、适当的审计证据。

如果认为管理层的要求不合理，且被其阻挠而无法实施函证，注册会计师应当视为审计范围受到限制，并考虑对审计报告可能产生的影响。

第十三条 在分析管理层要求不实施函证的原因时，注册会计师应当保持职业怀疑态度，并考虑：

（一）管理层是否诚信；

（二）是否可能存在重大的舞弊或错误；

（三）替代审计程序能否提供与这些账户余额或其他信息相关的充分、适当的审计证据。

第十四条 注册会计师应当根据特定审计目标设计询证函。

第二十一条 如果采用积极的函证方式实施函证而未能收到回函，注册会计师应当考虑与被询证者联系。

如果未能得到被询证者的回应，注册会计师应当实施替代审计程序。替代审计程序应当能够提供实施函证所能够提供的同样效果的审计证据。

第二十三条 在评价实施函证和替代审计程序获取的审计证据是否充分、适当时，注册会计师应当考虑：

（一）函证和替代审计程序的可靠性；

（二）不符事项的原因、频率、性质和金额；

（三）实施其他审计程序获取的审计证据。

《中国注册会计师审计准则第1312号——函证》（2010）

第七条 消极式函证，是指要求被询证者只有在不同意询证函所列示的信息时才直接向注册会计师回复的一种询证方式。

第八条 未回函，是指被询证者对积极式询证函未予回复或回复不完整，或询证函因未被送达而退回。

第十二条 注册会计师应当对银行存款（包括零余额账户和在本期内注销的账户）、借款及与金融机构往来的其他重要信息实施函证程序，除非有充分证据表明某一银行存款、借款及与金融机构往来的其他重要信息对财务报表不重要且与之相关的重大错报风险很低。

如果不对这些项目实施函证程序，注册会计师应当在审计工作底稿中说明理由。

第十三条 注册会计师应当对应收账款实施函证程序，除非有充分证据表明应收账款对财务报表不重要，或函证很可能无效。

如果认为函证很可能无效，注册会计师应当实施替代审计程序，获取相关、可靠的审计证据。

如果不对应收账款函证，注册会计师应当在审计工作底稿中说明理由。

第十四条 当实施函证程序时，注册会计师应当对询证函保持控制，包括：

（一）确定需要确认或填列的信息；

（二）选择适当的被询证者；

（三）设计询证函，包括正确填列被询证者的姓名和地址，以及被询证者直接向注册会计师回函的地址等信息；

（四）发出询证函并予以跟进，必要时再次向被询证者寄发询证函。

第二十一条 注册会计师应当调查不符事项，以确定是否表明存在错报。

第二十三条 注册会计师应当评价实施函证程序的结果是否提供了相关、可靠的审计证据，或是否有必要进一步获取审计证据。

《中国注册会计师审计准则第1313号——分析程序》（2006）

第五条 在实施分析程序时，注册会计师应当考虑将被审计单位的财务信息与下列各项信息进行比较：

（一）以前期间的可比信息；

（二）被审计单位的预期结果或者注册会计师的预期数据；

（三）所处行业或同行业中规模相近的其他单位的可比信息。

第六条 在实施分析程序时，注册会计师还应当考虑下列关系：

（一）财务信息各构成要素之间的关系；

（二）财务信息与相关非财务信息之间的关系。

《中国注册会计师审计准则第1313号——分析程序》（2010）

第五条 在设计和实施实质性分析程序时，无论单独使用或与细节测试结合使用，注册会计师都应当：

（一）考虑针对所涉及认定评估的重大错报风险和实施的细节测试（如有），确定特定实质性分析程序对这些认定的适用性；

（二）考虑可获得信息的来源、可比性、性质和相关性以及与信息编制相关的控制，评价在对已记录的金额或比率作出预期时使用数据的可靠性；

（三）对已记录的金额或比率作出预期，并评价预期值是否足够精确以识别重大错报（包括单项重大的错报和单项虽不重大但连同其他错报可能导致财务报表产生重大错报的错报）；

（四）确定已记录金额与预期值之间可接受的，且无需按本准则第七条的要求作进一步调查的差异额。

第六条 在临近审计结束时，注册会计师应当设计和实施分析程序，帮助其对财务报表形成总体结论，以确定财务报表是否与其对被审计单位的了解一致。

《中国注册会计师审计准则第 1314 号——审计抽样》（2010）

第十五条 在设计审计样本时，注册会计师应当考虑审计程序的目的和抽样总体的特征。

《中国注册会计师审计准则第 1323 号——关联方》（2006）

第十二条 在审计过程中，注册会计师实施的下列审计程序可能识别出关联方交易的存在：

（一）执行交易和余额的细节测试；

（二）查阅股东会和董事会的会议纪要；

（三）复核大额或异常的交易、账户余额的会计记录，特别关注接近报告期末或在报告期末确认的交易；

（四）复核对债权债务关系的询证函回函以及来自银行的询证函回函，以发现担保关系和其他关联方交易；

（五）复核投资交易。

第十五条　注册会计师应当就下列事项向管理层获取书面声明：

（一）提供的关于识别关联方信息的完整性；

（二）在财务报表中关联方和关联方交易披露的充分性。

注：本版无第二十九条。

《中国注册会计师审计准则第1323号——关联方》（2010）

第十二条　《中国注册会计师审计准则第1211号——通过了解被审计单位及其环境识别和评估重大错报风险》和《中国注册会计师审计准则第1141号——财务报表审计中与舞弊相关的责任》规定了注册会计师在审计过程中实施的风险评估程序和相关工作。作为风险评估程序和相关工作的一部分，注册会计师应当实施本准则第十三条至第十八条规定的审计程序和相关工作，以获取与识别关联方关系及其交易相关的重大错报风险的信息。

第十五条　如果管理层建立了下列与关联方关系及其交易相关的控制，注册会计师应当询问管理层和被审计单位内部其他人员，实施其他适当的风险评估程序，以获取对相关控制的了解：

（一）按照适用的财务报告编制基础，对关联方关系及其交易进行识别、会计处理和披露；

（二）授权和批准重大关联方交易和安排；

（三）授权和批准超出正常经营过程的重大交易和安排。

第二十九条　注册会计师应当就识别出的关联方名称、关联方关系的性质以及关联方交易类型和交易要素形成审计工作底稿。

《中国注册会计师审计准则第1324号——持续经营》（2006）

第六条　管理层对持续经营能力的评估涉及在特定时点对事项或情况的未来结果作出判断，这些事项或情况的未来结果具有固有的不确定性。

第九条　被审计单位在经营方面存在的可能导致对持续经营假设产生

重大疑虑的事项或情况主要包括：

（一）关键管理人员离职且无人替代；

（二）主导产品不符合国家产业政策；

（三）失去主要市场、特许权或主要供应商；

（四）人力资源或重要原材料短缺。

第十一条 注册会计师的责任是考虑管理层在编制财务报表时运用持续经营假设的适当性，并考虑是否存在需要在财务报表中披露的有关持续经营能力的重大不确定性。

第十五条 如果管理层已对持续经营能力作出初步评估，注册会计师应当复核该初步评估，以确定管理层是否识别出本准则第八条至第十条所述的事项或情况，并复核管理层提出的应对计划。

《中国注册会计师审计准则第 1324 号——持续经营》（2010）

第六条 注册会计师的责任是，就管理层在编制财务报表时运用持续经营假设的适当性获取充分、适当的审计证据并得出结论，并根据获取的审计证据就被审计单位持续经营能力是否存在重大不确定性得出结论。即使编制财务报表时采用的财务报告编制基础没有明确要求管理层对持续经营能力作出专门评估，注册会计师的这种责任仍然存在。

第九条 在按照《中国注册会计师审计准则第 1211 号——通过了解被审计单位及其环境识别和评估重大错报风险》的规定实施风险评估程序时，注册会计师应当考虑是否存在可能导致对被审计单位持续经营能力产生重大疑虑的事项或情况。在进行考虑时，注册会计师应当确定管理层是否已对被审计单位持续经营能力作出初步评估。如果管理层已对持续经营能力作出初步评估，注册会计师应当与管理层进行讨论，并确定管理层是否已识别出单独或汇总起来可能导致对被审计单位持续经营能力产生重大疑虑的事项或情况。如果管理层已识别出这些事项或情况，注册会计师应当与其讨论应对计划。如果管理层未对持续经营能力作出初步评估，注册会计师应当与管理层讨论其拟运用持续经营假设的理由，询问管理层是否存在单独或汇总起来可能导致对被审计单位持续经营能力产生重大疑虑的事项或情况。

第十一条　注册会计师应当评价管理层对被审计单位持续经营能力作出的评估。

第十五条　如果识别出可能导致对持续经营能力产生重大疑虑的事项或情况，注册会计师应当通过实施追加的审计程序（包括考虑缓解因素），获取充分、适当的审计证据，以确定是否存在重大不确定性。

这些程序应当包括：

（一）如果管理层尚未对被审计单位持续经营能力作出评估，提请其进行评估；

（二）评价管理层与持续经营能力评估相关的未来应对计划，这些计划的结果是否可能改善目前的状况，以及管理层的计划对于具体情况是否可行；

（三）如果被审计单位已编制现金流量预测，且对预测的分析是评价管理层未来应对计划时所考虑的事项或情况的未来结果的重要因素，评价用于编制预测的基础数据的可靠性，并确定预测所基于的假设是否具有充分的支持；

（四）考虑自管理层作出评估后是否存在其他可获得的事实或信息；

（五）要求管理层和治理层（如适用）提供有关未来应对计划及其可行性的书面声明。

《中国注册会计师审计准则第1324号——持续经营》（2016）

第六条　注册会计师的责任是，就管理层在编制财务报表时运用持续经营假设的适当性获取充分、适当的审计证据并得出结论，并根据获取的审计证据就被审计单位持续经营能力是否存在重大不确定性得出结论。

即使编制财务报表时采用的财务报告编制基础没有明确要求管理层对持续经营能力作出专门评估，注册会计师的这种责任仍然存在。

第九条　在按照《中国注册会计师审计准则第1211号——通过了解

被审计单位及其环境识别和评估重大错报风险》的规定实施风险评估程序时，注册会计师应当考虑是否存在可能导致对被审计单位持续经营能力产生重大疑虑的事项或情况。在进行考虑时，注册会计师应当确定管理层是否已对被审计单位持续经营能力作出初步评估。

如果管理层已对持续经营能力作出初步评估，注册会计师应当与管理层进行讨论，并确定管理层是否已识别出单独或汇总起来可能导致对被审计单位持续经营能力产生重大疑虑的事项或情况。如果管理层已识别出这些事项或情况，注册会计师应当与其讨论应对计划。如果管理层未对持续经营能力作出初步评估，注册会计师应当与管理层讨论其拟运用持续经营假设的理由，询问管理层是否存在单独或汇总起来可能导致对被审计单位持续经营能力产生重大疑虑的事项或情况。

第十一条 注册会计师应当评价管理层对被审计单位持续经营能力作出的评估。

第十五条 如果识别出可能导致对持续经营能力产生重大疑虑的事项或情况，注册会计师应当通过实施追加的审计程序（包括考虑缓解因素），获取充分、适当的审计证据，以确定可能导致对被审计单位持续经营能力产生重大疑虑的事项或情况是否存在重大不确定性（以下简称重大不确定性）。

这些程序应当包括：

（一）如果管理层尚未对被审计单位持续经营能力作出评估，提请其进行评估；

（二）评价管理层与持续经营能力评估相关的未来应对计划，这些计划的结果是否可能改善目前的状况，以及管理层的计划对于具体情况是否可行；

（三）如果被审计单位已编制现金流量预测，且在评价管理层未来应对计划时对预测的分析是考虑事项或情况未来结果的重要因素，评价用于编制预测的基础数据的可靠性，并确定预测所基于的假设是否具有充分的支持；

（四）考虑自管理层作出评估后是否存在其他可获得的事实或信息；

（五）要求管理层和治理层（如适用）提供有关未来应对计划及其可行性的书面声明。

《中国注册会计师审计准则第 1331 号——首次审计业务涉及的期初余额》(2010)

第八条　注册会计师应当通过采取下列措施，获取充分、适当的审计证据，以确定期初余额是否包含对本期财务报表产生重大影响的错报：

（一）确定上期期末余额是否已正确结转至本期，或在适当的情况下已作出重新表述；

（二）确定期初余额是否反映对恰当会计政策的运用；

（三）实施一项或多项审计程序。

注册会计师实施的一项或多项审计程序包括：

（一）如果上期财务报表已经审计，查阅前任注册会计师的审计工作底稿，以获取有关期初余额的审计证据；

（二）评价本期实施的审计程序是否提供了有关期初余额的审计证据；

（三）实施其他专门的审计程序，以获取有关期初余额的审计证据。

《中国注册会计师审计准则第 1331 号——首次审计业务涉及的期初余额》(2019 年 2 月 20 日发布，2019 年 7 月 1 日实施)

第八条　在与前任注册会计师沟通时，注册会计师应当遵守职业道德规范和《中国注册会计师审计准则第 1152 号——前后任注册会计师的沟通》的规定。

《中国注册会计师审计准则第 1332 号——期后事项》(2010)

第七条　注册会计师应当设计和实施审计程序，获取充分、适当的审计证据，以确定所有在财务报表日至审计报告日之间发生的、需要在财务报表中调整或披露的事项均已得到识别。但是，注册会计师并不需要对之前已实施审计程序并已得出满意结论的事项执行追加的审计程序。

第九条 注册会计师应当设计和实施审计程序，获取充分、适当的审计证据，以确定所有在财务报表日至审计报告日之间发生的、需要在财务报表中调整或披露的事项均已得到识别。但是，注册会计师并不需要对之前已实施审计程序并已得出满意结论的事项执行追加的审计程序。

第十一条 在实施本准则第九条和第十条规定的审计程序后，如果注册会计师识别出需要在财务报表中调整或披露的事项，应当确定这些事项是否按照适用的财务报告编制基础的规定在财务报表中得到恰当反映。

《中国注册会计师审计准则第1332号——期后事项》（2016）

第九条 注册会计师应当设计和实施审计程序，获取充分、适当的审计证据，以确定所有在财务报表日至审计报告日之间发生的、需要在财务报表中调整或披露的事项均已得到识别。但是，注册会计师并不需要对之前已实施审计程序并已得出满意结论的事项执行追加的审计程序。

第十条 注册会计师应当按照本准则第九条的规定实施审计程序，以使审计程序能够涵盖财务报表日至审计报告日（或尽可能接近审计报告日）之间的期间。

在确定审计程序的性质和范围时，注册会计师应当考虑风险评估的结果。这些程序应当包括：

（一）了解管理层为确保识别期后事项而建立的程序；

（二）询问管理层和治理层（如适用），确定是否已发生可能影响财务报表的期后事项；

（三）查阅被审计单位的所有者、管理层和治理层在财务报表日后举行会议的纪要，在不能获取会议纪要的情况下，询问此类会议讨论的事项；

（四）查阅被审计单位最近的中期财务报表（如有）。

第十一条 在实施本准则第九条和第十条规定的审计程序后，如果注册会计师识别出需要在财务报表中调整或披露的事项，应当确定这些事项是否按照适用的财务报告编制基础的规定在财务报表中得到恰当反映。

《中国注册会计师审计准则第 1341 号——书面声明》

第八条　注册会计师应当要求对财务报表承担相应责任并了解相关事项的管理层提供书面声明。

《中国注册会计师审计准则第 1501 号——对财务报表形成审计意见和出具审计报告》（2010）

第十二条　注册会计师的目标是：

（一）在评价根据审计证据得出的结论的基础上，对财务报表形成审计意见；

（二）通过书面报告的形式清楚地表达审计意见，说明其形成基础。

第十三条　注册会计师应当就财务报表是否在所有重大方面按照适用的财务报告编制基础编制并实现公允反映形成审计意见。

第十五条　注册会计师应当评价财务报表是否在所有重大方面按照适用的财务报告编制基础编制。

在评价时，注册会计师应当考虑被审计单位会计实务的质量，包括表明管理层的判断可能出现偏向的迹象。

第二十一条　如果财务报表没有实现公允反映，注册会计师应当就该事项与管理层讨论，并视适用的财务报告编制基础的规定和该事项得到解决的情况，决定是否有必要按照《中国注册会计师审计准则第 1502 号——在审计报告中发表非无保留意见》的规定在审计报告中发表非无保留意见。

第三十三条　如果对财务报表发表无保留意见，除非法律法规另有规定，审计意见应当使用“财务报表在所有重大方面按照［适用的财务报告编制基础（如企业会计准则等）］编制，公允反映了……”的措辞。

第三十四条　如果在审计意见中提及的适用的财务报告编制基础不是企业会计准则，而是国际财务报告准则、国际公共部门会计准则或者其他国家或地区的财务报告准则，注册会计师应当在审计意见段中指明国际财务报告准则或国际公共部门会计准则，或者财务报告准则所属的国家或地区。

第三十九条 审计报告应当载明会计师事务所的名称和地址，并加盖会计师事务所公章。

第四十二条 如果审计报告同时提及中国注册会计师审计准则和其他国家或地区审计准则，审计报告应当指明审计准则所属的国家或地区。

《中国注册会计师审计准则第1501号——对财务报表形成审计意见和出具审计报告》（2016）

第十二条 为了形成审计意见，针对财务报表整体是否不存在由于舞弊或错误导致的重大错报，注册会计师应当得出结论，确定是否已就此获取合理保证。

在得出结论时，注册会计师应当考虑下列方面：

（一）按照《中国注册会计师审计准则第1231号——针对评估的重大错报风险采取的应对措施》的规定，是否已获取充分、适当的审计证据；

（二）按照《中国注册会计师审计准则第1251号——评价审计过程中识别出的错报》的规定，未更正错报单独或汇总起来是否构成重大错报；

（三）本准则第十三条至第十六条要求作出的评价。

第十三条 注册会计师应当评价财务报表是否在所有重大方面按照适用的财务报告编制基础的规定编制。

在评价时，注册会计师应当考虑被审计单位会计实务的质量，包括表明管理层的判断可能出现偏向的迹象。

第十五条 按照本准则第十三条和第十四条的规定作出的评价还应当包括财务报表是否实现公允反映。

在评价财务报表是否实现公允反映时，注册会计师应当考虑下列方面：

（一）财务报表的整体列报、结构和内容是否合理；

（二）财务报表（包括相关附注）是否公允地反映了相关交易和事项。

第二十一条 审计报告应当包括下列要素：

（一）标题；

（二）收件人；

（三）审计意见；

（四）形成审计意见的基础；

（五）管理层对财务报表的责任；

（六）注册会计师对财务报表审计的责任；

（七）按照相关法律法规的要求报告的事项（如适用）；

（八）注册会计师的签名和盖章；

（九）会计师事务所的名称、地址和盖章；

（十）报告日期。

在适用的情况下，注册会计师还应当按照《中国注册会计师审计准则第 1324 号——持续经营》《中国注册会计师审计准则第 1504 号——在审计报告中沟通关键审计事项》《中国注册会计师审计准则第 1521 号——注册会计师对其他信息的责任》的相关规定，在审计报告中对与持续经营相关的重大不确定性、关键审计事项、被审计单位年度报告中包含的除财务报表和审计报告之外的其他信息进行报告。

第三十三条　注册会计师对财务报表审计的责任部分应当包括下列内容：

（一）说明注册会计师的目标是对财务报表整体是否不存在由于舞弊或错误导致的重大错报获取合理保证，并出具包含审计意见的审计报告；

（二）说明合理保证是高水平的保证，但并不能保证按照审计准则执行的审计在某一重大错报存在时总能发现；

（三）说明错报可能由于舞弊或错误导致。

在说明错报可能由于舞弊或错误导致时，注册会计师应当从下列两种做法中选取一种：

（一）描述如果合理预期错报单独或汇总起来可能影响财务报表使用者依据财务报表作出的经济决策，则通常认为错报是重大的；

（二）根据适用的财务报告编制基础，提供关于重要性的定义或描述。

第三十四条 注册会计师对财务报表审计的责任部分还应当包括下列内容：

（一）说明在按照审计准则执行审计工作的过程中，注册会计师运用职业判断，并保持职业怀疑；

（二）通过说明注册会计师的责任，对审计工作进行描述。这些责任包括：

1. 识别和评估由于舞弊或错误导致的财务报表重大错报风险，设计和实施审计程序以应对这些风险，并获取充分、适当的审计证据，作为发表审计意见的基础。由于舞弊可能涉及串通、伪造、故意遗漏、虚假陈述或凌驾于内部控制之上，未能发现由于舞弊导致的重大错报的风险高于未能发现由于错误导致的重大错报的风险。

2. 了解与审计相关的内部控制，以设计恰当的审计程序，但目的并非对内部控制的有效性发表意见。当注册会计师有责任在财务报表审计的同时对内部控制的有效性发表意见时，应当略去上述“目的并非对内部控制的有效性发表意见”的表述。

3. 评价管理层选用会计政策的恰当性和作出会计估计及相关披露的合理性。

4. 对管理层使用持续经营假设的恰当性得出结论。同时，根据获取的审计证据，就可能导致对被审计单位持续经营能力产生重大疑虑的事项或情况是否存在重大不确定性得出结论。如果注册会计师得出结论认为存在重大不确定性，审计准则要求注册会计师在审计报告中提请报表使用者关注财务报表中的相关披露；如果披露不充分，注册会计师应当发表非无保留意见。注册会计师的结论基于截至审计报告日可获得的信息。然而，未来的事项或情况可能导致被审计单位不能持续经营。

5. 评价财务报表的总体列报、结构和内容（包括披露），并评价财务报表是否公允反映相关交易和事项。

（三）当《中国注册会计师审计准则第 1401 号——对集团财务报表审计的特殊考虑》适用时，通过说明下列事项，进一步描述注册会计师在集团审计业务中的责任：

1. 注册会计师的责任是就集团中实体或业务活动的财务信息获取充分、适当的审计证据，以对合并财务报表发表审计意见；

2. 注册会计师负责指导、监督和执行集团审计；

3. 注册会计师对审计意见承担全部责任。

第三十九条　审计报告应当由项目合伙人和另一名负责该项目的注册会计师签名和盖章。

第四十二条　审计报告应当注明报告日期。审计报告日不应早于注册会计师获取充分、适当的审计证据，并在此基础上对财务报表形成审计意见的日期。

在确定审计报告日时，注册会计师应当确信已获取下列两方面的审计证据：

（一）构成整套财务报表的所有报表（包括相关附注）已编制完成；

（二）被审计单位的董事会、管理层或类似机构已经认可其对财务报表负责。

《中国注册会计师审计准则第 1501 号——对财务报表形成审计意见和出具审计报告》(2019)

第十二条　为了形成审计意见，针对财务报表整体是否不存在由于舞弊或错误导致的重大错报，注册会计师应当得出结论，确定是否已就此获取合理保证。

在得出结论时，注册会计师应当考虑下列方面：

（一）按照《中国注册会计师审计准则第 1231 号——针对评估的重大错报风险采取的应对措施》的规定，是否已获取充分、适当的审计证据；

（二）按照《中国注册会计师审计准则第 1251 号——评价审计过程中识别出的错报》的规定，未更正错报单独或汇总起来是否构成重大错报；

（三）本准则第十三条至第十六条要求作出的评价。

第十三条　注册会计师应当评价财务报表是否在所有重大方面按照适

用的财务报告编制基础的规定编制。

在评价时，注册会计师应当考虑被审计单位会计实务的质量，包括表明管理层的判断可能出现偏向的迹象。

第十五条 按照本准则第十三条和第十四条的规定作出的评价还应当包括财务报表是否实现公允反映。

在评价财务报表是否实现公允反映时，注册会计师应当考虑下列方面：

（一）财务报表的总体列报（包括披露）、结构和内容是否合理；

（二）财务报表是否公允地反映了相关交易和事项。

第二十一条 审计报告应当包括下列要素：

（一）标题；

（二）收件人；

（三）审计意见；

（四）形成审计意见的基础；

（五）管理层对财务报表的责任；

（六）注册会计师对财务报表审计的责任；

（七）按照相关法律法规的要求报告的事项（如适用）；

（八）注册会计师的签名和盖章；

（九）会计师事务所的名称、地址和盖章；

（十）报告日期。

在适用的情况下，注册会计师还应当按照《中国注册会计师审计准则第 1324 号——持续经营》《中国注册会计师审计准则第 1504 号——在审计报告中沟通关键审计事项》《中国注册会计师审计准则第 1521 号——注册会计师对其他信息的责任》的相关规定，在审计报告中对与持续经营相关的重大不确定性、关键审计事项、被审计单位年度报告中包含的除财务报表和审计报告之外的其他信息进行报告。

第三十三条 注册会计师对财务报表审计的责任部分应当包括下列内容：

（一）说明注册会计师的目标是对财务报表整体是否不存在由于舞弊

或错误导致的重大错报获取合理保证，并出具包含审计意见的审计报告；

（二）说明合理保证是高水平的保证，但并不能保证按照审计准则执行的审计在某一重大错报存在时总能发现；

（三）说明错报可能由于舞弊或错误导致。

在说明错报可能由于舞弊或错误导致时，注册会计师应当从下列两种做法中选取一种：

（一）描述如果合理预期错报单独或汇总起来可能影响财务报表使用者依据财务报表作出的经济决策，则通常认为错报是重大的；

（二）根据适用的财务报告编制基础，提供关于重要性的定义或描述。

第三十四条 注册会计师对财务报表审计的责任部分还应当包括下列内容：

（一）说明在按照审计准则执行审计工作的过程中，注册会计师运用职业判断，并保持职业怀疑；

（二）通过说明注册会计师的责任，对审计工作进行描述。这些责任包括：

1. 识别和评估由于舞弊或错误导致的财务报表重大错报风险，设计和实施审计程序以应对这些风险，并获取充分、适当的审计证据，作为发表审计意见的基础。由于舞弊可能涉及串通、伪造、故意遗漏、虚假陈述或凌驾于内部控制之上，未能发现由于舞弊导致的重大错报的风险高于未能发现由于错误导致的重大错报的风险。

2. 了解与审计相关的内部控制，以设计恰当的审计程序，但目的并非对内部控制的有效性发表意见。当注册会计师有责任在财务报表审计的同时对内部控制的有效性发表意见时，应当略去上述“目的并非对内部控制的有效性发表意见”的表述。

3. 评价管理层选用会计政策的恰当性和作出会计估计及相关披露的合理性。

4. 对管理层使用持续经营假设的恰当性得出结论。同时，根据获取的审计证据，就可能导致对被审计单位持续经营能力产生重大疑虑的事项或情况是否存在重大不确定性得出结论。如果注册会计师得出结论认为存在重大不确定性，审计准则要求注册会计师在审计报告中提请报表使用者关注财务报表中的相关披露；如果披露不充分，注册会计师应当发表非无保留意见。注册会计师的结论基于截至审计报告日可获得的信息。然而，未来的事项或情况可能导致被审计单位不能持续经营。

5. 评价财务报表的总体列报（包括披露）、结构和内容，并评价财务报表是否公允反映相关交易和事项。

（三）当《中国注册会计师审计准则第 1401 号——对集团财务报表审计的特殊考虑》适用时，通过说明下列事项，进一步描述注册会计师在集团审计业务中的责任：

1. 注册会计师的责任是就集团中实体或业务活动的财务信息获取充分、适当的审计证据，以对合并财务报表发表审计意见；

2. 注册会计师负责指导、监督和执行集团审计；

3. 注册会计师对审计意见承担全部责任。

第三十九条 审计报告应当由项目合伙人和另一名负责该项目的注册会计师签名和盖章。

第四十二条 审计报告应当注明报告日期。审计报告日不应早于注册会计师获取充分、适当的审计证据，并在此基础上对财务报表形成审计意见的日期。在确定审计报告日时，注册会计师应当确信已获取下列两方面的审计证据：

（一）构成整套财务报表的所有报表（含披露）已编制完成；

（二）被审计单位的董事会、管理层或类似机构已经认可其对财务报表负责。

《中国注册会计师审计准则第 1501 号——对财务报表形成审计意见和出具审计报告》（2022）

第十二条 为了形成审计意见，针对财务报表整体是否不存在由于舞弊或错误导致的重大错报，注册会计师应当得出结论，确定是否已就此获取合理保证。

在得出结论时，注册会计师应当考虑下列方面：

（一）按照《中国注册会计师审计准则第 1231 号——针对评估的重大错报风险采取的应对措施》的规定，是否已获取充分、适当的审计证据；

（二）按照《中国注册会计师审计准则第 1251 号——评价审计过程中识别出的错报》的规定，未更正错报单独或汇总起来是否构成重大错报；

（三）本准则第十三条至第十六条要求作出的评价。

第十三条　注册会计师应当评价财务报表是否在所有重大方面按照适用的财务报告编制基础的规定编制。

在评价时，注册会计师应当考虑被审计单位会计实务的质量，包括表明管理层的判断可能出现偏向的迹象。

第十五条　按照本准则第十三条和第十四条的规定作出的评价还应当包括财务报表是否实现公允反映。

在评价财务报表是否实现公允反映时，注册会计师应当考虑下列方面：

（一）财务报表的总体列报（包括披露）、结构和内容是否合理；

（二）财务报表是否公允地反映了相关交易和事项。

第二十一条　审计报告应当包括下列要素：

（一）标题；

（二）收件人；

（三）审计意见；

（四）形成审计意见的基础；

（五）管理层对财务报表的责任；

（六）注册会计师对财务报表审计的责任；

（七）按照相关法律法规的要求报告的事项（如适用）；

（八）注册会计师的签名和盖章；

（九）会计师事务所的名称、地址和盖章；

（十）报告日期。

在适用的情况下，注册会计师还应当按照《中国注册会计师审计准则第1324号——持续经营》《中国注册会计师审计准则第1504号——在审计报告中沟通关键审计事项》《中国注册会计师审计准则第1521号——注册会计师对其他信息的责任》的相关规定，在审计报告中对与持续经营相关的重大不确定性、关键审计事项、被审计单位年度报告中包含的除财务报表和审计报告之外的其他信息进行报告。

第三十三条 注册会计师对财务报表审计的责任部分应当包括下列内容：

（一）说明注册会计师的目标是对财务报表整体是否不存在由于舞弊或错误导致的重大错报获取合理保证，并出具包含审计意见的审计报告；

（二）说明合理保证是高水平的保证，但并不能保证按照审计准则执行的审计在某一重大错报存在时总能发现；

（三）说明错报可能由于舞弊或错误导致。

在说明错报可能由于舞弊或错误导致时，注册会计师应当从下列两种做法中选取一种：

（一）描述如果合理预期错报单独或汇总起来可能影响财务报表使用者依据财务报表作出的经济决策，则通常认为错报是重大的；

（二）根据适用的财务报告编制基础，提供关于重要性的定义或描述。

第三十四条 注册会计师对财务报表审计的责任部分还应当包括下列内容：

（一）说明在按照审计准则执行审计工作的过程中，注册会计师运用职业判断，并保持职业怀疑；

（二）通过说明注册会计师的责任，对审计工作进行描述。这些责任包括：

1. 识别和评估由于舞弊或错误导致的财务报表重大错报风险，设计和实施审计程序以应对这些风险，并获取充分、适当的审计证据，作为发表审计意见的基础。由于舞弊可能涉及串通、伪造、故意遗漏、虚假陈述或凌驾于内部控制之上，未能发现由于舞弊导致的重大错报的风险高于未能发现由于错误导致的重大错报的风险。

2. 了解与审计相关的内部控制，以设计恰当的审计程序，但目的并非对内部控制的有效性发表意见。当注册会计师有责任在财务报表审计的同时对内部控制的有效性发表意见时，应当略去上述“目的并非对内部控制的有效性发表意见”的表述。

3. 评价管理层选用会计政策的恰当性和作出会计估计及相关披露的合理性。

4. 对管理层使用持续经营假设的恰当性得出结论。同时，根据获取的审计证据，就可能导致对被审计单位持续经营能力产生重大疑虑的事项或情况是否存在重大不确定性得出结论。如果注册会计师得出结论认为存在重大不确定性，审计准则要求注册会计师在审计报告中提请报表使用者关注财务报表中的相关披露；如果披露不充分，注册会计师应当发表非无保留意见。注册会计师的结论基于截至审计报告日可获得的信息。然而，未来的事项或情况可能导致被审计单位不能持续经营。

5. 评价财务报表的总体列报（包括披露）、结构和内容，并评价财务报表是否公允反映相关交易和事项。

（三）当《中国注册会计师审计准则第 1401 号——对集团财务报表审计的特殊考虑》适用时，通过说明下列事项，进一步描述注册会计师在集团审计业务中的责任：

1. 注册会计师的责任是就集团中实体或业务活动的财务信息获取充分、适当的审计证据，以对合并财务报表发表审计意见；

2. 注册会计师负责指导、监督和执行集团审计；

3. 注册会计师对审计意见承担全部责任。

第三十九条　审计报告应当由项目合伙人和另一名负责该项目的注册会计师签名和盖章。

第四十二条　审计报告应当注明报告日期。审计报告日不应早于注册会计师获取充分、适当的审计证据，并在此基础上对财务报表形成审计意见的日期。

在确定审计报告日时，注册会计师应当确信已获取下列两方面的审计证据：

（一）构成整套财务报表的所有报表（含披露）已编制完成；

（二）被审计单位的董事会、管理层或类似机构已经认可其对财务报表负责。

《中国注册会计师审计准则第 1503 号——在审计报告中增加强调事项段和其他事项段》

第九条 如果认为有必要提醒财务报表使用者关注已在财务报表中列报，且根据职业判断认为对财务报表使用者理解财务报表至关重要的事项，在同时满足下列条件时，注册会计师应当在审计报告中增加强调事项段：

按照《中国注册会计师审计准则第 1502 号——在审计报告中发表非无保留意见》的规定，该事项不会导致注册会计师发表非无保留意见；

当《中国注册会计师审计准则第 1504 号——在审计报告中沟通关键审计事项》适用时，该事项未被确定为在审计报告中沟通的关键审计事项。

第十条 如果在审计报告中包含强调事项段，注册会计师应当采取下列措施：

（一）将强调事项段作为单独的一部分置于审计报告中，并使用包含"强调事项"这一术语的适当标题；

（二）明确提及被强调事项以及相关披露的位置，以便能够在财务报表中找到对该事项的详细描述。强调事项段应当仅提及已在财务报表中列报的信息；

（三）指出审计意见没有因该强调事项而改变。

《中国注册会计师审计准则第 1602 号——验资》（2006 年 2 月 15 日发布）

第十四条 对于出资者投入的资本及其相关的资产、负债，注册会计师应当分别采用下列方法进行审验：

（一）以货币出资的，应当在检查被审验单位开户银行出具的收款凭证、对账单及银行询证函回函等的基础上，审验出资者的实际出资金额和货币出资比例是否符合规定。对于股份有限公司向社会公开募集的股本，还应当检查证券公司承销协议、募股清单和股票发行费用清单等。

（二）以实物出资的，应当观察、检查实物，审验其权属转移情况，并按照国家有关规定在资产评估的基础上审验其价值。如果被审验单位是外商投资企业，注册会计师应当按照国家有关外商投资企业的规定，审验实物出资的价值。

（三）以知识产权、土地使用权等无形资产出资的，应当审验其权属转移情况，并按照国家有关规定在资产评估的基础上审验其价值。如果被审验单位是外商投资企业，注册会计师应当按照国家有关外商投资企业的规定，审验无形资产出资的价值。

（四）以净资产折合实收资本的，或以资本公积、盈余公积、未分配利润转增注册资本及实收资本的，应当在审计的基础上按照国家有关规定审验其价值。

（五）以货币、实物、知识产权、土地使用权以外的其他财产出资的，注册会计师应当审验出资是否符合国家有关规定。

（六）外商投资企业的外方出资者以本条第（一）项至第（五）项所述方式出资的，注册会计师还应当关注其是否符合国家外汇管理有关规定，向企业注册地的外汇管理部门发出外方出资情况询证函，并根据外方出资者的出资方式附送银行询证函回函、资本项目外汇业务核准件及进口货物报关单等文件的复印件，以询证上述文件内容的真实性、合规性。

第二十条　注册会计师应当对验资过程及结果进行记录，形成验资工作底稿。

《中国注册会计师审计准则第1603号——对单一财务报表和财务报表特定要素审计的特殊考虑》

第十三条　当对单一财务报表或财务报表特定要素形成审计意见和出

具审计报告时，注册会计师应当根据业务的具体情况，遵守《中国注册会计师审计准则第 1501 号——对财务报表形成审计意见和出具审计报告》的相关规定。

四、其他准则

《中国注册会计师鉴证业务基本准则》（2006）

第二十五条 注册会计师在运用职业判断对鉴证对象作出合理一致的评价或计量时，需要有适当的标准。

适当的标准应当具备下列所有特征：

（一）相关性：相关的标准有助于得出结论，便于预期使用者作出决策；

（二）完整性：完整的标准不应忽略业务环境中可能影响得出结论的相关因素，当涉及列报时，还包括列报的基准；

（三）可靠性：可靠的标准能够使能力相近的注册会计师在相似的业务环境中，对鉴证对象作出合理一致的评价或计量；

（四）中立性：中立的标准有助于得出无偏向的结论；

（五）可理解性：可理解的标准有助于得出清晰、易于理解、不会产生重大歧义的结论。

注册会计师基于自身的预期、判断和个人经验对鉴证对象进行的评价和计量，不构成适当的标准。

第二十八条 注册会计师应当以职业怀疑态度计划和执行鉴证业务，获取有关鉴证对象信息是否不存在重大错报的充分、适当的证据。

注册会计师应当及时对制定的计划、实施的程序、获取的相关证据以及得出的结论作出记录。

第三十一条 鉴证业务通常不涉及鉴定文件记录的真伪，注册会计师也不是鉴定文件记录真伪的专家，但应当考虑用作证据的信息的可靠性，包括考虑与信息生成和维护相关的控制的有效性。

如果在执行业务过程中识别出的情况使其认为文件记录可能是伪造的或文件记录中的某些条款已发生变动，注册会计师应当作出进一步调查，包括直接向第三方询证，或考虑利用专家的工作，以评价文件记录的真伪。

第三十三条　证据的可靠性受其来源和性质的影响，并取决于获取证据的具体环境。

注册会计师通常按照下列原则考虑证据的可靠性：

（一）从外部独立来源获取的证据比从其他来源获取的证据更可靠；

（二）内部控制有效时内部生成的证据比内部控制薄弱时内部生成的证据更可靠；

（三）直接获取的证据比间接获取或推论得出的证据更可靠；

（四）以文件记录形式（无论是纸质、电子或其他介质）存在的证据比口头形式的证据更可靠；

（五）从原件获取的证据比从传真或复印件获取的证据更可靠。

在运用本条第二款第（一）项至第（五）项所述原则评价证据的可靠性时，注册会计师应当注意可能出现的重大例外情况。

第三十四条　如果针对某项认定从不同来源获取的证据或获取的不同性质的证据能够相互印证，与该项认定相关的证据通常具有更强的说服力。

如果从不同来源获取的证据或获取的不同性质的证据不一致，可能表明某项证据不可靠，注册会计师应当追加必要的程序予以解决。

第四十七条　注册会计师应当记录重大事项，以提供证据支持鉴证报告，并证明其已按照鉴证业务准则的规定执行业务。

第四十九条　注册会计师应当将鉴证过程中考虑的所有重大事项记录于工作底稿。

在运用职业判断确定工作底稿的编制和保存范围时，注册会计师应当考虑，使未曾接触该项鉴证业务的有经验的专业人士了解实施的鉴证程序，以及作出重大决策的依据。

《中国注册会计师鉴证业务基本准则》(2022)

第二十五条 注册会计师在运用职业判断对鉴证对象作出合理一致的评价或计量时，需要有适当的标准。

适当的标准应当具备下列所有特征：

（一）相关性：相关的标准有助于得出结论，便于预期使用者作出决策；

（二）完整性：完整的标准不应忽略业务环境中可能影响得出结论的相关因素，当涉及列报时，还包括列报的基准；

（三）可靠性：可靠的标准能够使能力相近的注册会计师在相似的业务环境中，对鉴证对象作出合理一致的评价或计量；

（四）中立性：中立的标准有助于得出无偏向的结论；

（五）可理解性：可理解的标准有助于得出清晰、易于理解、不会产生重大歧义的结论。

注册会计师基于自身的预期、判断和个人经验对鉴证对象进行的评价和计量，不构成适当的标准。

第二十八条 注册会计师应当以职业怀疑态度计划和执行鉴证业务，获取有关鉴证对象信息是否不存在重大错报的充分、适当的证据。

注册会计师应当及时对制定的计划、实施的程序、获取的相关证据以及得出的结论作出记录。

第三十一条 鉴证业务通常不涉及鉴定文件记录的真伪，注册会计师也不是鉴定文件记录真伪的专家，但应当考虑用作证据的信息的可靠性，包括考虑与信息生成和维护相关的控制的有效性。

如果在执行业务过程中识别出的情况使其认为文件记录可能是伪造的或文件记录中的某些条款已发生变动，注册会计师应当作出进一步调查，包括直接向第三方询证，或考虑利用专家的工作，以评价文件记录的真伪。

第三十三条　证据的可靠性受其来源和性质的影响，并取决于获取证据的具体环境。

注册会计师通常按照下列原则考虑证据的可靠性：

（一）从外部独立来源获取的证据比从其他来源获取的证据更可靠；

（二）内部控制有效时内部生成的证据比内部控制薄弱时内部生成的证据更可靠；

（三）直接获取的证据比间接获取或推论得出的证据更可靠；

（四）以文件记录形式（无论是纸质、电子或其他介质）存在的证据比口头形式的证据更可靠；

（五）从原件获取的证据比从传真或复印件获取的证据更可靠。

在运用本条第二款第（一）项至第（五）项所述原则评价证据的可靠性时，注册会计师应当注意可能出现的重大例外情况。

第三十四条　如果针对某项认定从不同来源获取的证据或获取的不同性质的证据能够相互印证，与该项认定相关的证据通常具有更强的说服力。

如果从不同来源获取的证据或获取的不同性质的证据不一致，可能表明某项证据不可靠，注册会计师应当追加必要的程序予以解决。

第四十七条　注册会计师应当记录重大事项，以提供证据支持鉴证报告，并证明其已按照鉴证业务准则的规定执行业务。

第四十九条　注册会计师应当将鉴证过程中考虑的所有重大事项记录于工作底稿。

在运用职业判断确定工作底稿的编制和保存范围时，注册会计师应当考虑，使未曾接触该项鉴证业务的有经验的专业人士了解实施的鉴证程序，以及作出重大决策的依据。

《中国注册会计师其他鉴证业务准则第3101号——历史财务信息审计或审阅以外的鉴证业务》（2006）

第三十四条　注册会计师应当获取充分、适当的证据，据此形成鉴证结论。证据的充分性是对证据数量的衡量。证据的适当性是对证据质量的衡量，即证据的相关性和可靠性。

第三十六条 在评价证据的充分性和适当性以支持鉴证结论时，注册会计师应当运用职业判断，并保持职业怀疑态度。

《中国注册会计师相关服务准则第4101号——对财务信息执行商定程序》（2006）

第十五条 商定程序业务报告应当详细说明业务的目的和商定的程序，以便使用者了解所执行工作的性质和范围。

第十六条 商定程序业务报告应当包括下列内容：

（一）标题；

（二）收件人；

（三）说明执行商定程序的财务信息；

（四）说明执行的商定程序是与特定主体协商确定的；

（五）说明已按照本准则的规定和业务约定书的要求执行了商定程序；

（六）当注册会计师不具有独立性时，说明这一事实；

（七）说明执行商定程序的目的；

（八）列出所执行的具体程序；

（九）说明执行商定程序的结果，包括详细说明发现的错误和例外事项；

（十）说明所执行的商定程序并不构成审计或审阅，注册会计师不提出鉴证结论；

（十一）说明如果执行商定程序以外的程序，或执行审计或审阅，注册会计师可能得出其他应报告的结果；

（十二）说明报告仅限于特定主体使用；

（十三）在适用的情况下，说明报告仅与执行商定程序的特定财务数据有关，不得扩展到财务报表整体；

（十四）注册会计师的签名和盖章；

（十五）会计师事务所的名称、地址及盖章；

（十六）报告日期。

《会计师事务所质量控制准则第5101号——业务质量控制》（2006）

第五十一条　会计师事务所的政策和程序应当要求在出具报告前完成项目质量控制复核。

《质量控制准则第5101号——会计师事务所对执行财务报表审计和审阅、其他鉴证和相关服务业务实施的质量控制》（2010）

第五十一条　会计师事务所应当制定政策和程序，以明确项目质量控制复核的性质、时间安排和范围。这些政策和程序应当要求，只有完成项目质量控制复核，才可以签署业务报告。

《会计师事务所质量管理准则第5102号——项目质量复核》（2020）

第三十一条　会计师事务所应当制定政策和程序，要求项目质量复核人员负责就项目质量复核形成工作底稿。